1 反骨の書

2018~2021夏編

Looking back at KENOH's history in photos ～ 2021 summer

①

③

②

④

①2007年8月30日、みちのく後楽園大会で入団発表して師匠である新崎人生と握手 ②2007年12月23日、みちのく後楽園大会で日向寺塁相手にエキシビションマッチ ③④2012年6月3日、みちのく後楽園大会における東北ジュニアヘビー級選手権でフジタ"Jr"ハヤトと激闘を展開 ⑤2017年12月22日、NOAH後楽園大会 でエディ・エドワーズ（現・TNA）を撃破して、GHCヘビー級王座初戴冠

⑤

⑥2016年1月31日、NOAH横浜大会で石森太二（現・新日本プロレス）のGHCジュニアヘビー級王座に挑戦。アンクルホールドで締め上げた ⑦2015年8月5日、NOAH有明大会でザック・セイバー Jr（現・新日本プロレス）とシングルで激突。強烈な蹴りを叩き込む ⑧2019年9月16日、NOAHのシングルリーグ戦「N-1 VICTORY 2019」を制覇

⑧

ル初対談！
“Jr”ハヤト

拳王とやるまでは…あきらめない。（ハヤト）

拳王がみちのくプロレスに入門し、プロレスラーとしての道を歩みはじめたとき、学年でいえば2つ下でありながら同団体にて4年ほど先にデビューしていたフジタ〝Jr〟ハヤトは、身近な先輩であると同時にライバル視する存在でもあった。拳王は日本拳法世界大会優勝経験、ハヤトはMMAの（山本〝KID〟徳郁主宰のジムKILLER BEEでの）トレーニン

永遠のライバ
拳王×フジタ

グ歴を有することもあってか、対戦の度に両者はバチバチの激戦を展開。みちのくのリングにおいて異彩を放った。拳王がみちのくプロレスを離れたのち、ハヤトはガンを発症し闘病を経て復帰、同団体での活動を続けていたが、2023年末にガンの再発を公表。その後、再びリングを離れている。2024年4月。初の対談で互いにぶつけた想いとは……。

ハヤトの再発がウソであってほしいなって思った。
けど、ハヤトだったら大丈夫でしょって思ってる。（拳王）

PROWESS
SPORT
FIGHT WEAR

――対面するのはいつ以来ですか？

ハヤト　去年の「ジュニア夢の祭典～オールスター・ジュニアフェスティバル2023～」3・1後楽園ホール大会以来じゃないですかね。

拳王　確かそうだった。

ハヤト　試合が終わって（拳王が）いるって気づいて「またやろうよ」って言ったぐらいかな。

――普段は2人で話すことはありますか？

ハヤト　まったくないですよ。なんで、メッチャ緊張してます。

拳王　（笑）。

――みちのくプロレスへの入門はハヤト選手が先でした。拳王選手が入ってきた時の印象は？

ハヤト　自分は当時から下が入ってきても、ほかの団体の選手たちが来ても、別に何も気にしたことがなかったので。やり合うようになって「コイツ、強い」みたいな感じでした。

拳王　入門した時はオレも特に考えることもなかった。武者修行に行って最初に対戦するってなった時から意識し始めたぐらいで。

――拳王選手はみちのくの合宿所生活、ハヤト選手は東京からの通い組でした。

ハヤト　いわゆるほかの団体の先輩後輩みたいな付き合い方をボクらはしてきてない。試合会場だけで会う仲間みたいな関係性でしたね。拳王が武者修行に行った時も「あっ、そうなんだ」って感じ。帰ってきて、ボコボコにされて「ヤベー」みたいな（笑）。

――拳王選手が武者修行から凱旋して一発で当時、東北ジュニア王者だったハヤト選手からベルトを取りました。どういうふうに現実を受け止めましたか？

ハヤト　もともとボクのスタイルがみちのくプロレスっぽくなかった。自分に似てるスタイルがもう1人いるのが心強かったし、これでみちのくが変わるって思ったし。

――みちのくプロレスと言えば、ルチャ・リブレです。その中でハヤト選手は異端児でした。

ハヤト　メチャクチャ言われてましたね。「オマエはいらない」とか「オマエはここじゃないだろ」とか。そういうのも拳王が来たことによって変わったと思うし。オレと拳王の闘いがみちのくプロレスってなった。

一発目で負けて「オレよりも強いヤツいるじゃん」って思って、その時点で楽しかった。（ハヤト）

嬉しい反面、世の中に強いヤツっていっぱいいるなって思ったし。だから、辞めないで済んだ。

――ライバルが現れたからモチベーションを保つことができた。

ハヤト　本当にそうだと思いますよ。

――拳王選手は？

拳王　その頃はまだプロレスのイロハがわかってないから目の前の敵を倒すってぐらいしか考えられなかった。徐々に、かな。敵対するライバルがいることに対するありがたさを思うようになったのは。今振り返ってみれば、オレが入門したみちのくプロレスにハヤトがいて、激しくやり合えたのがものすごい財産になってるなって。こういう対談も当時はするなんて思ってなかったし、しようとも思ってなかった。でも、今ならば、プロレスラーがトップを目指していく上では絶対にライバルの存在は必要だよなってわかるよ。

――試合をしていて、ハヤト選手はどうでしたか？

拳王　キャリア的にオレの方が下だったんで、そこまでいろいろと考えて闘っていなかった。当時は一つひとつを乗り越えていくことで精いっぱいだったので。

ハヤト　まぁ、そうじゃないですかね。当時のオレもだいぶ尖ってたし、周りの選手たちともしゃべらない人間だったので。今は丸くなって、いろんなことを考えてしゃべれるけど、当時は「なんだ、コイツは」って思ってた部分もあるし「コイツ、強いな」って認めてる部分も当然あるし。それって先輩とか後輩とか関係なくて、強いヤツとやりたいからオレはこの業界に来たので。今思えば、楽しかったですよ。

――いつ頃から楽しいと思えるようになったのですか？

ハヤト　一発目で負けて「オレよりも強いヤツいるじゃん」って思って、その時点で楽しかった。ツアーが始まって、毎日のように拳王とやるようになったら「マジか…これやってたら、体がもたねぇよ」と思ってた時もあるし。でも、その気持ちをお客さんたちが応援でパワーにして返してくれたんで、何とかやれてました。今やっても、当時と同じような気持ちでリングに上がれると思うし、そういう人が出てくるなんて当時はまったく思ってなくて。こんな気持ちにさせてくれるヤツがいまだにいるって…ホントよかったですよ。

――みちのくプロレスで同時期にハヤト選手と拳王選手がいたこと自体、奇跡的なことかもしれません。

ハヤト　しかも、自分の価値を上げるためにみちのくから出て、外でもトップを取ってやってるヤツがオレのライバルだった。オレと拳王の試合を今も見たいって言ってくれる人がいる。本当にありがたいことですよね。

みちのくにハヤトがいなかったら、ここまで成長できなかったなって思ってる（拳王）

拳王　ファン含めて周りがオレたちをライバル関係にしていった部分はあるよね。自分からしたらハヤトをライバルとして見るなんて余裕は当時なかったし。でも、当時、みちのくにハヤトがいなかったら、ここまで成長できなかったなって思ってるし、そういう意味では周りがどうのこうの言うよりも、やっぱいいライバルだったなって思うし。

――余裕が生まれてきたのはいつ頃ですか？

拳王　みちのくプロレス時代はずっとなかったかな。

――ほかの選手とは違いましたか？

拳王　みちのくプロレスにはこれだけバチバチできる相手はいなかった。ハヤトとのマッチアップだったら、どの会場でも沸かせてた自信はあるよ。

――ここだけは絶対に負けないという部分はどこですか？

ハヤト　う～ん…わからないですけど、格闘技が好きな気持ちは負けないです。ボクはプロレスを格闘技と思ってて、そこは区別してなくて、好きな気持ちは負けてないかな。

拳王　その通りだよ。逆にオレはそういう真っすぐな気持ちじゃない部分が負けないと思ってる。ハヤトとは対極にいたんだろうなって。オレは偏屈だから（笑）。

ハヤト　（笑）。でも、好きじゃないとできないし。好きな形がちょっと違って、表現の仕方が違うだけで。根底では真っすぐ格闘技が好きだと思いますよ。じゃないと、あれだけの試合はできないだろうし。試合してる時はいがみ合ってるけど、どこかで信頼感があるからあれだけ長い間、あれだけ激しい試合ができてき

フジタ“Jr”ハヤト

フジタ“ジュニア”ハヤト

本名：藤田勇人（ふじた　はやと）。東京都足立区出身。1986年9月20日生まれ。レスリング競技経験を経て、K-1やUFCなどで活躍した山本“KID”徳郁が主宰する総合格闘技ジム「KILLER BEE」でトレーニングを積む。2004年、みちのくプロレスにてプロデビュー。2008年、東北ジュニアヘビー級王座を獲得。2016年、日高郁人をパートナーにNWAインターナショナルライトタッグ王座を獲得。2018年11月24日、みちのくプロレス仙台ヒルズホテル大会にて脊髄腫瘍髄内腫瘍上衣腫によるガンが発見されて闘病中であることを発表。その後、放射線療法と抗ガン剤による治療を続け、2022年7月1日、同団体後楽園ホール大会で約５年ぶりに本格復帰戦。2023年7月1日、LIDET UWF王座を獲得。2023年12月15日、同団体後楽園ホール大会にてガンの再発を公表。

たと思うんで。みんな格闘技、プロレスが好きなんですよ。

——印象に残ってる試合は？

ハヤト　勝ったのが少ないんで、ボクが勝った試合ですかね。そこはやっぱ喜んだし。

——シングルでは'12年6月に一度だけ勝っています。

ハヤト　まぁ、でも、拳王が強いなって思った矢巾（町・岩手県紫波郡）のシングルが一番かな。今、映像で振り返って見ても、自分でもワクワクするし。あの時点で自分の間にもならなかったし「コイツ、天才じゃん」って思った。

——'09年9月ですね。

ハヤト　だから「コイツには負けたくない」って思ってやれてたんで。

拳王　一発目も印象深いし、ターニングポイントになったけど、後楽園ホールでハヤトが大流血した試合かな。

——'09年12月ですね。

拳王　試合後、観客から大ブーイングされたんだよ。みちのくプロレスを昔から支えてきたフジタ″Jr″ハヤトというものを感じたし、あれだけの大ブーイングをもらっても、落ちないメンタルの強さがあるんだなっていうところも自覚できたし。あの試合で観客が求めてる善と悪がわかったかなって。

ハヤト　オレと拳王がやり合ってたぐらいの盛り上がりって今のみちのくプロレスにはないと思いますね。でも、みちのくプロレスに今もいるのはオレなんで。復帰したら、ああいう熱を取り戻したいなって気持ちになるのは一度体験してるからであって、もう一回あれだけの熱を生み出したいし、あれ以上にって思いがあるから、今がんばれるというか。

——拳王選手がみちのくを離れる時はどんな気持ちでしたか？

ハヤト　マジで知らなかったんですよ。（'13年12・13）後楽園ホールで拳王が南野タケシとタイトルマッチやって、オレは南野タケシのセコンドについてて、急に試合後に拳王が発表した。それまで何も聞いてなくて、あそこでみんなと同じように初めて知ったわけですよ。理解するまでに時間がかかったというか。えっ!?って。

拳王が輝きまくってる状態でオレの名前を言わせてやるって。（ハヤト）

――複雑な心境も語っていました。

ハヤト　でも、移籍とかっていちプロレスラーとしてはアリな考え。団体とか考えると寂しいとかちょっと待ってよっていうのがありますけど、オレら選手なんで強さや刺激があるところを求めていくのは当然。その時は理解するのに時間がかかったけど、どうせいつかやるだろうなって。オレがこういう感じなんで、どこに移籍しようが名前を出してやればいいでしょって（笑）。いろんなところに道を広げてくれて、ありがとうって自分で落とし込んだ。

――拳王選手は？

拳王　自分の意志じゃなくて、新崎さんに言われたので。オレは特に何とも思わなかったですね。

――ハヤト選手は人生さんから移籍について何か言われたことはありますか？

ハヤト　一切ないですね。そもそも移籍とか考えたことがない人間なんで。デビューする時から決めてるんですよ。みちのくプロレスでデビューして、みちのくプロレスで終わるって。ただそれをしてるだけなんで。そういう気持ちを社長も知ってますから、オレには言ってこないんだと思います。

――喪失感はありましたか？

ハヤト　始めはありましたね。なんでいなくなったんだよって言ってたと思うし。どちらかと言うと、同じ業界なんでがんばってくれてるヤツって目に見えてわかるじゃないですか。「よし、ＯＫ。オレもがんばろう」ってなれた部分もあるんで。オレにとっては自慢ですよ。

――間接的に闘っていこうと。

ハヤト　拳王が輝きまくってる状態でオレの名前を言わせてやるって思ってました。

拳王　ちょこちょこ言ってはいるし、もちろんいつも闘いたいって思ってる。でも、高橋ヒロムが一番だったっていうのがずっと引っかかってるので、もうやらないかもしれない（笑）。
――まさかスネちゃったのですか？
拳王　当たり前だろ（笑）。
ハヤト　まぁまぁ、一番みんなが見たいのを最後にしたんですよ。
拳王　ＹＡＭＡＴＯともシングルやってたよな。
ハヤト　やりましたね（笑）。
――復帰後、拳王戦は実現していません。
拳王　ほかにやりたい選手は？
ハヤト　エル・デスペラードが名前を出してくれたので、やりたいかな。あとはＡＭＡＫＵＳＡさんとか。
拳王　デスペもＡＭＡＫＵＳＡも面白そうだよな。そうなってくると、なかなかオレの番が来ない（笑）。
ハヤト　その３人とやったらラストかなって。正直、自分の心ではもう無理なんですよ。リングに上がるのが本当にきつくなってて、このタイミングで再発して、手術して、欠場して、普通の生活ですらできてない。きついなって思うけど、拳王とやるまでは…って思ってる自分がいるんで。そこに向けてがんばろうって。だから、あきらめない。デスペとＡＭＡＫＵＳＡとやる前に拳王とやって終わっちゃうかもしれないし。拳王にたどり着けずに終わっちゃうかもしれない。それがリアルな心境ですよね。
――拳王戦がまだ実現していないというのが、もしかしたら逆に治療やリハビリのモチベーション的によかったのかもしれません。
ハヤト　ホントそう。これで全部が終わって、再発して手術してたら、戻ろうなんて絶対に思えなかった。だから去年12月の後楽園ホールで「辞める」って言わなかったんで。ＡＭＡＫＵＳＡ選手とかデスペ選手とかやってはみたいけど、自分の体と相談してあと何試

もちろんいつも闘いたいって思ってる。（拳王）

日本武道館のメインか、岩手・大釜幼稚園体育館のメインでやりたい。（拳王）

合できるかって状態だと思うんで。それで1試合しかできないってなったら、そこは拳王だと思うし。

拳王　もちろんオレもハヤトとやりたい気持ちは強いよ。

――ハヤト選手が復帰してガンが再発した時、どんな心境でしたか？

拳王　正直言えば、何が起こってるのかわからなかったっていうのが一番かな。プロレスの世界ってウソかホントかわからないことも多い。ハヤトの再発がウソであってほしいなって思った。もう大丈夫かなって思ってたし、復帰戦のMUSASHI戦なんて前以上に動けてたなって思ったし。これからもずっと活躍し続けるのかなって思ってた。現実は再発が本当のことだったけど、まぁ、ハヤトだったら大丈夫でしょって思ってる。治療をがんばってもらいたい。

――拳王選手はハヤト選手の動向を常にチェックしていますよね。

拳王　復帰してからの試合はサムライTVオンデマンドとかYouTubeで全部見たよ。高橋ヒロムと闘った場所が矢巾町民総合体育館っていうのが嬉しかった。もちろんリアルタイムで見たし、何なら会場に行けばよかったなって。ゴザシートで見たかったよ。

ハヤト　ホントはゴザシートもあればよかったけどね（笑）。

――復帰後の活躍ぶりはものすごかったです。

拳王　今でもベルトを2本持ってるんですよね。

ハヤト　一応（笑）。

――みちのくの東北ジュニア王座とGLEATのLIDET UWF王座ですね。

拳王　いつかLIDET UWF王座に挑戦してやろうか！

――そっちですか!?

ハヤト　（笑）。

拳王　ＧＬＥＡＴのベルトだろうが、チャンピオンがＯＫと言えば挑戦できるだろ。

——まぁ、そうですが…。みちのくの東北ジュニア王座を懸けて、今の２人がタイトルマッチをやるというのも、非常にエモいシチュエーションですね。

ハヤト　そうやって考えるとワクワクするんですよね。拳王とやるんだったら、少しも心配がない状態でやりたいんで。ちょっと時間がかかるかもしれない。でも、焦っちゃう自分もいるし。この業界って何があるかわからないんで。気持ち的にそこのバランスを取るのが大変かな。拳王はまだプロレスやってるから大丈夫だよっていう気持ちもあるし、去年やれる時に無理にでもやっておけばよかったって気持ちもあるし、さっきも言ったように、今考えると結果的にやらないでよかったって思ってる自分もいるし。

——拳王選手はみちのく退団後、ＮＯＡＨのトップに立ち、プロレス業界をけん引する立場になりました。

ハヤト　そんな拳王に勝ちたいよね。

——場所はどこがいいですか？

それが待ってるから治療やリハビリも耐えられる。（ハヤト）

ハヤト　どこでもいいです。拳王と試合ができるならば。

拳王　それまでにもっともっと活躍して、集客力をつけて最高の舞台を用意するのがオレの仕事かな。ハヤトとの闘いだったら、どこの団体でやっても恥ずかしくない。日本武道館のメインか、岩手・大釜幼稚園体育館のメインでやりたい。そこを目標にこれからプロレス界で暴れていきたいよね。

ハヤト　嬉しいですよ。普通にオレがプロレスラーじゃなかったら、拳王のファンになってると思うし。そうやって言ってもらえたら、やっぱがんばって戻らなきゃなって。また思いっきり蹴り合いたいですよね。それが待ってるから治療やリハビリも耐えられるし。あとは途中で心が折れないように。

――リング上の拳王選手については昔から知っていると思いますが、最近のＹｏｕＴｕｂｅでの活躍は見ていますか？

ハヤト　たまに見てますよ。矢地（祐介）選手とかとコラボしてましたよね。ちょくちょく見てます。

――どうですか？

ハヤト　面白いなって（笑）。オレはああいうのが絶対にできないんで。プロレス、拳王っていうものを世にいっぱい出そうとしてるのが伝わりますよね。すごいと思います。これを楽しんでやってて、なおかつYouTubeを見てる人たちがプロレスに興味を持ってもらえたらいいなって思ってるんで。がんばれって思ってます。

拳王　嬉しいですね。

——プロレスを広めるという部分では同じ思いで、そのやり方が違うという感じですね。

ハヤト　オレは本気でプロレスが野球、サッカーとかほかのスポーツに負けてないと思ってるんで。もっともっと盛り上げたいですよね。

——今年は20周年イヤーです。

ハヤト　そうなんです。プロレス歴だけ長くなってきました。戻りたい。だからこそ、去年のままで突っ走りたかったんですけどね。このタイミングで再発か…って。でも、がんばりますよ。

——互いに今後に向けて、どんなことを期待していますか？

ハヤト　このままプロレス界のトップを突っ走ってほしいですね。あとはケガとかに気をつけてもらいたい。オレは時には会場にいくかもしれないし、陰ながら応援しながら、いつか目の前に立てればいいかなって思ってるんで。

拳王　前からわかってたけど、今日対談して、ハヤトの言葉にはウソがないって思った。プロレスが一番面白いとかキャラクターとかリップサービスでよく言うヤツがいるけど、こうやって話してみると本気だなってわかる。そういう選手がプロレス業界にいないと盛り上がらないと思うし、ハヤトぐらい強い気持ちでプロレスと向き合ってるヤツなんていろんな団体があるけど少ない。だから、フジタ〝Jr〟ハヤトはプロレス界になくてはならない存在だってあらためて思った。病気して復帰した後もハヤトってほぼほぼ有言実行してきたじゃん。高橋ヒロム戦もそうだし、東京ドームの花道を歩きたいってのも、今年の1月4日に実現させた。普段、新日本プロレスを敵視してるからあまり好きじゃないけど、ハヤトの参戦を実現させてくれた時は嬉しくて新日本プロレスが大好きになりそうなぐらいだったよ（笑）。

ハヤト　（笑）。

――（笑）。

拳王　そんなフジタ〝Jr〟ハヤトが言ってきた言葉で実現してないのは拳王戦だけ。今後、必ず実現すると思うので、その日を楽しみにしてるよ。相手の技を受け切った上で倒すのがプロレスラー。ハヤトなら、病気を倒してくれるはずだから。

拳王のクソヤローどもオレについて来い!!

❶反骨の書

はじめに

おい！　クソヤローども、このたびは書籍「拳王のクソヤローども、オレについて来い!!」ご購入、どうもありがとな。オレの夢がかなって、とうとうベースボール・マガジン社から本を出すことになったぞ。

週刊プロレス'18年1月31日号（No.1940）から6年以上。'20年4月より隔週モノクロ連載から毎週カラー連載にリニューアルして、週プロの名物連載として読者に愛され、業界関係者&選手たちから面倒臭いと陰口を叩かれながらもやり続けてきたかいがあった。ここ1、2年でオレのことを知ったクソヤローどももいる。この機会にこれまでどんなことを言ってきたのか、しっかりと楽しんでくれ。

この連載では時事的な話題をオレなりに斬ってきた。正直に言えば、かなり偏りがある。以前に言ってたことと違うことも言う。シレッとなかったことにしたことも多々ある。そして、オレがどういう思考回路を経て、現在に至ったのか。その変遷がわかるはずだ。

それと今回の書籍化に伴って、オレにとって欠かせない2人と初めて対談した。まずはみちのくプロレスのフジタ〝Jr〟ハヤト。デビューしてから対戦するたびに激しくやり合ってきた唯一無二のライバルだ。もう1人は、ＹｏｕＴｕｂｅ「拳王チャンネル」で中の人をやってる人だ。こういう機会がなければ、真面目に語り合えないし、ここまで深く語ったのは初めてだったぞ。

オレ自身、プロレスラーでありながら、プロレスというジャンルを思いっきり楽しんでいる。6年以上の連載、2人との対談をすべて読めば、プロレスをどういうふうに見ていけば、よりいっそう楽しめるかのヒントが見えてくると思う。

というわけで、テメーら、クソヤローども、これから始まる書籍化されたオレの連載に…ついて来い!!

拳王

2024年6月

CONTENTS

2021年〜夏

※この書籍は、ベースボール・マガジン社発行の週刊誌「週刊プロレス」にて2018年1月31日号（NO.1940）より隔週、2020年4月22日号（NO.2061）より毎週掲載され、2024年6月現在も連載が続く「拳王のクソヤローどもオレについて来い!!」の2021年8月18日号（NO.2135）掲載分までの内容をまとめ、あらたに対談企画を加えたものです。2021年8月25日号（NO.2136）から2023年内に発売された最後の号、2024年1月10日・17日合併号（NO.2281）までの掲載分は「拳王のクソヤローどもオレについて来い!! 2　金剛の書」に収録しています。

※掲載の内容は、ほぼ、週刊プロレスでの連載時のままとしています。「掲載時点からの経日・経年に伴う社会やプロレス界の状況の変化により、拳王選手自身の考えが連載当時とは変化している場合」「連載掲載時の時事ネタに言及していて、その事象について理解していないと内容が把握し切れない場合」などを含め、加筆・修正等は加えないことを原則として、本書を制作いたしました（たとえば、文中『●ページ参照』とあるのは、連載時の掲載号の●ページに載っているという意味であって、この書籍の●ページに載っているという意味ではありません）。

2018年

世の中では冬季オリンピック平昌（ピョンチャン）大会で
フィギュア・羽生結弦の連覇など
メダルラッシュに沸いた2018年。
拳王は前年12月にGHCヘビー級王座
初戴冠を果たしてチャンピオンとして迎えた。

1月31日号掲載

隔週連載初回カラー拡大版

いい試合をすればいいって普通のレスラーがやってるようなことをやっても、NOAHは上がっていかない

清宮はいい雰囲気を持ってたよな

――昨年12月にGHCヘビー級王者となって、新春一発目で清宮海斗選手の挑戦を退けました。

拳王　今まで以上に責任感のある行動をしないといけないなって。GHCヘビー級のベルトを持ってるってことは、NOAHの顔だと思ってるんで、団体のすべてを背負っていかなきゃいけない。選手、スタッフ、NOAHを応援してくれるクソヤローどもの気持ち、すべてをひっくるめてオレが背負ってやっていこうと思ってる。

――これまでの人生でそういう経験はありましたか？

拳王　これほどの責任のあることは初めてかもしれない。大学時代に日本拳法部の部長をやったり、大釜でやってた日本拳法の道場長とかもやったりしてきて、その時もすべてを背負ってやろうって思ってやってきたけど、NOAHとは規模や意味合いが全然違う。NOAHを応援してくれるクソヤローどもの思いは計り知れないし、NOAHの選手やスタッフは生活もあるからな。オレはそういうものも背負って守っていきたいと思ってる。

――そこまで考えているのですね。

拳王　アイツらは安くないチケット代を払ってNOAHを観に来てくれてる。今の状態で後楽園ホールを月2回とかやるのはどうかと思うし、この1月は春日部、所沢、横浜2連戦、前橋って関東近郊ばかり。それでも毎回来てくれるヤツらもいる。そういう思いも背負っていかないといけないなって。

――12・22後楽園でGHCヘビー級王者となって、1・6後楽園で武者修行から凱旋してきた清宮選手の挑戦を受けるというのは、非常に難しいシチュエーションでしたが？

拳王　オレ自身、丸藤（正道）、杉浦（貴）の時代じゃないって言ってて、どっちかが来るのかなって思ってたら、いきなり清宮だったからな。

――拳王選手が新時代の到来を告げたら、さらにもっと若い選手が挑戦に名乗りを上げるという状況でした。

拳王　でも、清宮が目の前に立った時にアイツの目は本物だった。オレがGHCヘビーのベルトを取って、場内が100%オレの空気になってる舞台に入ってくる勇気があのキャリアであるっていうのも関心したよ。しかも、マイクで物怖じもせずにはっきりと挑戦を表明した。今のNOAHにいる中途半端なレスラーたちよりも全然上だと思ったから、挑戦を受けてやろうと思ったんだ。

――清宮選手はどうでしたか？

拳王　あれだけの挑戦表明をしただけの男だった。半年前に闘った時よりも何倍、何十倍も力をつけて来たし、プロレスラーとしていい雰囲気を持ってたよな。半年であんなにも人は変われるのかって思ったよ。今後が楽しみではあるよ。

普段はあんなに何発もハイキックをやらない

――いち後輩というよりはライバルですね。

拳王　もちろん。まぁ、試合後に取った行動に関しては本当にその道でいいのかって思うけど。

―拳王選手&杉浦選手と決別し、救出にやって来た潮崎豪選手と結託しました。

拳王　それだけの気持ちがあって行動したんだろうし、ほかの何もしないヘビー級のレスラーよりも評価してやろうかなって。

―実際に対戦してみて、どんな変化を感じましたか？

拳王　まず見た目でわかるように体がひと回りでかくなった。一発一発の攻撃が効いたし、こっちも投げる時に重い物を持ち上げるから消耗してしまう。でかくなったっていうだけでも大きな変化だった。あと技のレパートリーも増えてた。もしタイガー・スープレックス・ホールドが決まっていれば、どうなるかわからなかった。投げっぱなしだけでものすごく効いたし、あのまま固められたら本当にやばかったよ。

―フィニッシュはダイビング・フットスタンプではなく、ハイキック3連発でした。

拳王　ここでアイツの記憶を飛ばすぐらい叩きのめしておかないと今後のNOAHのためにならない。普段はあんなに何発もハイキックをやらないけど、あそこまでしないとアイツはまた立ってくるだろうと思った。もしここでオレからベルトを取って「こんなもんか」って思わせたら絶対ダメだろ。オレはアイツの何倍もキャリアを積んでようやくNOAHのトップに立つことができた。嬉しいことも悔しいことも何回も経験してきたんだよ。さまざまな思いを含めて、ああいう感じで終わったかもしれないな。

―そこまで考えて試合をしているのですね。

拳王　ただいい試合をすればいいって普通のレスラーがやってるようなことをやっても、

2・2後楽園で宮本裕向にはNOAHの〝宣材〟になってもらう。電流爆破でも蛍光灯でも持って来い

このNOAHは上がっていかないだろ。その試合に対する意味、その後のことを考えてやっていかないとNOAHって会社が成長しない。だから、オレはいろいろ考えてやっていこうと思ってる。

――結果論として清宮選手と初防衛戦ができたことは満足できましたか?

拳王　もちろん。ただのいい試合ではなく、しっかりと清宮の次も見えたし、さらに試合後もゴチャゴチャといろいろあった。

日本のプロレス界を創る男になっていく

――ですね。まずは宮本裕向選手が挑戦表明して2・2後楽園でのV2戦が決まりました。

拳王　これに関しては、すごく悔しかったし、本当に残念だったよ。宮本裕向ってレスラーに関してはタイトルマッチにどんどん絡んできてもいい選手だと前々から思ってた。でも、なんでNOAHの選手が来ないんだって。オレなんかヘビー級の中でキャリアは下の方で、これだけ偉そうに「オマエらの時代を終わらせてやる」って言ってるのに、誰も来ないのかって。エディ・エドワーズの前にベルトを持ってたヤツもそうだし、このベルトを過去に巻いたヤツも何人もいるわけであって。何度も言うけど、残念だよ。でも、宮本裕向には「グローバル・リーグ戦」で確かに負けてるし、その借りを返さないと次には進めない。今は宮本裕向戦に絞ってやっていきたいと思ってるよ。

――昨年、火祭り、グローバル・リーグ戦と2度シングルをおこない、1勝1敗でした。

拳王　宮本はいろんな団体を渡り歩いて、いくつも大きな結果を残してきた。今もベルトを2本持ってる。

――超花火の爆破王とDDTのエクストリームですね。

連載で今までどんなレスラーも触れなかったグレーゾーンをズバズバと斬っていってやる

拳王　宮本を倒したら、いろんな団体へNOAH、GHCヘビー級王座のスゴさを発信できる。美味しい相手だよ。アイツにはNOAHの〝宣材（宣伝材料）〟になってもらう。

――超花火1・28大阪で宮本選手は爆破王として、ZERO1の小幡優作選手の世界ヘビー級とダブルタイトル戦をおこないます。

拳王　そうみたいだな。面白い展開だよ。GHCヘビー級に挑戦するのが2・2後楽園。その前にいっぱいGHCヘビー級挑戦をアピールして来いよって。いろいろな業界で勢いのあるアイツに勝つことで、NOAHの勢いもわかってもらえるだろうし。

――いち選手としてはどういう印象ですか？

拳王　あれだけベルトを持ってることが証明してるだろ。もちろん昔から評価してるし、普通にやって勝てる相手ではないとも思ってる。さらに気を引き締めてやっていきたい。

――特に気をつける部分はどこですか？

拳王　レスラーの幅だよ。アイツの幅は想像もできない。あの体を見てみろよ。あんなキズだらけなんだぞ。アレはとてつもない試合をしてきたプロレスラーとしての勲章だよ。オレにやれと言われてもやりたくないけど…。

――電流爆破デスマッチには興味ないのですか？

拳王　やりたくもない。真正面から来る時もあれば、そうじゃない時もある。NOAHでも机やイスとか凶器を使った試合をしてた。そういう部分にも対応できる懐の深さを見せてやろうかなって思ってる。アイツを倒せばオレの幅も広がるし、すごく楽しみだな。

――電流爆破でも何でも来いと。

拳王　そう。何なら電流爆破でも蛍光灯でも持って来いって。総合格闘技でも勝ったことあるし、相当ポテンシャルがある選手だよ。ストリートファイトでも経験値があるみたいだし、闘うっていうことに対する幅の広さは比べ物にならない。

――王者としてはどんな闘いを見せていきたいですか？

拳王　歴代王者の名前を見ても、みんな日本のプロレス界を創ってきた男たちしかいない。オレはGHCヘビー級王者として名前が残ったけど、日本のプロレス界を創った男としてはまだまだ。そういう選手になっていきたいなって思ってるよ。

〝三沢世代〟破壊発言はリスペクトの裏返し

――エディ戦の前に「〝三沢世代〟を破壊して、新時代を創造する」というテーマがありましたが、そこはあくまでも過去の否定ではなく、リスペクトを込めた上での再構築という意味合いでした。

拳王　そこは重要だよ。オレは本当に三沢さんに会ったことがない。そんな選手がGHCヘビー級王者に今までなったことがなかったから、タイトルマッチに向けてわかりやすいテーマとして発信したんだよ。三沢さんのことは当然尊敬してるし、NOAHにとって大切な人だとずっと思ってる。リスペクトの裏返しでそういう発言をしたわけであって、あんなにもすごい三沢さんを知ってるけど、今、中途半端なNOAHのレスラーに対して投げかけたんだよ。

――ファン時代にニアミスもありました。

拳王　そうなんだよ。徳島の書店で四国放送のラジオ番組「週刊チョークプロレス」がイベントをやって、ゲストで三沢さんが来たんだよ。オレもそこに行って、三沢さんに会おうと思ってた。でも、急に用事が入って行けなくなっちゃって会えなかったんだよ。当時は予定が入ったことをものすごく恨んだ。でも、もしそこでオレが三沢さんと会って、2人で写真でも撮ってたら、今、こういう発言もできなかったし、三沢さんを知らないオレがGHCヘビー級王者になったっていう意味

昔、NOAHから熱をもらってたクソヤローどもは、すぐにNOAH事務所拳王宛てまで連絡をくれ

も薄れてしまう。今は本当にあの時予定が入ったことに対して、土下座をして「ありがとう」って言いたい。それぐらい三沢さんを知らないGHCヘビー級王者っていうのを、キーワードにしてやっていきたいと思ってるよ。さっきも言ったけど、プロレス界を創ってきた男に憧れてないわけがないんで。でも、オレも三沢さんと同じベルトを持ってるんだから、三沢さんを超える存在になろうって思わないとオレも成長しないし、NOAHも成長しない。

――GHCヘビー級王者としてリング外ではどんなことをしていきますか？

拳王　リング上だけしっかりすれば、団体がうまくいくって言えない。NOAHって団体をしっかりと今の時代にフィットしたものにしていこうといろいろ考えてるよ。さっきも言ったけど、今は後楽園ホール大会を月2回やれるような団体じゃない。NOAHファンが首都圏だけにいるわけでもないし、北は北海道から南は沖縄までいっぱいNOAHのファンはいるし、1・6後楽園は外国人のファンもけっこう来てた。NOAHは日本のプロレスを創ってきた男たちが築いてきた団体だろ。今も観たら、一番満足度が得られる団体だと思ってるよ。もっといろんなところにNOAHを持っていきたい。四国出身者で初めてGHCヘビー級王者になったオレのベルト姿を地元の徳島にも見せたいし。もちろん首都圏以外でも防衛戦がやりたい。そのためにもまずはいろんな場所へ行かないといけないと思ってる。だからこそ、選手、フロント、スタッフ一人ひとりがしっかりと考えて、みんなで力を合わせてやっていかないといけないんだよ。三沢さん時代の営業、やり方を今も続けてるようじゃダメだし、もっと時代にフィットしたやり方をやっていくべき。そういう部分もオレが先頭に立って、わからせてやりたい。

前例がなくても切り開いていけばいい

――頼もしいですね。

拳王　どんなプロモーションでもやるし、何でも言ってこい。何ならオレが自分でやってもいい。もし地方でNOAHの大会をやりた

いって思ってるクソヤローがいたら、NOAH事務所拳王宛てまで手紙を送ってこい。もちろんメールでもいい。

――すべてに対応すると。

拳王　当たり前だろ。NOAHはプロレス界のトップを走ってた団体。その時、NOAHから熱をもらってたクソヤローどもは、今ではいい歳になって出世もしてるだろうし、言い方は悪いけど金持ってるヤツらが多いだろ。そういうクソヤローがいたら、すぐにNOAH事務所拳王宛てまで連絡をくれ。

――地方進出という部分では4月14&15日には3年ぶりとなる札幌2連戦も決まりました。

拳王　せめて1年に1回は行かないと、NOAHを待ってる人たちが違う団体を見に行っちゃうだろ。最近めっきりやらなくなっちゃった新潟にも行きたいし、少なくなってきた九州にももっと行きたいし、NOAHにとって大切な広島にももっと行きたいし。今のNOAHには関西出身者が多くなってるわけで、もっと盛り上げていけるんだよ。昨年11月に琉球ドラゴンの沖縄大会に出た時にも、何十人ものクソヤローどもから「NOAH、待ってるよ」って言われた。前例がないから行かないとか古臭い考えをずっとしてるから、ドンドンと地方大会が少なくなってるんじゃねぇのか。前例がなくても行って切り開いていけばいいんだよ。何事も柔軟な姿勢で考えていきたい。さっきも言ったけど、全日本時代、三沢さん時代…何十年前と同じような手法を今でもやってちゃダメなんだよ。この数年の結果を見てみれば、バカどもでもわかるだろ。結果は出てるんだよ。今までのやり方を改善していかないといけないし、そうしようとしてないのがオレは本当に許せない。

批判を絶対に覆してやる

――後楽園ホール大会2大会連続超満員という流れを絶やさずに、一気に業界的にも力をつけていきたいところですね。

拳王　日本には何本もベルトがあるけど、いち時期はGHCヘビー級が一番力を持ってた。けど、今は3大メジャーの底辺のベルトだと思ってる。それをオレの力で再び一番のベルトにしてやる。オレの夢、NOAHの夢だった武道館大会も今現在だけNOAHより力のある団体に先に決められたよな。

――新日本が「G1 CLIMAX28」8・10&11&12武道館3連戦を発表しましたね。

拳王　NOAHも年末年始、後楽園ホール2大会連続超満員だっただろ。それで安心するんじゃなくて、3・11横浜文体を控える中で次の2・2後楽園、2・22後楽園がとてつもなく大事になってくるって気づけよ。オレがGHCヘビー級王者となっていい道に歩みを進めていってるから、NOAHには確かにいいイメージが生まれつつある。でも、大切なのはこれからなんだよ。ここでいつものように何もしないで、クソヤローどもがチケットを買うのを待つんじゃねぇぞ。今まさに選手、スタッフ一人ひとりがこっちからもっと仕掛けていかなきゃいけない時なんだって。そして、首都圏で生まれた熱を地方へ届けていきたい。

――そういった刺激的なことばかり言っていると、団体内外から批判もあるのではないですか？

拳王　批判してくれることが幸せだよ。その批判を絶対に覆してやろうってなるからな。じゃないと、未来を開けない。何でも思ってることがあるなら言ってこいよって。オレがそういう意見も含めて、すべてを背負っていってやるから。まずは2・2後楽園、絶対に後悔させないからクソヤローども、上昇気流が乗り始めたNOAHを観に来いよ。

――最後にこれから週プロの連載が本格的に始まりますが、どんな連載にしたいですか？

拳王　今までどんなレスラーも触れなかった

グレーゾーンをズバズバと斬っていってやるからな。刺激的な活字が読みたかったら「拳王のクソヤローども、オレについて来い!!」を楽しみにしてろよな!

2月14日号の議題 週プロの表紙

年末年始でプロレス界の勢力図をあらためて思い知らされたよ

—週プロに言いたいことがあるようですね。

拳王 何週か前に「12月のメモリアルバウト」ってあっただろ。

—月イチ特集としてお届けしている「月刊プロレス」内の企画ですね。

拳王 12月、アレでオレが選ばれただろ?

—NOAH12・22後楽園のエディ・エドワーズ選手とのGHCヘビー級選手権ですね。

拳王 11月も「グローバル・リーグ戦」決勝の潮﨑豪戦だったよな。2カ月連続でオレの試合が選ばれたのはすごく嬉しかったよ。

—珍しく素直ですね。

拳王 別にテメーに感謝したいわけじぇねぇよ! メモリアルバウトをやっても、週プロの表紙は取れないんだって言いてぇんだよ!!

—拳王選手のGHCヘビー初戴冠、試合後に清宮海斗選手の凱旋もありました。

拳王 「NOAH劇的新展開」なのに表紙が取れない。なんでなんだろうっていろいろ考えたよ。その結果、雑誌側から考えたら、**やっぱ内藤哲也が表紙になるなって**。年末の週プロは合併号だから年明けまで書店、コンビニに置かれるし、新日本は1・4東京ドームを控えてる。それは正しい選択だと思うよ。これがNOAHの現実だってあらためて思い知らされた。

—鋭い分析ですね。

拳王 11月にオレが表紙になっただろ。アレでNOAHはすごくいいイメージになって、後押ししてもらったことは間違いないからな。あの時は反響が本当にすごかった。

—4年ぶりの表紙でした。

拳王 っていうかよ、オレが初めて表紙になった時はアメコミみたいに**ヘンテコリンな吹き出しつけやがったよな。**誰があんなの作ったんだ!?

—佐藤正行前編集長です。

拳王 最初から表紙になるって思わなかったけど、こっちは人生を変える決断をしたっていうのに、あんなお笑いチックになるなんて思わなかった(苦笑)。ふざんけんじゃねぇぞ。

—す、すみません…。

拳王 まぁ、昔のことはどうでもいいよ。話を戻して、あの時は今までのNOAHではなかなかない新しいことばかりが起こった。同じ週にDRAGON GATEが福岡国際センターでビッグマッチをやってた。けどよ、その中で新日本の内藤が表紙…それが今のプロレス界の現実。そんなこと、ずっと前からわかってた。それがプロレス団体の勢力図だ

よ。頭一つ飛び抜けてるのが新日本。それを変えていかないと、NOAHの明るい未来は見えてこないなって。

——反論の余地もありません。

拳王　NOAHも後楽園ホールの超満員が続くようになって、やっとスタートラインに立つことができた。今までは勝負にもならなかったかもしれない。これからは違うからなと思ってたけど、2018年一発目の号もやはりやられたかって。

——NOAH1・6後楽園の拳王vs清宮のGHCヘビー戦ではなく、新日本1・4ドームのオカダ・カズチカ選手が表紙を飾りました。

拳王　新日本は増刊も出てたのに本誌も表紙。オマエらは新日本を表紙にした方が売れると判断したんだろ。まざまざと思い知らされたよ。5年前まではNOAHもよく表紙になってた。5年でこれだけ変わってしまった。でも、絶対に**東京オリンピックまでには逆転してやるからな。**

——あと2年半ですね。

拳王　ホントこの年末年始はNOAHの現状がよくわかったよ。これを変えていくのはオレしかいねぇだろ。NOAHの中途半端なレスラーにできるわけがない。この結果を理解した上で正しい道に連れてってやる。

——具体的にどうやりますか?

拳王　地道にやっていく…っていう答えは面白くないからな。2月2日、NOAH後楽園大会で見せてやるよ。

——自らハードル上げましたね。

拳王　それぐらいの気持ちってことだよ。右ヒジもあれだけやられたし。

——2・2後楽園では表紙を取ると。

拳王　別に週プロの表紙のためにやるわけじゃないけどな。でも、インパクトを残してやるから見ておけって。しかも、**同じ週にはどっかの団体が横浜文体で大会をやるんだろ?** 絶対に負けてられないよな。あといまだに悔やんでるのは、このタイミングで挑戦者が宮本裕向だってことだな。なんでNOAHの連中が誰も名乗り上げねぇんだって。ようやく観客動員が上向いてきた中で、宮本裕向を止めるヤツが誰もいなかったのは情けなく思うよ。丸藤正道、杉浦貴、オレは何度もオマエらの名前を出したぞ。なんで来ないんだって。オマエら、宮本裕向に嗅覚で負けてるぞ。自己満足で試合してんじゃねぇよ。

——厳しいですね。

拳王　もっとNOAHのヤツらは感覚を研ぎ澄ませろってことだよ。

2月28日号の議題　丸藤CC出場

潔くオレの前に立った杉浦とは大違いだな。防衛戦が終わったら、丸藤を逆指名してやる

拳王　テメー、2・2後楽園、週プロの表紙じゃなかったじゃねぇかよ!

——す、すみません。

拳王　前々回(12・22)、前回(1・6)と後楽園はものすごい盛り上がりを見せた。その中で今回の相手は宮本裕向。前々からNOAHのヤツらじゃなくて、残念だって言ってきた。

——NOAH所属選手に挑戦表明してほしかったということですね。

拳王　そう。今回は宮本とのタイトルマッチでその残念な空気を全部覆そうとしてた。それぐらいのチャンピオンじゃないといけないと思ってたんだよ。でも、まだNOAHを完

全に変え切れていなかったし、その力がまだオレになかったってこと。すべてはオレのせいだって今は思ってる。

──意外に素直ですね。

拳王　ＮＯＡＨのＧＨＣヘビー級チャンピオンは、みんなそれぐらいの気持ちでやってきたからこそ、昔はあれだけの盛り上がりを見せてたんだろ？　そんなプロレス界の歴史を創った男たちと肩を並べるような存在にならないと、これからのＮＯＡＨは盛り上がっていかない。それぐらいの責任は持ってるぞ。

──その結果が満員マークなしでした。それでもあと一歩で満員と言っていいほどの動員で、いち時期の低迷ぶりから考えると…。

拳王　確かに去年より上向きになってるのはわかる。でも、それで満足してるようじゃダメなんだよ。タイトルマッチ2つやって、満員マークつかなかったのは本当に悔しいよ。まぁ、週プロの表紙も取れないわな…で、何が表紙だったんだよ？

──全日本2・3横浜文体大会です。

拳王　全日本の横浜文体か。まぁ、オレも今後、さらにＮＯＡＨをよくしていくために仕掛けていくしかないな。それでここが一番言いたかったことなんだけど、全日本の横浜大会で衝撃が走ったな？

──藤田和之選手の乱入もありましたが「チャンピオン・カーニバル（ＣＣ）」への丸藤正道選手の出場というサプライズもありました。

拳王　マジで許せないことだな。ＮＯＡＨのレスラーも思うところがあるんじゃねぇのか。

──拳王さんとしてはＧＨＣヘビー級王者として常に挑発していた選手です。

拳王　ベルトを取る前から「ＮＯＡＨ＝丸藤、杉浦の時代を終わらせる」って名前を出して言ってたのに、ＧＨＣのベルトにまったく目を向けず、他団体のリーグ戦に出るのかって。**テメーの中でＧＨＣの名誉よりも大切なもん、大事なもんがあるのか!?**

──ＣＣ出場を優先したと言われかねません。

拳王　そうなるよな。オレは丸藤の名前を何度も出してきたし、前回の防衛戦はＮＯＡＨじゃない宮本裕向。三沢（光晴）さんと関わりがなくてＮＯＡＨの生え抜きじゃないヤツが「グローバル・リーグ戦」で優勝して、ＧＨＣのベルトを取ったんだぞ。丸藤、オマエは何も思わねぇのか!?　それともＧＨＣよりもＣＣの方がおいしいと思ったのか？

──中嶋勝彦選手も約1年間、丸藤選手の挑戦を常に言い続けましたが、実現することはありませんでした。

拳王　天才のコンピューターはいったいどうなってんだよ!?　**方舟の天才は逃げ腰の天才か。**　これだけオレが言ってんだから耳に入ってないわけがねぇだろ。逃げて逃げて、おいしいエサが転がり込んできたら、すぐに食いつく…**っていうか、ＮＯＡＨと全日本って絶縁だったんじゃねぇのかよ!?**

──'12年いっぱいで秋山準選手、潮﨑豪選手らが大量離脱してから交流はありません。

拳王　オレは当時いなかったけど、普通にひょこって出ちゃうのが天才なんだろうな。笑っちゃうよ。20周年だからわがまま？　オマエの所属してる団体はどこなんだよ。他団体に出るひまがあったら、ＮＯＡＨのプロモーションをもっとやれよ。オレは2月下旬から3・21徳島のＰＲで5日間、現地に行くぞ。

──それは忙しいですね。

拳王　アンタがＮＯＡＨのために何かをやらないとさらに盛り上がっていかねぇぞ。見ろよ、全日本がもっと盛り上がっちゃっただろ。潔くオレの前に立った杉浦とは大違いだな。杉浦との防衛戦が終わったら、丸藤、テメーを逆指名してやるからな。テメーの目には全日本がそれだけ魅力的に映ってたのか。

――全日本にはどんな印象がありますか？

拳王　NOAHが一番盛り上がってた頃に中心にいた秋山さんが社長をやってる団体かな。NOAHから全日本に行って戻ってきた**潮崎がどう思ってるのか気になるよ。**オマエにとって、もしかしたらこれはチャンスかもしれないぞ。このことに関して黙るのもプロレスだけど、アクション起こすのもプロレスだぞ。何か仕掛けてみろよ。あと丸藤、テメーはこれからNOAHのリングでどんな闘いを見せていくんだよ。

――なるほど。ちなみに、全日本で気になる選手は誰かいますか？

拳王　中島洋平以外の全員だよ！

3月14日号の議題　プロレスラーのオーラ

杉浦は強さじゃない何かも持ってるんだ。それが今は何かわからないのがもどかしい

拳王　羽生結弦、すごかったな。

――平昌冬季オリンピックのフィギュアスケート男子で見事、金メダルを獲得しました。

拳王　オーラが違ったよ。ミスするって感じがまったくなかった。それ以外にもほかのヤツらの演技と全然違うもんがあった。そこらへんが**説明できないっていうのがオーラなんだよな。**で、ベースボール・マガジン社は平昌オリンピックの雑誌は発売するのか？

――2月27日（火）に「フィギュアスケート平昌五輪決算号」が発行されました。それはともかく、なぜその話をぶっ込んできたのですか？

拳王　2・16新宿大会で丸藤正道、杉浦貴と対戦しただろ。やっぱオーラがすごいんだよ。アレはチャンピオンでも出せない。そういった部分で羽生と通じる部分があるのかなって。あそこまでの領域に達することがまだできていないのは自分でもわかってるよ。

――意外と冷静に分析していますね。そのオーラはどこから出てくると思いますか？

拳王　出そうと思って出るもんじゃないよ。

――その選手の積み上げてきた歴史、それまでの実績、ファンからの思い入れ、本人が発している自信…すべてからでしょうね。

拳王　すぐに創れるもんじゃないと思ってる。今すぐそういうオーラを出そうと思っても無理だ。オレは目の前の丸藤、杉浦だけじゃなくて、そういったオーラとも闘っていかなきゃいけないし、オレは「オレの時代を築く」ってずっと言ってるけど、そんなもんすぐにできると思ってない。もし時代が来たとしても本当に来てるかわからないと思うし。

―時代なんて誰が決めるのかわかりません。

拳王　でも、時代っていうのは本当にあるんだよ。今のNOAHは丸藤、杉浦の時代だってみんなそういうイメージが強いだろ。別に勝負は勝つにこしたことはないけど、ベルトはもちろん、そういうオーラとも闘っていかないとNOAHの新しいもんは生まれないと思ってる。タイトルマッチじゃなくても、前哨戦じゃなくても、オレはすべて含めて闘っていこうと思ってるから。

―2・16新宿では丸藤選手とタッグで対戦し、その後、急きょ、杉浦選手とシングルで闘い、両者KO決着でした。

拳王　NOAHのGHCヘビー級王座より全日本の「チャンピオン・カーニバル（CC）」を選んだ丸藤と対戦したら、意識するのは当然だろ。さらに、パートナーに杉浦もいた。同じリングに立ったら、自分がチャンピオンでもオレを超えたもんを持ってるなって実感するよ…悔しいけど。オレはそういうオーラ、存在感をこれから創っていくよ。

―丸藤選手を意識していきましたよね？

拳王　オレは杉浦相手に防衛した後、丸藤とやるつもりでいるからな。

―あらためて前哨戦で久々に杉浦選手と肌を合わせてどうですか？

拳王　オレの方が強いと思ってるけど、杉浦は強さじゃない何かも持ってるんだ。それが今は何かわからないのがもどかしいんだよ。それが何かわかったら、オレも今以上に存在感やオーラが出てくると思ってる。

―もしかしたら、3・11横浜文体のGHCヘビー級選手権はそのあたりが勝敗を分けてくるかもしれません。

拳王　そうなるかもな。

―そういえば、杉浦選手は本誌インタビューで拳王さんから酒の席で「テメー、いつか殺ってやるからな」と言われたことを明かしていました。本当なのですか？

新宿すずやの「とんかつ茶づけ」に舌鼓を打つ

拳王　本当だよ…オレも記憶がない時に言ったらしいけどな（苦笑）。でも、いつでもそういう気持ちでいるし、酒飲んで本音で出ちゃっただけ。NOAHに来た時からずっと丸藤、杉浦はいつか超えてやろうと思ってた。そういうことを**記憶がない状態で言った自分をほめてやりたい**。普段からそんなこと言ってたら単なるバカだろ。でも、ずっと思ってたことだから。3月11日はリング上で実現させてやるよ。

―頼もしいですね。

拳王　あと酒の場で思い出したけど、昔、竹刀をやめた方がいいってアドバイスをくれたのが杉浦だったんだよ。それがずっと頭の中にあってヘビー級転向を機にやめたんだよ。

―いいエピソードですね。

拳王　杉浦の言葉にはなんか重みや深みがあるんだよ。そういうのがオーラや存在感につながってるのかもな。その逆も言えるけど。

―丸藤選手もそうですね。

拳王　丸藤も一つのステータスを持ってるからCCに呼ばれたわけであって。まぁ、別にオレがアイツの立場だったら絶対に出ないけどな。そこはアイツの軽さ。**丸藤は重みを持ってるくせに軽い**。

―…ようやく拳王さんも同じステージに上

がることができるようになってきました。

拳王　オレがベルトを持っていない状態でこんなことを言っても説得力に欠ける部分があるのもわかってた。でも、今は違う。だから、これからも言いたいことを言って、やりたいことをやっていくからな!

3月28日号の議題　地元凱旋興行

徳島の観光大使にまた一歩近づいた。地方出身の選手は凱旋大会をやるべき

拳王　大杉漣さんが亡くなっちゃったな。

——突然の訃報でしたね。

拳王　大杉漣は徳島が生んだスターやけん。

——?

拳王　〝やけん〟は徳島弁だよ。徳島弁って広島弁と大阪弁を足して2で割ったような感じなんだよ。

——わかりやすい例えですね。

拳王　なにしょん?とかもよく言う。

——どういう意味ですか?

拳王　「何してるの?」だな。

——あの独特なマイクも徳島弁のなまりが入っているのですか?

拳王　アレは中栄大輔のイントネーションだ。

——(笑)。ちなみに、好きな徳島名物は?

拳王　徳島ラーメンとかうどんが比較的有名だけど、オレはお好み焼きの「天玉」が好き。揚げ玉のメッチャでかい天ぷらが入ったお好み焼き。金時豆と天ぷらを入れた「豆天玉」を徳島のソウルフードとして大々的に売り出してるのは、知ってるか?

——知りません。

拳王　まぁ、方言とか郷土料理の話なんてどうでもいいんだよ。今回はオレが徳島の観光大使を目指すってテーマなんだろ?

——いえ、3月21日(水)に地元凱旋興行を控えているので、徳島について語ってもらおうかと思っていました。

拳王　観光大使のプロレスラーっているの?

——山梨県の武藤敬司選手が有名です。

拳王　あと、はこだて観光大使もいるだろ。

——…で、プロモーションのため、先週は徳島に5日間行ってきたのですよね?

拳王　GHCヘビーのベルトを持って徳島に帰ることができて、すごく嬉しかった。朝から晩までプロモーションと営業でしんどかったけど、3月21日、たくさんのお客さんに入ってもらいたかったんで。自分の身を削ってでもいろいろPRしてきた。絶対に成功させたい。徳島って今、プロレスの大会があまり開催されていないんだよ。昔は徳島ローカルラジオ局・四国放送で「週刊チョークプロレス」が流れてたぐらい盛り上がってたのに。

——「週刊チョークプロレス」リスナーの拳王選手としてはさみしい限りですね。

拳王　昔は年に何回もどっかしらの団体が来てたよ。でも、今は年に片手で数えられる程度。ぜひ徳島の人たちに生でプロレスを見てもらって、また昔のように盛り上がってほしいなって気持ちを込めて5日間、いろいろとPRさせてもらったよ。徳島の観光大使にまた一歩近づいたかな。

——プロモーションはどうでしたか?

拳王　もちろんオレのことを知らないヤツ、GHCヘビーのことを知らないヤツもいたよ。でも「このベルトを生で見ることができて光栄です!」ってヤツもいた。あらためて三沢(光晴)さん、小橋(建太)さんたちが築いてきた歴史の重みを感じたよ。プロモーショ

ンとはいえ、ベルトを徳島に持って帰ることができて本当によかった。**秋田町は人もまばらだった**けど（苦笑）。

――秋田町って何ですか？

拳王　一番の繁華街だ。まぁ、こういう機会がないと四六時中、ベルトを持って行動することなんてないからな。このベルトを見て、すごく興奮するヤツらの反応を見ることができたのは、大きな収穫だったよ。

徳島でのプロモーション時の写真（写真提供・本人）

――PRしてきた感触はどうでしたか？

拳王　地方大会ってまず開催されることを知ってる人なんてあんまりいないんだよ。オレが地元のテレビやラジオに出て、少しでも興味を持ってくれたらいいなって。今回の徳島だけじゃなくて、NOAHでいろんな地方に行くだろ？　こういうことを地道に一つひとつやっていかなきゃいけないんだよ。地方出身の選手は、絶対に凱旋大会をやるべきだな。HAYATA、YO―HEYあたりは地元でけっこう客を呼べるみたいだし。

――HAYATA選手が広島県安芸郡、YO―HEY選手は兵庫県養父市出身ですね。

拳王　1週間ぐらいしっかりプロモーションをやれば、今みたいな格好悪い地方興行にはならないと思う。そういう部分も会社と選手がお互いにうまく話し合っていければいいんじゃないかな。それこそウチには広島県広島市出身のヤツもいるだろ？

――熊野準選手ですね。

拳王　鳥取県倉吉市出身のヤツもいるだろ？

――マイバッハ谷口選手ですね。

拳王　香川県高松市出身のヤツもいるだろ？

――宮脇純太選手ですね。

拳王　ほら、ひとツアーできただろ。平昌冬季オリンピックのカーリングがあれだけ盛り上がったから、北海道北見市も地元のスイーツ「赤いサイロ」だって有名になったよな。地方にはまだまだ知られていない魅力がいっぱいあるんだよ。

――NOAHの徳島大会もこれをきっかけに毎年恒例行事になって、徳島のプロレス熱が盛り上がればいいですね。

拳王　**そだねー。**

4月11日号の議題　3・11横浜総括

今は杉浦に感謝してる。時代をつかみ取ることの難しさを教わった

――3・11横浜でGHCヘビー級王座から陥落してしまいました。

拳王　まぁ、まずは大会全体のことから総括していくぞ。去年10月の横浜文体大会と比べ

て、どうだったんだよ？

――観衆的な面で言えば、22774人から2412人に増えました。

拳王　わけわからない外国人選手をたくさん呼んで**経費の無駄遣いをしてた前回よりも満足度はあっただろ。**満足できないのはオレが負けたことぐらいだ（苦笑）。いいテンポで来て、オレが勝って締めれば最高の大会になってたよな。

――確かに。

拳王　前回よりもクソヤローどもの熱気がすごかった。入場から盛り上がってたよな。前回もメインだけはほんと面白かった。でも、わけのわからないヤツらのつまらない試合を見せられて会場の空気が悪くなってたよな。今回はそういうのがなく、NOAH本来の闘いを見せた。その結果、大会のパッケージが格段にクオリティーの高いもんになってたんじゃないかな。そんな大会の最後に入場ができて本当によかった。

――でも、杉浦貴選手に負けてしまいました。

拳王　…。

――杉浦選手と闘ってみてどうでしたか？

拳王　前々から認めてるって言ってきたし、強さも知ってた。その上で去年11月からオレが積み重ねてきた強さと勢いで、4カ月休んでた人間に負けないと思ってたよ。でも、負けちまった。

――敗因をどう分析していますか？

拳王　プロレスの神様が「時代をつかむのは簡単じゃないよ」って言ってたようなもんだでな。でも、また新しい目標ができたから、今は杉浦に感謝してる。

――完敗だと思わないのですか？

拳王　もちろん。やられてもやられてもやり返すって自分の勝ちパターンにもっていけた。右ハイキックもものすごい足応えがあった。でも、最後は負けた。時代をつかみ取ることの難しさを教わったと思ってるよ。まぁ、そう簡単につかんでも面白くないしな。難しいことだからこそ挑戦したくなるんだよ。ベルトを失ってからが、その選手の真価が問われると思う。オレはやってやるよ。必ず奪い取ってやろうと思ってる。

――時代と言えば、丸藤正道デビュー20周年記念大会「飛翔」9・1両国国技館大会が決まりました。

拳王　そういえば、主催：丸藤正道20周年記念大会実行委員会、**後援：プロレスリング・ノアって何だよ？**

――内田雅之会長によると「今回は、本当にたくさんの方々が協力してくださる大会なので」そういった形になったとのことです。

拳王　なんか腹立つな。あと石森太二がNOAHを退団したよな。世界で活躍したいだと？　もしNOAHが世界一の団体だったら、こういうことにならなかったよな。オレがNOAHを世界中のレスラーが目標にするよう

3・21徳島のデビュー10周年凱旋記念興行にて。「なんで今日、内田（雅之会長）が来てんだよ!?」（拳王）

な団体にしてやろうって思ったよ。それはともかく大黒柱の石森が退団して、NOAHジュニアに大きな穴が開いたぞ。その穴に入ろうとしないヤツがいたら、どうかしてるんじゃねぇのか。まぁ、話を元に戻して、オレと杉浦との試合を見てどう思った？

——壮絶でした。

拳王 NOAHの中途半端なレスラーじゃない2人がやったら、あれぐらいの試合になるってことだよ。その後、**中途半端なヤツが来たら、そりゃ、ブーイングが起こるわな。**

——次期挑戦者として名乗りを上げた小峠篤司選手ですね（4・29新潟で挑戦決定）。

拳王 日頃の積み重ねがこういう時に出るんだよ。杉浦に負けてボロボロだったから、ちょっとしか聞こえてこなかったけど、ブーイングはちゃんとこの耳に聞こえたよ。アレは中途半端なことをやってる裏返しだ。本当にNOAHを背負っていこうって気持ちのあるヤツが挑戦表明したら、クソヤローどももも支持するはずだろ。クソヤローどもは細かいところまで全部見てるぞ。甘く見るんじゃねぇ。

——厳しいですね。では、拳王さん自身はこれからどうするのですか？

拳王 一番腹立つヤツを狙っていくよ。

——誰ですか？

拳王 さっきも言ったし、ずっと言い続けてるだろ。GHCヘビー級王者時代にオレがあれだけ名前を出しても出てこなかったヤツだよ。**能ある天才は爪を隠すか？** なんで自分の団体のタイトル戦線に積極的に絡んで来ないんだよ。

——怒っていますね。

拳王 杉浦はオレに時代をぶつけてきた。あの試合を見ても何も感じないのが天才なんだろうな。それなら、外ばっか見てる目を緑のリングに振り向かせてやる。ちょうどタッグリーグでも当たるしな。

——3・31後楽園ですね。

拳王 まぁ、楽しみにしてろってことだ。

4月25日号の議題 レッスルマニア34

WWEは常に新陳代謝してる。プロレス団体は時代に合わせて変わっていくべき

——今週はいよいよWWE「レッスルマニア34」4・8ニューオーリンズ大会です。

拳王 世界最大のプロレスのビッグイベント。NOAHで言えば、昔の東京ドーム大会がレッスルマニアみたいなもんだ。日本武道館大会はPPV大会。今はレッスルマニアもPPVもなくなってしまったけどな（苦笑）。

——…。

拳王 今年のNOAHにとってのレッスルマニアは、丸藤正道20周年記念大会「飛翔」9・1両国国技館大会だな。まぁ、今年は両国できるだけましだ。あっ、でもあれは後援プロレスリング・ノアだから違うのかな。**そういえば、WWEに行ったKENTAって何してんだ？**

——イタミ・ヒデオというリングネームでジュニアブランド「205」の所属です。

拳王 「レッスルマニア34」には出るのか？

——今のところ、カードに入っていません。

拳王 オレは「狙うはKENTAの首一つ」って言ってNOAHに来た。

——2011年6月のことでしたね。

拳王 アイツを倒そうってこのNOAHに来たんだぞ。太平洋が広いからアイツの話が聞

今週は海鮮丼に舌鼓を打った拳王

こえてこないかと思ってたら、中邑真輔の輝かしいニュースはいつも聞こえてくるぞ。

——厳しいことを言いますね。レッスルマニアで印象に残っていることはありますか？

拳王　**ジ・アンダーテイカーvs白使だ。**

——それはみちのくプロレス'97年10・10両国国技館大会です。

拳王　そうだったか。でも、今年の中邑真輔は気になってるよ。にしても、WWEはスターの売り方がうまいよな。

——次から次へとスターが出てきます。

拳王　NOAHはいまだに丸藤正道、杉浦貴だろ。10年前と変わってねぇ。WWEは団体として常に新陳代謝してるよな。名前とかにとらわれず、勢いがある選手をトップ戦線にどんどん参入させていく。選手のプロモーションもうまい。だから、常に活性化してる。それと比べて、NOAHはいつまでも丸藤、杉浦だ。オレはそこにようやく風穴を開けた。でも、杉浦に負けちまった…。

——時代を変えることはできませんでした。

拳王　昔、WWEもジョン・シーナとかランディ・オートンとかがメインだったけど、今は違う。ローマン・レインズとかAJスタイルズとか中邑真輔とかが中心だろ。中邑真輔の活躍は日本人として嬉しいことだし、同じプロレスラーとして刺激になってる。やっぱプロレス団体は時代に合わせて変わっていくべきだってことなんだよ。

——ちなみに、WWEには興味ありますか？

拳王　もちろん見ていて勉強になるよ。

——気になる選手はいますか？

拳王　ランディ・オートンかな。雰囲気がいいよな。スター性があって…いや、やっぱ白使にしておく。でも、WWEの選手はみんなプロ意識が高いよ。

——WWEに行きたいという気持ちは？

拳王　そんなのあるわけねぇだろ。オレは今、NOAHを日本武道館に連れていくことしか考えてないよ。そういえば「世界で活躍したい」「WWEも目標です」って言って、NOAHを辞めたヤツはどうしたんだ？

——石森太二選手なら4月20日にアメリカのPWGでフリー初戦が組まれました。インパクト・レスリングにも出場します。

拳王　まぁ、試合が決まってよかったな。アイツもいつか「レッスルマニア」に出る日が来るのかな…っていうか、NOAHは去年、**インパクト・レスリングと業務提携してただろ？　アレはどうなったんだよ。**最近、外国人選手はジェイ・ブラッドリーぐらいしか来てないし。

——言われてみれば、そうですね。ちなみに、海外遠征経験はありますか？

拳王　'13年10月にイギリスの4FWって団体で2試合やった。東北ジュニア王座防衛戦でデイビー・リチャーズと試合したよ。雰囲気が違うところでやったら得られるもんはいっぱいあるよな。

——6月28日にイギリスのフロントライン・レスリングという団体に出場することが決まりましたね。

拳王　5年ぶりの海外。もっと海外で試合がしたいって気持ちはあるよ。オレが世界的に活躍していくことも、ＮＯＡＨを団体として大きくしていくためには必要なことだろ。

——確かに。

拳王　まずはＮＯＡＨにとって、ＰＰＶ相当の大会を定期的にできるようにしないといけないよな。そして、いつか「ＮＯＡＨマニア」日本武道館大会を必ず実現させてやるからな。

——「ＮＯＡＨマニア」？

拳王　なんかダサいな。じゃあ「エメラルド・フェスティバル」だ。もっとダサいな。まあいいよ。とにかく武道館へ連れてってやるってことだよ！

5月9日号の議題　グローバル・タッグリーグ総括＆4・29新潟展望

同世代として小峠には勝ってほしくない。あんな薄っぺらいヤツに杉浦は負けないよ

——「グローバル・タッグリーグ２０１８」ではリーグ戦1位で決勝に進出して準優勝という結果を収めましたね。

拳王　決勝で負けたのが悔しかったよ。3月11日に大きな試合で負けて、4月11日にも大きな試合で負けた。悔しさばっかだよ。

——決勝に進出しなければ大きな試合すらもなかったわけなので、そこは実績の一つです。

拳王　オレと杉浦貴が組んだら、決勝進出ぐらいは当たり前だ。前と現チャンピオンだぞ。

——隣にいて充実ぶりは感じられますか？

拳王　チャンピオンとしてやっていこうって気持ちは伝わってくるよ。でも、アイツがチャンピオンだったら、これ以上ＮＯＡＨが面白くならないと思ってる。オレがいつかまたベルトを取ってやるからそれまで待ってろって。それよりもこのリーグ戦は4・9横浜ラジアントの潮﨑（豪）だろ。

——どういうことですか？

拳王　決勝進出チームがリングに出てきて、オレがいつも口癖のように言ってる「中途半端なレスラーに負けるわけがない」って言葉を、潮﨑は「確かにオレたちは中途半端かもしれない」って認めてたんだぞ。あのどうしようもない雰囲気は思い出すだけでも笑いそうになるよ。**吉本新喜劇だったら、オレと杉浦なんてズッコケてる。**ボケじゃなくて、真面目に「中途半端」って言うとは…さすがだ。本当にそう思ってたら、重症だぞ。

——自分で「中途半端」とは普通言えません。

拳王　アイツが選手会長としてリング外のプロモーションとかいろいろやってるのは知ってるし、自分の周年興行だけ力を入れるヤツと違って、アイツは会社のことをよく考えてるよ。だから、もっとプライドを持って歩んで行けよって。そういう意味では、アイツが「中途半端」って認めて、ちょっとさみしかった部分もあるかな。アイツは人よりも頭が劣ってるかもしれない。でも、安易な言葉のチョイスはこれからさけてもらいたいな。オマエのファンも悲しんでるぞ。

——その潮﨑選手に3カウントを奪われての

今週の美食ツアーは赤羽名物のおでん（立ち飲み屋）

敗戦でした。

拳王　リング上は軽い言葉を発するような人間じゃなかったよ。あれぐらいの試合をするんだったら、そのない頭で言葉の部分ももっと考えてみろって。

――清宮（海斗）選手については？

拳王　潮﨑と清宮が組んだら見た目もいいし、一般にうけるような顔をしてる。身長もあるし、体もでかい。でも、**清宮は先輩の潮﨑に気を遣いすぎだ。**1月6日、凱旋試合でオレとやった試合がピークだろ。あれ以上の清宮はまだ見たことがないよ。もっとオレとやった時みたいにノビノビやれよ。

――ほかに印象に残っている公式戦は？

拳王　3・31後楽園の丸藤正道&小峠篤司戦だな。全日本の「チャンピオン・カーニバル」のことしか考えてない丸藤はいつか必ずオレがNOAHの方に振り向かせるとして、小峠篤司だよな。横浜で大ブーイングを食らって、どういうふうにタイトルマッチに行くのか気になるよ。もしオレだったら、あの状況を利用して面白い感じにできたと思う。小峠篤司はこれまでのNOAHのスタイルとは違うスタイルでやるみたいだな。そこは面白いかなって思ってる。そのへんは潮﨑とは違うな。

――珍しくほめましたね。

拳王　でも「小峠革命」って具体的に何をすることなんだよ。ただ秒殺することか？　そこらへんをもっと詳しく言ってほしかったな。まぁ、この発言が薄っぺらいものになるかはアイツ次第。革命って相当なことだぞ。**大阪人の面白くない思いつきだろ。**もし本当に考えてる言葉だったら、楽しみだな。

――4・29新潟では杉浦のGHCヘビー級王座に挑戦します。

拳王　同世代として小峠には勝ってほしくない。あの世代を超えるのはオレ。あんな薄っぺらいヤツにNOAHの時代を築いてきた杉浦は負けないよ。

――拳王さん自身は4・29新潟で…。

拳王　コーディ・ホールとシングルかぁ…。GHCヘビー戦、タッグリーグ決勝で負けてるから、コーディとシングルだよな。まあ入場だけはすごくいいからな。あとは毎年何回かはやっていた新潟市体育館。なぜだか最近なかったけど…。久々の新潟市体育館で試合ができるのは楽しみだな。

――そういえば、さっきからしきりに前髪を気にしていますね。

拳王　ブリーチしすぎで、最近ブチッて切れるんだよ。小峠にレスラーとして負けてるところは何一つないけど、端正なルックスと髪質は負けてるな。

――そもそもなんで金髪なんですか？

拳王　NOAHに来て、今は一般人でもう引退しちゃったある人に憧れて金髪にした。

――…。

拳王　とにかく、これを読んでるクソヤローどもはオレの髪を生き返らせるようなトリートメントを見つけて来い！

5月23日号の議題　チャンピオン・カーニバル総括

丸藤が三冠戦で負けたらGHC挑戦を撤回してもらう。代わりにオレが挑戦してやる

――今週の議題は丸藤正道選手の全日本「チャンピオン・カーニバル」優勝です。

拳王　優勝おめでとう！　さすがに他団体ではがんばるな。フロム・コーナー・トゥ・コーナーとかポールシフト式エメラルド・フロウジョンとかNOAHではほとんど見せない技

も使って大サービスだな。他団体ではよくひらめくんだな。決勝前日のNOAH新潟大会は第3試合のマサオワールドで体力を温存したかいがあってよかった。

──相変わらず皮肉ばかりですね。

拳王　そりゃ、そうだろ。丸藤をツマミにしてたら、酒も進むよ。

──今年のカーニバルはどうでしたか？

拳王　今までNOAHと全日本は絶縁状態だったけど、その垣根がついに崩れた。5年以上も温めてたもんをすべてコイツと全日本プロレスに奪われたなって。それがNOAHの人間から見た今年のカーニバルだよ。おいしいところを持って行かれた。普通は若いヤツらに譲るところだけど、やっぱ嗅覚が鋭いよ。これからは一番重要なのは禁断の扉を開いて、何をNOAHに持ってくるのかってことだろうな。

──どういうことですか？

拳王　今年のカーニバルはNOAHファンが大挙して全日本プロレスの会場に足を運んだ。オレも「全日本プロレスTV」に入ったぞ。NOAHファンがNOAHに使ってもらうお金を全日本に持って行かれた部分は絶対にある。全日本に多大な貢献をした丸藤正道がこれからどうやってカーニバル優勝をNOAHに還元していくのかってことだよ。

──優勝後のマイクで「みんなNOAHに来てくれ」と語っていました。

拳王　だったら、**三冠挑戦をNOAHでやればよかった**じゃねぇか。カーニバル覇者ならそれぐらいの発言権はあるだろ。オレだったら、それぐらい言ってたよ。マイクで言うよりもそういう流れに持っていけばいい。

──今回は絶好調ですね。

拳王　そもそも秋山準はNOAHを辞めたヤツだろ。NOAHの物語をなんで全日本でやってんだよ。普通はNOAHに秋山準を参戦させるだろ。丸藤は秋山に公式戦で勝ったみたいだけど、NOAH vs全日本の会社対会社では完敗。**一番おいしいところを持って行ったのは全日本の社長・秋山準だ。**ウチの偉そうにしてるだけの（内田雅之）会長とは大違い。会社の社長としてはいい仕事をしたと思う。そういえば、秋山たちはウチの会長が全日本の社長時代にNOAHを辞めて、全日本に行ったんだろ。これですべてがつながったな。本当にプロレスって面白いよ。

立ち飲み屋で全日本4・25後楽園の丸藤vs秋山の試合リポートが掲載された週プロを読む拳王

──…。

拳王　まぁ、勝手な妄想はさておき、NOAH6・10後楽園の「三沢光晴メモリアルマッチ」に秋山準の名前があると思ったよ。NOAHと全日本の禁断の扉はオートロックで一方通行だったらしいな。NOAHでずっと積み重ねていった物語を全日本に奪われたのは本当に悔しい。でも、今年のカーニバルでプロレスは物語が大事だってあらためて気づかされたよ。秋山vs丸藤なんて最高のシチュエーション。拳王出口調査でも「感動した」「泣いた」って声が多かったぞ。一流のプロレスラー同士の闘い、最高のシチュエーションで面白くないわけがないよな。

──確かに丸藤vs秋山戦はプロレスの素晴ら

しさを再確認させてくれました。

拳王　丸藤が優勝して、NOAHが強かったって思うヤツもいるだろうけど、オレは違う。今年の**カーニバルがこれだけ盛り上がったことに危機感すら覚えてる。**

――NOAH5・29後楽園ではその丸藤選手が杉浦貴選手のGHCヘビー級王座に挑戦します。

拳王　新潟で腰抜かしたよ。なんでオレがチャンピオンの時に言わなかったんだ？

――全日本5・24後楽園で三冠ヘビーに挑戦して、その5日後にNOAH5・29後楽園でGHCヘビーに挑戦します。

拳王　三冠戦で負けたらGHC挑戦を撤回してもらう。安心しろ。代わりにオレが挑戦してやるから。それに、今さら杉浦と丸藤しかできないGHC戦なんて見飽きたよ。全日本で三冠取って、GHCとダブルタイトル戦にするなら面白いと思うけどな。まぁ、杉浦に勝てないだろうけどな。

――夢のあることを言いますね。

拳王　あれだけ全日本を盛り上げたんだから、それぐらいのことをNOAHでやってもらわないと困るよ。

――ほかに気になることはありました？

拳王　丸藤の試合を中心にチェックしたけど、どう見ても若手じゃないヤツがセコンドをものすごく声出して、がんばってたな。

――？？

拳王　オレと同じぐらいのキャリアのヤツがいまだに若手のようなセコンドやってて少し残念だったよ。オマエはセコンドしてる場合じゃないだろって。

6月6日号の議題　石森太二

海外では自分の名誉や金だけ考えていれば成功するだろうけど、日本は礼と義理人情

――前回の「チャンピオン・カーニバル総括」はかなり反響がありましたね。

拳王　秋山（準）のツイートで「的確な分析だね」と言われたよ。すべてを全日本に持って行かれたっていうのを向こうの社長も認めたってこと。ウチの会社も少しはあせってくれよって。丸藤（正道）がチャンピオン・カーニバル優勝したからって浮かれてんじゃねぇ。大きなトロフィーを撮影会に披露できただけで浮かれてんじゃねぇぞ。

――秋山選手の視界にこの連載が入っ…。

拳王　それは週刊プロレスのツイッターが悪意のあるタグづけしたからだろ。あんなことされたら、そりゃ、誰でもひとまず読むだろ。今後も悪意のタグづけ、よろしくな。

――あの秋山選手から〝的確な分析家〟という称号を頂戴しました。

拳王　**今のプロレスラーって本当に思ってることを言うヤツも少なくなってきてる。**昔のプロレスって、思ってることや憎しみなどを、そのまま言って闘いが生まれてた。ただの闘いではなく本当に殺気立った闘いが生まれてたよな。これからもドンドン発言していって、闘いを生み出していくからな。

――秋山選手との闘いに打って出るのですか？

拳王　すべてを持って行かれた悔しさはオレの中にあるけどな。それはまたおいおい話すとして、あの話題に行こうか。

――あの話題？

拳王　ここ最近、衝撃的なことがあっただろ。

バレットクラブに入った石森

5月4日、NOAHが後楽園ホールで試合をしてたら、とびっきりのニュースが飛び込んできた。ボーンソルジャーって何だよ。

——新日本5・4福岡でバレットクラブの新メンバーとして紹介された石森太二選手のことですか？

拳王　アイツ、NOAHを辞める時に「外の世界」に行くって言ってたから、てっきり海外でやっていくのかと思った。週プロでも海外で試合してるリポートが掲載されてただろ。

——フリー初戦となったPWG4・20ロサンゼルス大会ですね。

拳王　はっきり言って、アイツがNOAHを辞めたことはショックだったよ。石森は頭が悪いとはずっと思ってたけど、別にイヤな先輩ではなかったし、いいヤツだと思ってた。**オレは海外で活躍してほしいなって応援してた**んだよ。石森のスタイルや性格的に、日本よりも海外の方が成功するかなとも思って、ものすごく期待してた。それなのに、新日本プロレスかよって。'16年12月に鈴木軍が撤退してから、何があったのか知らないけど、NOAHと新日本は絡まなくなってる。そういう団体に行くとはな。海外で成功する姿を期待してた分、正直、残念だったよ。

——NOAHジュニアの大黒柱でしたからね。

拳王　公には言えないかもしれないけど、もし新日本に行くんなら一言ほしかったよ。ずっと一緒にやってきたから仲間だろ。NOAHの全選手、ショックを受けてたと思うよ。

——厳しいですね。

拳王　確かに海外ではプロレス業界に限らず、すぐにライバル会社に移籍とかするらしいな。海外のビジネスでは自分の名誉や金のことだけ考えていれば成功するだろうけど、日本は違うと思う。日本のビジネスでは礼と義理人情だろ。礼の精神を忘れたら、絶対にダメだと思うんだよな。

——日本拳法の道場でチビッ子たちに礼を教えている拳王さんだからこその指摘ですね。

拳王　相手を尊重して、敬意を払うのが礼だ。アイツはNOAHに入団する時、三沢（光晴）さん同席で会見してもらったんだろ。聞くところによると、**三沢さんが最後にNOAHに入団させたのが石森なんだってな。**アイツはオレの知らないNOAHの武道館大会を知ってるくせに。それがウルティモ・ドラゴンの教えか？

——…。

拳王　石森が日本でそんな義理人情のないことをやって大丈夫なのかって心配だよ。最近は日本も海外みたいにドライになってきてる部分もあるけど、根底にあるのは礼や義理人情。礼を重んじる武道が日本の中学で必修化されただろ。礼に始まって、礼で終わるのが日本の文化だ。石森はNOAHがいい時に入って、悪い時にNOAHを出ていった。確かにいちプロレスラーとして石森の選択は決して間違っていないと思うよ。でも、一人の人間として日本人としてはどうなんだろうか。今回のような行動をとるプロレスラー、情を持って生きていくプロレスラー。どちらがプロレスラーを引退した時に、人間として大きい存在になれるのかどうなのか、考えただけでも楽しみだな。
――石森選手の登場で「ベスト・オブ・ザ・スーパージュニア25」に注目が集まることになりました。
拳王 まぁ、それも今だけだ。石森はNOAHのいい時に入って、悪い時に出ていった。アイツが入りたいと思った、いい時のNOAHをオレが作っていくからな。

6月20日号の議題 杉浦vs丸藤

オーラを出して試合をやるのが一番重要。アレを出せなきゃ、いち時代を築けない

――まずは丸藤正道選手の全日本5・24後楽園における三冠ヘビー級王座挑戦について聞かなければいけません。
拳王 丸藤と宮原（健斗）の試合は素直に面白かったよ。でも、悔しかったのは宮原っていう同世代のヤツが丸藤に勝ったことだ。オレが丸藤にタイトルマッチで黒星をつけてやりたかった。それを全日本の宮原にやられたのは本当に悔しかったよ。
――同世代として丸藤超えを他団体の選手に渡したくなかった？
拳王 もちろん。丸藤なんて誰もが認めるNOAHの顔だし、今のプロレス界で屈指の実力者。GHCのベルトを持ってる時から丸藤の名前を出してきたのは、オレが最初にタイトルマッチで丸藤を倒したかったからだ。丸藤が全日本の「チャンピオン・カーニバル」に出て、他団体だからがんばって優勝して三冠挑戦までこぎ着けた。そのシチュエーションまで持っていけなかったのは悔しいよ。今回はおいしいところだけ持っていかれてしまった。
――仇討ちに行く気持ちは…。
拳王 何ならオレが全日本に出て、全部おいしいところ持っていってやろうか。
――さすが秋山準選手から〝的確な分析家〟との称号を得た者の言葉ですね。業界的には、秋山選手との対戦も…。
拳王 だから、その話はおいおい話すって前回言っただろ。他団体の話よりも丸藤は三冠で負けた5日後に、GHCにも挑戦してるよな。今回の議題はそっちにしよう。

ビールをピッチャーで飲む超危暴な拳王！ ALIVE!!

――試合リポートは今週号の22ページから掲載しています。
拳王 確かに杉浦vs丸藤のGHC戦は勉強になったよ。でも、勉強はこれで終わりだ。
――どこが勉強になりましたか？
拳王 あの2人の空気感は特別なものがあったよ。NOAHファンの思い入れもあるだろうし、杉浦と丸藤だから、あんな背筋がゾクゾクするような雰囲気になったんだろうな。単純に試合で面白い攻防をするだけだったら、はっきり言ったら誰でもできるんだよ。でもな、ああいうヒリヒリした空気感は誰でも出せるもんじゃない。リング上では勉強になっ

たって言ったけど、今考えてみればアレは勉強して出せるもんじゃないな。自分で創り出さなきゃいけないもんだ。客と選手の間で期待感のキャッチボールをしていたというか。プロレスラーはあのオーラを出して試合をやるっていうのが一番重要。アレを出せなきゃ、杉浦や丸藤みたいにNOAHでいち時代を築くことはできないなと思った。そういうことがわかったって点では勉強になったな。

――今回はえらい素直ですね。挑戦表明は清宮海斗選手の横やりもあり、6・10後楽園のGHCヘビー級王座次期挑戦者決定戦という形に変わりました。

拳王　清宮、アイツの目は本物だ。オレが前振りみたいに長々とマイクでしゃべっても、アイツが「時代を創るのはオレなんだよ!」って言ったら、客も期待感を持って声援を飛ばした。あの期待感はすごいと思うよ。6月10日、三沢光晴さんのメモリアル大会で三沢さんに憧れて、NOAHに入って、三沢さんの動きをやってるヤツと闘う。もちろん勝つのはオレだけど、どっちが客のハートをつかむかの勝負だ。

――三沢さんのメモリアル大会で清宮選手とシングルマッチということが大きなポイントになりそうですね。

拳王　キャリアは10年違うかもしれないけど、アイツだけはNOAHで中途半端な目をしてないからな。

――NOAHの世代闘争についてはどういう考えを持っていますか?

拳王　杉浦が「若いヤツらが…」とかマイクで言ってただろ。このオレが〝若いヤツら〟ってくくりに入ってたのが悔しかったよ。オレ自身、杉浦にそういうふうに見られてたっていうところがふがいないと思った。オレは拳王であって〝若いヤツら〟じゃない。〝若いヤツら〟っていうのは清宮とか中嶋(勝彦)や(マサ)北宮だけでいい。オレはアイツらと別。単体でやっていこうと思ってる。**横一列で見てもらったら困るんだよ。**

――では、6・10後楽園の清宮戦を通して、何を見せたいですか?

拳王　三沢さんに今のNOAHっていうものを見てもらいたいよ。

――本当に今回は素直な意見が多いですね。

拳王　この連載が始まってから、丸藤の「チャンピオン・カーニバル」出場、石森太二の新日本参戦って大きな事件が多すぎたんだよ。最近はNOAH以外の話題に触れてきたけど、今回はようやくNOAHの話ができた。まぁ、週プロの読者的に刺激は少ないかもしれないけどな(苦笑)。**たまには素直な回があってもいいだろ。**

7月4日号の議題　世代闘争

オレが坂本龍馬だ。ずっと敵対してたヤツらが丸藤、杉浦って幕府を倒すために薩長同盟を結んだ

――ついに6・10後楽園で世代闘争の火蓋が切って落とされました。

拳王　オレがねちっこく言ってたことがようやく伝わったのかなって。それまでのNOAHは言いたいこともあんまり言えないヤツらの集まり。臭いものには蓋を閉めろ体質でやってきたから世代闘争とかなかった。そういう昔からのしきたりはすべて変えてやろうと思って、言いたいことを何でも言って「丸藤(正道)、杉浦(貴)の時代は終わりだ」ってずっと言ってきたんだよ。

――みんなが思っていることを代弁していた。

拳王　もちろん潮﨑（豪）や中嶋（勝彦）なんてずっと前から思ってただろ。ちょこちょこ言ってたかもしれないけど、それをうまい形でクソヤローどもに伝えられなかったところがNOAHの悪いところ。それをガラッと変えてやったかなって。

――拳王革命ですね。

拳王　そのださい言葉を使うのはやめてくれよ。

――「革命」はここ最近、小峠篤司選手がよく使う言葉ですね。

拳王　でも、ようやく中途半端なヤツらに響いてよかったよ。これから楽しみだな。でも、**最後の潮﨑のマイクは少しわかりづらかったけどな。**潮﨑は潮﨑の歩んできたストーリーがあるんだし、単刀直入で一言でいいだろ。偉そうに聞こえるかもしれないけど、オレがまたねちねち言って変えていくよ。中嶋はいいキャラクターになってきたな。

――強烈な個性を持つ選手たちが集まりましたね。

拳王　意思疎通ができないから刺激的だよ。目的は一緒だけど、同じくくりには入れられたくない。アイツらより1つ、2つはトータル的にオレが上だと思ってやっていく。クソヤローどももオレについてくればいい。

――NOAH版超世代軍と言われています。

拳王　アレは同盟…薩長同盟みたいなもんだ。ずっと敵対してきて、絶対に組まないと思ってたヤツらが丸藤、杉浦って何年も続いた幕府を倒すために薩長同盟を結んだんだよ。

潮﨑、中嶋、北宮、小峠、清宮と共闘していく拳王

――さすが明治大学政治経済学部日本学ゼミ出身ですね！

拳王　四国出身のオレが坂本龍馬だ。ちょうどこの前、亀山社中跡に行ってきたし。

――龍馬は早死にして…。

拳王　そんなこと言うよな！　話をもとに戻して、丸藤、杉浦は何年も続いてきた江戸幕府。ジ・アグレッション（中嶋＆マサ北宮）は西郷隆盛みたいなヤツがいるから薩摩藩。ゴーカイタッグ（潮﨑＆清宮海斗）は長州藩。

――少し前までGHCタッグ王座を巡って抗争していました。

拳王　**これからのNOAHは幕末時代みたいなもんだよ。**丸藤、杉浦は力にものを言わせて、若手を弾圧していった。だから、NOAHは新人が全然デビューできなかったんじゃないのか？

――世代闘争本格開戦と同時に、6・26後楽園でGHCヘビー挑戦が決まりました。

拳王　去年12月にGHCヘビー級王座を取って、民衆のクソヤローどもがあまりにも支持して劇的に新時代の到来を予感させたから幕府に弾圧されちまったな（苦笑）。まぁ、幕府最強の大老、杉浦が本気になった。でも、その杉浦からこの前（6・10後楽園）潮﨑が3カウントを取った。悔しかったな。まだオレは一度も杉浦から3カウントを取ったことない。6月26日は絶対やってやる。杉浦からベルトを取り返すのはオレ。オレがやらないとNOAHは進んでいかないだろ。

――3・11横浜のGHCヘビー級選手権のリベンジを果たす時がやってきました。

拳王　あれから丸藤が全日本の「チャンピオン・カーニバル」を制して、三冠戦で宮原健斗に負けた。同世代にいち時代を築いた丸藤を先に倒されたことがものすごく響いた部分もある。NOAHで丸藤、杉浦を倒すのはオレだ。海外…他団体は産業革命に成功した欧米列強のように急激に発展してる。いつまでも丸藤、杉浦がトップにいたら、競争が激しいプロレス界の中で〝攘夷〟できないだろ。オレが再びGHCヘビー級王者になって、同じコーナーに立つ中途半端なヤツらに維新の見本を見せてやるよ。

――これまでのGHCヘビー級王者・杉浦選手については？

拳王　どんなに魅力があってすごい選手でも、15代続いた徳川幕府みたいに確実にマンネリ化するんだよ。**杉浦のことは唯一認める男だけど、もうマンネリ化してる。**オレがベルトを取って、新しい時代の幕開けぜよ！

――今回は坂本龍馬推しですね。

拳王　龍馬は志半ばで亡くなったけど、オレは死なぬ。不老不死の坂本龍馬じゃ！　ALIVE!!

7月18日号の議題　6・26後楽園総括

もうどうしたら杉浦に勝つことができるのかわからないよ NOAHの維新を迎える前に早死にぜよ…

――昨晩、GHCヘビー級選手権で負けてしまいました。

拳王　…。

――どうしたのですか？

拳王　体中がまだ痛いよ。痛くて全然眠ることができなかったし。

――現在、27日午前7時なので約10時間前にタイトルマッチを闘って、羽田空港国際線ターミナルの出発ロビーにいます。

拳王　3月に負けて、こんな短いスパンで名乗り上げて、すごく自信があったけど、また負けた。何も言いようがないな。

――世代闘争が本格開戦して、初めてのGHCヘビー級選手権でした。

拳王　オレが口火を切って、先頭立って、しつこく言ってきたから、ああいう闘争が始まったんだろ。NOAHの維新を迎える前に早死にぜよ…。

――前回の連載では〝ジ・アグレッション〟中嶋勝彦&マサ北宮と〝ゴーカイタッグ〟潮﨑豪&清宮海斗が組んだことを薩長同盟に例え、自身を坂本龍馬と言っていましたね。

拳王　まだ丸1日も経ってないから、まだ現実を受け止められていなくて何も言えないんだって。「アイツらの時代を終わらせてやる！」とか偉そうに言っておきながら、**オレの時代が終わっちゃった。**

――歯切れが悪いですね。

拳王　悔しいし、恥ずかしいって気持ちしかないよ。

――試合を振り返ってどうでしたか？

拳王　3カ月前にタイトルマッチをやったばっかだったから、ある程度は変わらない部分もあったな。何が勝敗を分けたかと言えば、

GHC戦の翌朝、羽田空港からイギリスへと旅立った拳王

気負いすぎたのかも。完全に過信してた。絶対に勝てると思ってた。でも、前哨戦でも直接1度も勝てなかったし、もうどうしたら杉浦に勝つことができるのかわからないよ。

——ムーンサルト・フットスタンプを初めて見せましたが？

拳王　アレが当たっていれば勝ってたよ。でも、よけられた。あそこまで追い込んでたのに、まだ杉浦にあんな力が残ってると思わなかったな。

——奥の手でした。

拳王　前回と同じじゃ勝てないと思ってたから、違うもので勝負したんだよ。まぁ、未遂に終わったけどな…。

——ちょうどみちのく6・24仙台で師匠の新崎人生選手が25周年記念試合でサスケスペシャルを見せました。

拳王　それも頭にはあったな。新崎さんが51歳と思えないコンディションを作って、サスケスペシャルも決めた。さすがオレが憧れた男だよ。オレは今33歳。8歳ぐらいから見てたからデビューしてからずっと見てた。ビデオテープがすり切れるほどぐらいに。オレも今年10周年だったけど、あと15年続けられるかわからないし、プロレスラーとしてここまで大きな存在感を作れるのかもわからない。みちのくを離れて新崎さんがくれた拳王って名前を高めるためにNOAHに来た身で言いづらいけど、新崎さんは明らかに（スペル・デルフィン派だったのに、みちのくに残って（ザ・グレート・）サスケを支えてきた。プロレスラーとしてもそうだし、人間としての深みも感じるよ。あんな人間になりたいよ。セカンドキャリアもうまくやってるし、ホントにお手本になる。**プロレスラーはみんなバカばっかりだからな。**

——（笑）。

拳王　新崎さんにいい報告をするためにも、GHCヘビーのベルトを取りたかったけどな。

——人生選手が来場したNOAH3・21徳島の10周年地元凱旋記念興行では、3・11横浜で陥落したため、チャンピオンの姿を直接見せることができませんでしたし。

拳王　今回、ベルトを取ったら、言葉以上に25周年のお祝いになったのに。それで**いつかは新崎さんを挑戦者に迎えたかった**なって。でも、今は会わす顔もないよ。

——過去という点では丸藤選手20周年記念9・1両国でもメインの丸藤vsイタミ・ヒデオ（KENTA）を含む全カードが発表され盛り上がりを見せましたし。

拳王　メインはオレも楽しみだよ。あとのカードはオールスターで置きにいった感があるな。オレのカードは想像つかないのが一番かな。男色ディーノと1回やった時にキスされたけど、今回はオレの色に染めて終わらせたいなって。

——さて、今後どうやって再浮上しますか？

拳王　こんな短いスパンで同じ相手に負けることなんてなかなかないだろ。しかも、世代闘争も齋藤彰俊を筆頭にベテランのヤツらが強さを見せてきてる。さっきも言ったけど、オレ自身もそうだけど、まだどうしていいかわからない。そうだ。これから旅に出て見つけてくるよ。探さないでください。

8月1日号の議題　イギリス遠征

海外に呼ばれるのはだいたい丸藤だった。そこらへんにも対抗意識を燃やしていく

―前回は再浮上のきっかけを「旅に出て見つけてくるよ。探さないでください」と語っていましたが、どこに行ってきたのですか？

拳王　イギリスだよ。

―「探さないでください」と言っていたわりに、帰ってくるのが早すぎますね。

拳王　うるせーよ。

―というよりも、7・7新発田ですでに試合にも出てます。

拳王　だから、うるせーって。

―傷心の旅はいかがでしたか？

拳王　久々の海外遠征だったからな。まず行きの飛行機ですごく頭痛がした。

―6・26後楽園で杉浦貴選手のGHCヘビー級王座に挑戦し敗れた翌朝でしたからね。

拳王　メチャクチャ疲れてるのに羽田空港で連載の取材もあったしな。

―観光はしたのですか？

拳王　タワーブリッジとかビッグベンも行ったよ。**ビッグベンは工事中だったけどな。**

工事中のビッグベン（撮影・拳王）

―試合はどうでしたか？

拳王　楽しかったよ。何をやっても沸いてくれるんで。コアなファンが多かった。相手のクリス・リッジウェイも若いけど、いい選手だったよ。NOAHが飛行機代払えるんだったら呼びたいな。あと、こんな小さな島国でやってるのに、海外でもオレのことを待ってくれるファンがいてくれたのは嬉しかったな…イギリスも島国だけど（苦笑）。今年に入ってGHCヘビー級選手権で2回負けたぐらいで心折れずにがんばろうかなって思ったよ。

―海外遠征で気持ちが切り替わった。

拳王　まぁ、そうだな。NOAHで海外に呼ばれるのは、だいたい丸藤（正道）だっただろ。そこらへんにも対抗意識を燃やさないとな。名前が海外まで届いている。悔しいけどそれはほんとすごいことだ。小さなことからコツコツやっていかないと変わらないなってよりいっそう思った遠征だったよ。

―それでは今後、NOAHでどんな闘いを見せていきましょうか？

拳王　…。

―どうしたのですか？

拳王　7月ツアーのカードを見ただろ？

―はい。

拳王　オレは特にテーマがないんだよ。

―3月にGHCヘビーから陥落して、3～4月の「グローバル・タッグリーグ」で優勝できずに、6月にGHCヘビー再挑戦してベルトを取れなかったから仕方ないですよ。

拳王　これは**連載打ち切りの危機だな。**

―というよりも、この連載が始まってから

結果に恵まれていません。

拳王　この連載のせいだ！　そうだ、イギリスのパブに行ったんだよ。

——ビールはどうでしたか？

拳王　カッコつけてパブでビール飲んだけど、あんまり美味しくなかった（苦笑）。一番美味かったのは、缶のハイネケンだったよ。オリオンビールとか軽い感じのビールが好きなんだよ。あとイギリス人は顔が小さくて、オシャレなヤツらばっか。オレはあんなビシッとした格好で酒飲みたくないよ。

——そんな話をしたかったのですか？

拳王　ビールの話なんかどうでもよくて、イギリスでワールドカップの日本vsポーランド戦見たんだよ。おっさんＪＡＰＡＮががんばる姿を見て、ＮＯＡＨの世代闘争を思い出したよ。やっぱベテランは自分の見せ方を知ってるなって思ったよ。アイツら、おいしいところだけ持っていくからな。10年ぐらい前のＷＢＣでもそれまで不振だったイチローが最後に決勝タイムリーを打って最終的には目立ってたよな。覚悟しておけよ。ＮＯＡＨではああはさせないから、杉浦に負けておいて、こんなことを言うのは説得力がないけどな。

——確かにそうですね。

拳王　次の挑戦者が潮﨑（豪）に決まったのも杉浦からの指名だったのはショックだったな。あそこは潮﨑が自分から挑戦表明すべきだったよ。あと、昔、超危暴軍で一緒だったマイバッハ谷口のことはいつも気になってるんだけど、アイツは世代闘争に加わらないで、変なヤツらと組んでて本当にいいのかよ。で、何の話だったっけ？

——自分自身のテーマがなく、結果も出ていないと…。

拳王　うるさい！　ヘビー級に転向してからずっとシリーズごとにテーマを決めて、いろいろ頭を使って考えながらやってた。「田中将斗の首を取る」から始まって「武道館に連れてってやる」「丸藤、杉浦の時代は終わった」って発信してきた。丸藤と杉浦にはアゴ食らっちゃった（業界用語でフラれる）ような感じだし、今のテーマははっきり言ってないよ。だけど、もう今後のことは決めてるから。

——おっ！

拳王　まだ言わないけどな。それはともかく、とんでもないニュースが飛び込んできたな。**次回のテーマは決まりだ。ＧＥＮＥＳＩＳ！**

8月15日号の議題　**森嶋猛帰還❶**

オレは一緒にいて1円も払ったことがない。深夜の呼び出しの電話、早くかかってこないかな

——ついに、我らが超危暴軍の首領（ドン）が10月15日、自主興行で〝帰還〟します！

拳王　ものすごく嬉しいよ。いろんな思いを持ってる人はいるかもしれないけど、ものすごくお世話になってた人があれだけ廃れてた姿を見てたんで。ＮＯＡＨの人間はどう思ってるか知らないけどな。

——本人も引退のことについて「自分が世間知らずで、いろんな人に迷惑をかけてしまいました。反省しています」と語っています。

拳王　そういえばＮＯＡＨの選手たちはみんな森嶋さんの復帰について何も言ってない。当時のＮＯＡＨと森嶋さんについて、オレにはわからない事情がいっぱいあるんだろうな。でも、**オレは森嶋さんにお世話になったから、ちゃんと話すよ。**ほか

森嶋と拳王で一緒に撮った写真

のヤツらがなんで話さないのか不思議。オレよりも丸藤（正道）とか杉浦（貴）とかはずっと付き合ってきたんだろ。オマエらは嬉しくないのかって？

――2人は当時、選手としても取締役としてもNOAHを一緒に盛り上げてきた間柄です。

拳王　同じ道場で一緒に練習して、同じ釜の飯を食って、約20年間一緒に苦楽を共にして、成長してきた仲間だろ。少しは喜べって、クソヤロー！　オレなんか復帰が発表されてから毎日のように森嶋さんのことを考えてるよ。昔はイヤだなって思ってた寝る前ぐらいにかかってくる呼び出しの電話…今は早くかかってこないかなって思ってるからな。

――飲みの誘いの電話ですね。

拳王　森嶋さん、**電話に出たら「恋してんのか？」って言うんだよ**な。

――そうそう（笑）。

拳王　ちなみに、昨日も一緒に飲んだよ。

――さすがですね。引退してからも、ずっと親交がありましたね。

拳王　引退発表してしばらくは家も近かったから、頻繁に飲んでたよ。

――引退後はどんな感じだったのですか？

拳王　一般人になろう、なろうってしていたけど、心のどこかで引っかかってた部分があったんだろうなっていうのはわかってたよ。個人的にはもう割り切って、早くプロレスに復帰すればいいんじゃないかなって思ってた。別にNOAHじゃないリングでもいいし。

――森嶋猛にはプロレスが必要だと。

拳王　プロレスを辞めたら周りの人がたくさん去っていくって話をよく聞くんだよ。でも、森嶋さんの場合はあの人がそうさせないんだろうな。一般人になっても森嶋さんの周りにはいつもいっぱいの人がいたよ。プロレスラーじゃなくても、そういう人を引き寄せるパワーを持ってるんだから、またリングに立ってほしいなって思ってた。

――森嶋さんは居酒屋ですぐに周りの人と知り合いになりますからね。

拳王　そう。気づいたら、森嶋さんは隣の人に「アニキ！」とか言って、乾杯してるんだよ。それでしばらくしたら、みんなと一緒に楽しく飲んでるんだよ。ああいう人柄は本当にすごい。オレもそんな姿勢をマネしようと思ってるけど、なかなかできるもんじゃないよ。**森嶋さんの〝アニキ〟はいったい日本全国に何人いるんだよ**って。

――拳王さんにとって、あらためて森嶋さんはどんな存在なのですか？

拳王　みちのくプロレスを離れて、東京に出てきて、すぐに森嶋さんの超危暴軍に入った。もとから面倒見がいい人だなって思ってたけど、ホントその通りでオレは一緒にいて1円も払ったことがない。たぶん軍団のヤツらも同じだったんじゃないかな。深夜にかかってくる呼び出しの電話以外は最高の先輩だった。

――せめて8時ぐらいにかかってくれば、いいのですが…。

拳王　普通に10時、11時ぐらいのことが多いからな。まぁ、オレの場合は自転車で2駅分だったからまだよかった方だ。行徳までのあの道のりは当時は嫌々だったけど、今では懐かしくてしょうがないよ。ちなみに、昨日も10時頃は「朝まで行くからな!」とか言いながら、2軒目に入って1時ぐらいになったら「じゃあ、帰るから!」とか言って、どこかに消えていったよ。相変わらず（笑）。

――NOAHに来た当初で慣れていない時には非常に心強い先輩でしたね。

拳王　大学の時も東京に住んでたから、東京の生活っていうのは慣れてたけど、一緒にいてプロレスラーとしての生活、生き方を学んだよ。森嶋さんは豪快でいつもプロレスラーとして〝ALIVE〟してる。

――プロレスラーとして何か学びましたか?

拳王　特になし!

――えっ⁉

拳王　あるわけねぇだろ。

――どういうことですか?

拳王　森嶋さんの話は1回で終わらせるわけにいかないから、それは次回話すから楽しみにしておけよな!

8月29日号の議題　森嶋猛帰還❷

NOAHを変えたいって気持ちが芽生えたのも、森嶋さんから話を聞いてたからだ

――前回に続いて、今回も議題は森嶋さんの〝帰還〟です。なぜプロレスラーとして学ぶことが「特になし!」だったのですか?

拳王　オレはあんなにでかくねぇってことだって。日本人であれだけ大きな体を持ってる。同じことをやっても、絶対にかなわないだろ。しかも、森嶋さんは大きな体でものすごい瞬発力を持ってるし、あれこそ持って生まれた才能だよ。しかも、受け身だってすごい。

――確かにあれだけの巨体で縦横無尽に走りますし、相手の技も受けまくります。

拳王　そうなんだよ。大きい選手って受け身がうまくない選手もいるし、ちゃんとした受け身を取らない選手もいる。でも、森嶋さんは一つひとつがしっかりしてるんだよ。よっぽど全日本、NOAHの道場で基本の練習をたくさんしてきて、相当受け身を叩き込まれて、鍛えられてきたんだろうなって。**森嶋さんがあれ以上に本気を出せば、もっとすごいプロレスラーになってたんじゃないかな。**学んだって意味ならば、ああいう選手を超えるためには自分がどれだけの努力をすればいいのかって考えさせてくれたのかな。やっぱメジャーの最高峰は違うなって示してくれたよな。ラリアット一発でお金が取れる。近くで本物のプロレスラーっていうのを教えられたよ。リング上のことだけじゃないぞ。森嶋さんから学んだこととしてはNOAHっていう団体についても大きいな。

――どういう意味でしょうか?

拳王　森嶋さんは旗揚げメンバーとしてずっとNOAHで活躍して、若くして取締役にもなった。オレが聞いたのは半分ぐらいかもしれないけど、何年間か近くにいて、森嶋さんからNOAHのいいところや悪いところをいっぱい聞いたよ。去年、GHCヘビー級王者を目指す過程でNOAHの悪い部分を糾弾できたのも、NOAHを変えたいって気持ちが芽生えたのも、森嶋さんから話を聞いてたからだと言ってもいい。**オレもそろそろ**

SNSで過激なことを発信し始めるかもしれないぞ。

——それだけはやめてください。

右2枚＝右が拳王のガウン姿、左が森嶋のガウン姿。モノクロだとほとんど同じ！

拳王　冗談はさておいて、GHCヘビー級王者になって、ようやく森嶋さんが言ってた本当の意味がわかったって部分もあるよ。団体のトップとして、目の前の挑戦者以外にもいっぱいの敵と闘わなきゃいけないし、やらなきゃいけないことはたくさんあった。森嶋さんはいつもチャンピオン、取締役としてこれだけ苦労をしてきたんだなって。今年3月に杉浦（貴）に負けちゃったけど、あの世代はそういう荒波を乗り越えてきた強さっていうのもあるんだよ。それは丸藤（正道）にも同じことが言える。チャンピオンになってみて、森嶋さんが役員会終わったら、いつもすぐに飲みに行ってた理由がちょっとわかった気がするよ。

——引退ということを告げられた時はどう思いましたか？

拳王　森嶋さんも「当時は自分自身がわけわからない状態」と言ってるし、オレがどうこう言えないだろ。時間が解決してくれるかなって思ってた。今はいい感じで自分のことを理解して「プロレスをやりたい」って言うことができて、後輩としてこれだけ嬉しいことはないよ。いい方向に進んでほしいなって。

——その金髪も森嶋さんの影響なんですよね。

拳王　あるお方に憧れてって言ってたけど、それは森嶋さんなんだよ。森嶋さんはいつもキレイな金髪だったからな。入場ガウンだって、森嶋さんと色違いを作った。実は森嶋さんの入場ガウンは引退した時にオレが預かってたんだけど、「ちょっと返してくれ」って連絡が来て、今年の5月の終わりに返したんだよ。うすうすは気づいてたけど。リングのあるバーに行って一緒に飲んだ時に眠くなったみたいで、普通にイスで寝ればいいのに、**リングの真ん中で寝てた**からな。その時にやっぱリングの真ん中に戻りたいんだなって思ったよ。森嶋さんは睡眠中も含めて24時間プロレスラーだ。

——10・15後楽園における自主興行「GENESIS」をどう思いますか？

拳王　もちろん気になってるよ。NOAHがどう思ってるかわからないけど、オレ個人はどんな形でもいいから協力したいし、いつかはまた森嶋さんの隣か対角線に立ちたいよ。

——どんなファイトを期待しますか？

拳王　どんなファイトよりもリングに上がってる森嶋さんをまずはひと目見たいなって。「アルバイトをやって、大学生に敬語で話してるよ」なんて話は聞きたくないよ（笑）。豪快でカッコイイ森嶋さんでリングに戻ってきてもらいたい。

9月12日号の議題　9・9大阪でGHCタッグ挑戦

古いオッサンたちは緑のマットのリングで練習してんのかって

拳王　2週続けて同じテーマでやったら、反響がすごかったな。

――そうなんですか⁉

拳王　あるお方は喜んでこの連載のページを撮影してみんなに送ってたよ。

――それって森嶋猛選手本人じゃないですか…。

拳王　2週やっても、まだ2週ぐらいできそうだよな。最近、毎日、首領から謎の画像や謎の動画が大量に送られてきて、それについて語ろうと思ったけど、もう読者のクソヤローどもはさすがに飽きただろ！

――やはりテーマとしてGHCタッグ挑戦ですね。まずはなぜ挑戦表明したのですか？

拳王　世代闘争が始まって、ひょっこり出てきたオッサン（齋藤彰俊）に、NOAHの縮図を変えようと思ってた若者が負けたのは、見てて本当に悔しかったからだな。

――パートナー不在の挑戦表明でしたが？

拳王　誰か来るだろうなって思ってたし。同じ気持ちのヤツがいるかなって確かめたかった部分もあった。そういう中で出てきたのが清宮海斗。嬉しかったな。アイツがNOAHを変えようとしてる気持ちは前から伝わってた。やっぱオレの目に狂いはなかったな。あそこで革命戦士（小峠篤司）が来たら、吉本新喜劇みたいにズッコケてたよ（苦笑）。

――清宮選手は特別な存在ですか？

拳王　今年に入って3回もシングルやってるからな。なかなかこんな短期間にシングル3回もやらないし、やるたびに変化を感じられて、嬉しい部分もある。でも、嬉しいと思ってちゃダメだと思わせてくれる存在になってきてるからな。アイツがパートナーで挑戦できるのはよかったよ。そういえば、アイツが海外に行く前にもシングルマッチやったし、今日も道場行ったら、アイツが自分よりも前に練習してた。

――実は数少ない〝道場組〟ですね。

拳王　ほかのヤツらは道場にまったく来ないからな。オレなんかNOAHに骨を埋めようと思って、今年、道場の近くに引っ越したんだよ。最近はほぼ毎日、道場で練習してるよ。清宮、（マサ）北宮、宮脇（純太）、あと練習生2人はいつもいるな。古いオッサンたちは緑のマットのリングで練習してんのかって。昔はやってたかもしれないけど、オレと清宮は現時点でNOAHに対する気持ちがアイツらと違うよ。

――それは鋭い指摘ですね。

拳王　そんなヤツらはジムにでも行っていればいい。緑のマットがあるNOAHの道場、

拳王が毎日のように汗を流している現在のNOAH道場

デビューを目指してる練習生たちががんばってるNOAHの道場に来なくていいよ。

——9・2後楽園で丸藤正道選手とのシングルを要求しましたが…。

拳王　オレがチャンピオンの時代からずっと言ってきたよな。今回はシチュエーションがそろったなって思って発したけど、また夢はかなわなかった。NOAHでタッグ選手権の前に前哨戦でシングルが組まれるのはセオリーだっただろ。それが組まれなかった。悔しかったよ。また逃げられた。他団体ではシングルを受ける丸藤がまた出てきたな。

——丸藤選手は9・1両国のデビュー20周年記念試合でイタミ・ヒデオ（KENTA）選手と対戦します。

拳王　丸藤vsKENTAの翌日に、その試合を超える闘いをやってやろうかなってワクワクしてた。オレがNOAHに来たのも「狙うはKENTAの首一つ」だっただろ。丸藤って同じ対戦相手でやったら、どっちが上か下か間接的に見えてくるだろ。**ようやくKENTAも超えられるかな**って思った。それなのに発表見たら、変な6人タッグ…道場のリングで転げ落ちちゃったよ。この気持ちはタイトルマッチに全部ぶつけてやるからな。

——プロレス界あるあるではリング上での要求は実現しがちですが、まさかの事態ですね。発言力のなさが露呈しました。

拳王　これは間違いなくNOAH幕府からの弾圧だ。上の世代はリング上の強さだけじゃなくて、裏の強さも持ってるな。丸藤が何らかの力を使って、オレとのシングルを組ませないようにしたんだよ。丸藤のことを認めてるからこれだけ言ってるわけだけど、リング上だけじゃなくて、裏の力もすごく持ってる。例えそうじゃなくても、偏屈なオレは絶対にそうだって思い続けるからな。

——相変わらず丸藤選手には厳しいですね。

拳王　8月中にドンドン仕掛けて、シングルに持っていってやるって気持ちもあるよ。ベルトを奪って、**表でも裏でも力を持ってる丸藤と対等な発言権を得てやる。**タイトルマッチでは齋藤じゃなくて、アイツから直接勝利して、しかるべき場所でのシングルに持っていってやるよ。大事なことだから二度言うぞ。丸藤、逃げんなよ！　丸藤、逃げんなよ!!

9月26日号の議題　丸藤20周年9・1両国総括

全日本には引き分けのままで終われない。次はオレが秋山とやってやろうか

拳王　No.1969の「よかった記事」見たぞ。この連載が3位だったな。
——おめでとうございます。
拳王　白黒1ページということを考えれば、快挙だろ。
——テーマは「森嶋猛帰還①」でした。拳王さんの話が面白いからですね。
拳王　ちげーわ！　首領（ドン）の破壊力だよ。あらためて首領のすごさを思い知らされたし、みんな気になってるみたいだな。**両国では大ヤケドしちゃった**けど…。
——丸藤正道デビュー20周年9・1両国大会でTV解説を務めていた森嶋さんとの絡みが実現しました。
拳王　最初はハグされるのかなと思ったら「マイク持って来い！」って耳打ちしてきたんだよ。男色ディーノとの試合が終わった後にラスボスがやってきた感じだった。

——仕掛けられましたね。

拳王 ただマイク渡したら、客がわからないかなと思ってひと言言ってから渡したんだよ。それで森嶋さんが少し聞き取りにくいマイクアピールし始めたからサッサと引き揚げようとした瞬間に「中栄!」って本名呼ばれて…。

——さすが森嶋さんですね。

拳王 プロレス会場では中栄大輔じゃなくて、拳王なのに反応しちゃったよ。そういえば、森嶋さんとプロレス会場で会うのは横浜文体のとき以来だな。

——2015年5月に森嶋さんが引退表明をして、大号泣した時ですね。

拳王 横浜文体もゾクゾクしたけど、両国はさらにゾクゾクしたよ。あのマイク聞いたか?

——はい…。

拳王 意味わからなかっただろ?

——ボクはわかりました。

拳王 テメーは森嶋さんのことを知ってるからだろ。森嶋さんは前置きとか全然言わずに思ったことをすぐに言うんだ。客は絶対にわからないだろうな。森嶋さんのことをわかっていなかったら、あんなマイク解読できない。森嶋さんなりに伝えたことは、あれは丸藤vsKENTAへの激励だよ。激励しようと思ったのに、マイク持ったらテンションが上がりすぎて空回っただけだ。いろんな意味でさすが首領だよ。

森嶋にハグされる拳王。この時に実は…

——なるほど。

拳王 丸藤、KENTAとは全日本、NOAHの合宿所で一つ屋根の下で過ごした仲だろ。あの日は力皇（猛）さんも来てたし、オレ個人的には森嶋さんも控室に来て、みんなに挨拶してもらいたかったよ。あの日の控室はオレは見てないからわからないけど、同窓会みたいな雰囲気だったんじゃないのか。そのラストピースが森嶋さんだったんじゃないか。そこは「首領、来ましょうよ」って思った。でも、森嶋さんにしたら合わす顔がないって気持ちなんだろうな。

——それを言えるのは拳王さんだけです。

拳王 **森嶋さんは意外と恥ずかしがり屋**だからな…っていうか、今回は両国大会の総括じゃなかったのか?

——ついつい森嶋さんの話題で話が弾んでしまいました。あらためて丸藤選手の20周年記念大会はいかがでしたか?

拳王 前々から丸藤のことを勝手にライバル意識を持って否定してきたけど、それはアイツの力がすごいから。表の力、裏の力をまざまざと見せつけられた大会だったよ。**丸藤とKENTAみたいに向かい合った時の緊張感を作れるのがプロレスの醍醐味。**モニターからも伝わってくるものがあったよ。ああいうのを創り出せるレスラーにならなきゃいけないなって思ったし、プロレスっていいもんだなって再確認できた。あんなストーリー、創ろうと思って創れるもんじゃない。いろんなもんが凝縮されたシングルマッチだったよ。

―セミの杉浦貴&原田大輔vs秋山準&青木篤志はどうでしたか?

拳王　大前提としてオレもDDTに負けてるから何も言えない。でも、全日本に勝てなかったのは悔しかったな。ほかの対抗戦もNOAHが全部負けてるだろ。最後に丸藤がWWEに勝ったけど。やっぱ特に全日本には引き分けのままで終われないよな。次はオレが秋山とやってやろうか。今年の「チャンピオン・カーニバル」に丸藤が出て、あれだけ盛り上がったんだろ。今度は秋山がウチの「グローバル・リーグ戦」に出ろよ。

―それは夢がありますね。拳王さんも対全日本で歴史がある選手もいますしね。

拳王　え?

―中島洋平選手との「創ろうと思って創れるもんじゃない」ストーリーがあるじゃないですか。

拳王　おい、てめー。オレのこと、**バカにしてるだろ。**

10月10日号の議題　パワハラ問題

NOAHの丸藤正道はレスリング界の栄和人、ボクシング界の山根明、体操界の塚原夫妻だな

―まず始めに前回の連載で読者から訂正の苦情がきました。

拳王　読者って中島洋平だろ。オレにもきたわ。「バカにしてるだろ」と言ったけど、正しくは「バカにしてんだろ」だったらしいな。そんなことはどうでもいいとしてだ。

―そうです。今回のテーマをツイッターで募集させてもらいました。

拳王　なかなか面白いテーマがいっぱいあったな。やっぱ森嶋（猛）さんも多かったな。

―復帰試合をケガで中止にすることを発表したばかりというタイミングもあります。

拳王　オレも語りたいことが山ほどあるけど、ここ最近の連載は5回中3回が森嶋さんの話題。そこはのちのち言うことにするよ。

―その中で選んだテーマは…。

拳王　プロレスの話を求められてるっていうのが今回の募集でわかったけど、それ以外の部分でプロレスラーらしい意見が出せるっていうのもアピールしたかった。だから、今回は「昨今のアマチュアスポーツ協会におけるパワハラなどの問題」をテーマにするぞ。送ってきたのは萱森直道か。なおみち…名前は気に食わないけど、これにするよ。

―なぜこのテーマを選んだのですか?

拳王　プロレス以外の話題で一番、旬だからだな。普段NOAHに興味がないプロレスファンにも伝わるテーマだなって思った。

―アマチュアスポーツと言えば、拳王選手は日本拳法で世界王者にもなりました。

拳王　ほんと一連のパワハラ問題の人たちの気持ちはわかるよ。今は教えてる立場でもあるしな。でも、アマチュアスポーツって言っても、だいぶお金が動くんだよ。オレたちプロ以上に動いてる場合だってある。だから、一つ問題が起きると、金、利権、栄光、未来…いろんなものが絡んだ中での争いになってしまう。**パワハラ問題で共通してるのは、絶大な権力者がいるということ。**オレ自身、NOAHに所属してるけど、権力を持ちすぎるのはよくないなってずっと思ってる。

―どういうことですか?

拳王　政治とかでもそうだろ。長い間、権力

を持ってたら、その国は腐敗していくと。今のNOAHでもそうだ。長年権力を持ってるヤツがいるだろ。丸藤正道だ。政治と一緒だ。アイツが長い間権力を持っていたら、団体は腐敗していくかもな。でも、そうはさせない。アイツを超えていかないとな。リング上でもリング外でも。

――9・9大阪ではGHCタッグ王座に挑戦しましたが、敗れ…。

拳王 それは言うな。しかも、オレが丸藤じゃない方に負けてるんだぞ。オレがGHCヘビー級王者時代からずっと丸藤にシングルやらせろって言ってたことも、再燃させたのに、またシレッとなかったことになってる。オレ自身が今回のGHCタッグで結果を出せなかったことが一番いけないが。まぁ、それは置いといて、アマチュアスポーツの世界で告発した人たちと相通じる部分を感じてるよ。

――勝っていれば、話は違ってきました。

拳王 結果に関しては、この連載が始まってからなかなか出すことができていないのは歯がゆいけど、オレはリング上の闘い以外の部分でも勝たなきゃいけないことはたくさんあると思ってるんで。後楽園ホールを満杯にできないNOAHが、丸藤のデビュー20周年で後楽園の何倍もある両国を満員にできたんだぞ。本当に丸藤のプロレスラーとしての存在はすさまじいものがある。力も本当にすごい。そして権力はものすごい。タッグタイトルマッチの前哨戦でだいたいあるシングルマッチもなぜだかなかったぐらいだからな。アマチュアスポーツ界で言ったら、NOAHの丸藤正道はレスリング界の栄和人、ボクシング界の山根明、体操界の塚原夫妻だな。そしてアマチュアスポーツ問題で選手ファーストの組織作りをという言葉をよく耳にしたが、NOAHはいつも丸藤ファーストだな。

――うまいこと言いますね。

拳王 パワハラ問題でもよく「今はそういう時代じゃない」って言われてるだろ。でも、実際にアマチュアスポーツをやってきた者としては、**必要悪っていうのもあるなって思う。**ちょっと話は違うかもしれないけど、運動会の徒競走で順位をつけないところもあるらしい。オレはそういう教育はどうかと思うんだよ。勝ったら嬉しいし、負けたら悔しい。そういうのが力になって成長していくんだよ。だから、丸藤が表と裏の力を使って、オレを潰しに来てるのは大歓迎だ。アイツとは絶対にいつかシングルで決着つけてやる。あとNOAHには丸藤以外にももう一つ権力者がいるだろ。

――えっ、誰でしょうか？

拳王 リングサイドで偉そうに座ってるヤツだよ。「自分は偉い。何をやってもいい」と絶対思ってるヤツ。そう、内田雅之だ。

――NOAHの会長ですね。

拳王 **またNOAHが〝会長ファースト〟になりつつある。**去年末に自分は表に出ないとか言っておきながら、少し前からまた出てくるようになってきたし。そろそろオレがアイツのパワハラ問題を告発してやるからな。

顔が隠れるほどでっかいおにぎりを食べる拳王

10月24日号の議題　棚橋弘至、情熱大陸出演

〝タダのテレビ〟に出てるプロレスラーがいたら、普段プロレスを見ない層も引き込めるだろ

—台風24号、すごかったですね。NOAH9・30上尾後はどうやって帰ったのですか?

拳王　車で来てたから帰れたよ。けっこう早い時間から午後8時で電車が止まるってアナウンスされて、試合終わって上尾から都心に帰るなんて間に合わない。客のクソヤローどもは大丈夫かなって思ってたけど、最後まで試合を見てる人もいたし、すごくありがたかったなって。どうやって帰ったんだ?

—西永レフェリーに送ってもらいました。本当に大変でした。

拳王　30日の朝、沖縄の知り合いからLINEが来て、店が壊れたとか聞いてたからな。そんな中で興行をするのもどうかなと思ったけど、たぶん何事もなく終わったんでよかったなって。ジュニアリーグの最終公式戦もあった大会でいつも以上に熱があったよな。やってる身としてはあれだけの人が来てくれたのは嬉しかった。

—大会の後は何をしていたのですか?

拳王　家の近くのイオンに行ったら、食糧コーナー以外は全部閉まってたよ。何もやることないから食料品買って、家に帰って、ダラダラしてた。それで普段はテレビも見ないんだけど、台風のおかげで偶然見てたんだよ。そしたら、プロレスラーが出たよな。

—「情熱大陸」の棚橋弘至選手ですね。

拳王　トルルルル…って音楽が流れて見たら、プロレスラーが出てたから、すぐにボリュームを上げたよ。

週プロを読んで情報収集をする拳王

—どんな気持ちで見ていたのですか?

拳王　ありきたりだけど、すごいなって思った。こんなたまたまテレビを見て、プロレスラーが出てるんだからな。快挙だろ。オレ、ドキュメンタリー番組が好きで昔はけっこう「情熱大陸」を見てたんだよ。だから、棚橋選手が出演したのがどれだけすごいことかはわかってる。いろんな業界の偉人が出る中で、プロレス業界もそこに行ったのはいいことだなって。

—地上波は影響力ありますからね。

拳王　テレビなんて家に帰ればあるもんだからな。日常生活に普通にあるもんだし、**娯楽の中で一番は〝タダのテレビ〟だ。**

—地上波は〝タダのテレビ〟ですか…。

拳王　有料テレビも大事だけどな。昔のNOAHは〝タダのテレビ〟で試合もやってたし、選手たちがいろんな番組に出てた。

—プロレスラーには知名度も必要です。

拳王　プロレスを普段から見ない人にアピールするためには絶対に必要だよな。棚橋選手の「情熱大陸」を見て、あらためてそう思ったよ。いっぱい〝タダのテレビ〟に出てる有名な芸能人だって「情熱大陸」に出たいってよく言ってるしな。これだけの栄誉はないよ。

――主演映画も絶好調です。

拳王　丸藤（正道）も露出って部分でやってるとは思うけど、15年前は同じだったのに、すさまじい差が開いたな。そこはやっぱ団体力の違いだ。棚橋選手と丸藤はリング上だけを見れば差がないけど、**棚橋選手はプロレス界を飛び越えて世間へ発信してる**からな。（ジャイアント）馬場さんが出てたクイズ番組は何だっけ？

――日本テレビのゴールデン番組「クイズ世界はSHOW by ショーバイ!!」ですね。

拳王　早押しクイズかなんかで馬場さんがチョップして、セットを壊しちゃったのは衝撃的だったよ。馬場さんみたいに毎週〝タダのテレビ〟に出てたら、プロレスが好きじゃない人でもポスターを見て「あっ、この人、見たことある」ってなるし。東京なんか当たり前だけど、地方だと〝タダのテレビ〟に出る人が来るなんて年に2、3回しかないからな。

――さすが徳島県出身。

拳王　〝タダのテレビ〟に出てるプロレスラーがいたら、普段プロレスを見ない層も引き込めるだろ。そこはNOAHが足りない要素。今はクワイエット・ストームぐらいしか定期的に出てないからな。ところで、昔、みちのくプロレスにいる時は…。

――ザ・グレート・サスケ選手がいました。

拳王　サスケもサスケで世間を騒がせてた時もあったし。マスクなんてインパクトあるし、初の覆面県議会議員として全国で有名だった。岩手県以外では評判はすごくいいもんがあった…**岩手県でのサスケは最悪だったけどな。**

――どんなことでも知名度があるってことはプロレスラーのステータスですね。

拳王　きっかけが何でも一度生で見てくれたら、オレらのファイトで絶対に引き込めると思ってるんで。その意味でも扉は必要だな。オレもそういう部分も考えてやっていかなきゃいけないな。

――明治大学政治経済学部卒業で中高の教職免許を持ってるプロレスラーは異色ですし、クイズ番組とかいけるんじゃないですか。

拳王　もし出してくれたら、絶対にいい結果残してやるからな！

11月7日号の議題　グローバル・リーグ2018

オレと丸藤のシングルはNOAHの命運を決めるようなシチュエーションでやりたかった

拳王　先週号の週プロにいい記事があったな。天龍源一郎さんの連載で森嶋さんにエールを送ってたのは、すべて同意するしかないよ。あの天龍さんにあそこまで言ってもらえるレスラーはそうそういないと思う。

――最近、森嶋さんと会いましたか？

拳王　〝幸福伝道師〟森嶋猛って名刺を持ってたよ。負傷についてちょっと補足しておくと、リリースでは「化膿性股関節炎」という発表だったけど、本人いわく「手術が2日遅れたら死んでた」らしいぞ。写真を見てもらえばわかると思うけど、最近まで杖を突いて生活してたからな。でも、復帰戦があれだけ期待されてたのに、試合ができなくなったのは本当に残念だよ。もっと首領について話したいところだけど、それはまた今度にして、今回のテーマは「グローバル・リーグ2018」だ。

――NOAH秋の本場所です。

拳王　星取り表、見たか？　オレは丸藤正道

杖を突いて歩く森嶋

と同じブロックだな。

――11・8後楽園で公式戦が組まれています。

拳王　去年の暮れからずっと言ってきて、ここで初めて組まれたのは正直、残念だな。

――どういうことですか？

拳王　オレがベルトを持ってる時から言い続けて、ようやく組まれたシングルが7つある公式戦の1つなんてもったいないだろ。オレと丸藤のシングルはそんな軽いもんじゃないはずだ。アイツの時代が続くのか、オレが時代をつかみ取るかを懸けた大一番にしようとしてたんだよ。リーグ戦はNOAHにいるヘビー級の半分と必ず当たる。そういうところでこれだけ温めてきた丸藤とのシングルが組まれたのは、残念だったってことだよ。

――斬新な発言ですね。

拳王　これなら別ブロックの方がよかったかもな。そしたら決勝で当たれるだろ。ようやくシングルができる嬉しさがある反面、悔しさが残ったよ。もちろんリーグ戦は一戦一戦が大切な試合になるけど、オレと丸藤のシングルはNOAHの命運を決めるようなシチュエーションでやりたかった。

――同じブロックに入った以上、仕方がありません。

拳王　それはわかった上での発言だ。一年間言い続けてきたシングルが組まれたってことでメラメラと燃えてきてるのは確かだ。必死でアイツを倒す。そして本で言えば、前書きみたいな一戦にしてやるよ。いい物語のスタートにして、丸藤とはいつかNOAHの転機になるようなシチュエーションでやってやる。これからどんどんオマエが築いてきた歴史、支持率、偉大さをすべて吸い取ってやるからな。

――注目の一戦であることに変わりはありません。

拳王　当たり前だろ。去年から**丸藤に対するプライオリティは最上級**だよ。オレがもちろんのごとく、リーグ戦優勝してGHCヘビーのベルト取ったら、オマエが最初の挑戦者だ。

――丸藤戦以外で思うことはありますか？　新世代同盟軍の中嶋勝彦、マサ北宮ともシングルで対戦します。

拳王　上の世代を超えないといけないという同じ考えで組んでるだけであって、新世代の中でも闘いがある。**新世代の中でオレが一番だっていうことを証明してやるよ。**この世代闘争だって、オレが言い続けてきたからできた流れ。NOAHの時代を変えるのはオレだ。あと佐藤耕平とのシングルは楽しみだな。

――10・30後楽園で対戦します。

拳王　あんな日本人離れした肉体を持つ選手はそうそういないからな。去年、ZERO1の「火祭り」で闘った時に「これがヘビー級の強さか」って思い知らされた。あの試合で勝つことができたから、自分のヘビー級としての殻を破ることができたと思ってる。あの痛みがオレの血となり、肉となってるよ。そういう意味では感謝してる。

――Bブロックについては？

拳王　一人の人物の活字しか目に入ってこないわ。誰だかわかるか…!?　それはもちろん杉浦貴だ。今年タイトルマッチで2回も負けてるからな。アイツへの借りは２０１８年の忘れ物。3月にベルトを取られてオレの歯車が狂った。まず決勝で1つ借りをして、年内にタイトルマッチでもう1つ返してベルトを奪ってやる。

――12・16横浜文体が控えています。

拳王 **杉浦とのタイトルマッチは12・7後楽園でやる。12・16横浜は丸藤との防衛戦だ…**優先搭乗口で待たせてるからな。こんな面白いストーリーはないだろ。いろいろあったけど、２０１８年はオレの年にしてやる。

11月21日号の議題　選手名鑑

オレの趣味なんてだいたいが〝水物〟だ。無の心境を味わえるのが海の中なんだよ

――選手名鑑の季節がやってきました。

拳王 とうとうオマエらにとって一番おいしいシーズンが来たな。書き入れ時だろ?

――毎年、好評をいただいております。

拳王 普段、週プロを買わない人でも選手名鑑は買うって人が周りにもいるからな。楽しみにしてるクソヤローも多いだろうな。

――去年は表紙を飾りました。

拳王 その年の顔みたいな感じだろ。嬉しい気持ちもあるけど、それが当たり前でやっていかなきゃいけないと思ってるよ。オレの隣にいる**エディ・エドワーズはどこ行ったんだ?** 去年、あれだけ活躍したのに。

――今年は一度も来日していません。本人はＮＯＡＨに来たいと言っていましたよ。

拳王 なんで今年いないのか不思議だよ。去年の顔だった選手だぞ。今年のＮＯＡＨに来てもらったら、もっと盛り上がったと思う。オレとの試合を最後に来なくなったし、なんか悪いことしたのかなって思っちゃうわ。

――昨年の12・22後楽園におけるＧＨＣヘビー級選手権で対戦したのが最後です。選手名鑑という文化についてはどう思いますか?

拳王 趣味とか好きな有名人とか普通に生きてたら、聞かれるのなんてお見合いぐらいしかないだろ。自分をほじくられてるようで照れるよ。にしても、団体の数が増えたよな。

――今年は昨年以上に多くの団体を掲載しようと考えています。

拳王 選手数も増えたよな。みちのくのヤッペーマンとか素顔でも載ってるだろ。昔はそんなことなかったのに、これも時代だな。

――質問項目についてはどう思いますか? 昨年の趣味は「海」です。

拳王 昔は釣り。オレの趣味なんてだいたいが〝水物〟だ。

――シュノーケル好きですもんね。

拳王 じゃあ、今年は海とシュノーケルにしようかな。海を見るのも好きだし、もぐるのも好きだし。

――「グローバル・リーグ２０１８」開幕前に行ったらしいじゃないですか。

拳王 海の中にもぐって、キレイな魚とか透き通った水とか見てたら、自分の心が〝無〟になれるんだよ。オレの親しい先輩がいつも「知らねぇよ! 知ったよ!! 無!!!」って言ってたんだ。オレにとって、その無の心境を味わえるのが海の中なんだよ。

――前世は魚だったんじゃないですか?

拳王 (笑)。

――今年は何回、沖縄に行ったのですか?

拳王 暑い時は2カ月に一度ぐらいかな。

――いつも行くスポットはどこですか?

拳王　だいたい眞栄田岬。この前、宮城海岸とかにも行ったよ。すごくよかった。

――離島とか行かないのですか？

拳王　離島だともぐるのはいいけど、知ってるところが少ないから夜がつまんないし。

――好きな有名人は昔「坂本龍馬」でした。

拳王　この連載で何回も言ってるだろ。

――現在は「内田雅之（大嫌い）」です。

拳王　アイツがＮＯＡＨに来てからだな。もしアイツがＮＯＡＨにいたら、入団してなかったよ。そういえば、この欄に全然、有名じゃないヤツの名前を書くヤツがいるだろ。

――最近、増えてきましたね。

拳王　それで喜んでるのはそいつと名前を挙げられたヤツだけだ。あんまり名鑑にはふさわしくないかなって思うよ。オレは名鑑をプロレスラーになる前は隅から隅まで読んでたよ。すごく面白かった。だからこそ、**わけわからないヤツの名前を出すな**って言いたい。週プロの名鑑をナメてんのか!?っていうか、毎年毎年、好きな食べ物とか有名人とか変わるヤツいるだろ？　そんな意思の弱い人間になりたくねぇよ。どうせ女もすぐ変えてるようなヤツだろ。

――厳しいですね。続いて、好きな食べ物は「肉」です。

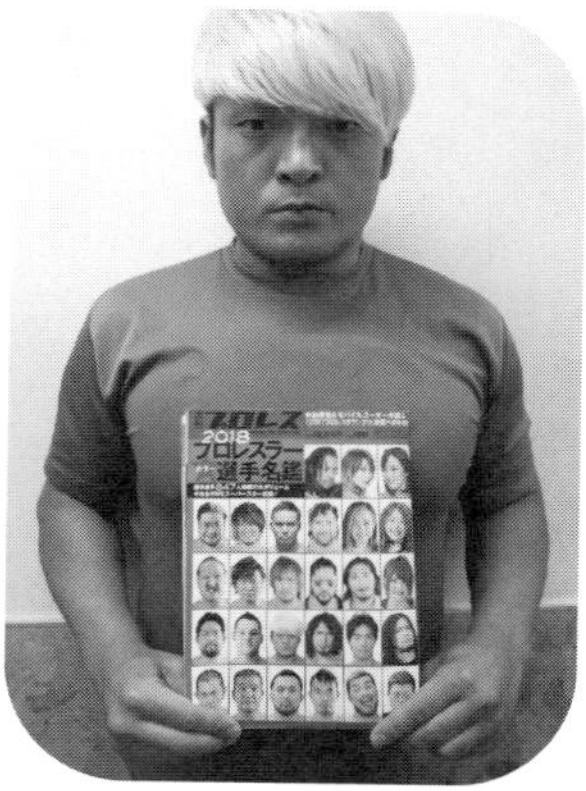

昨年の選手名鑑の表紙を持つ拳王

拳王　オレは好き、普通、嫌いの3つしか部類を分けられない。これが一番好きなんていうのはないんだよ。だから、肉。

――泡なしの生ビールをよく飲みますよね？

拳王　液体のビールは好きだけど、泡は嫌い。

ほかのヤツはどんなこと書いてるんだ？　**丸藤正道の好きな食べ物は「不知火カレー」か。これ、単なる宣伝だろ！**　そういえば、今年の表紙は決まったのか？

――まだです。

拳王　まさかＮＯＡＨからは丸藤と杉浦じゃねぇだろな。

――今年、どんな活躍をしたのですか？

拳王　1月、2月、3月までベルト持ってたわ！　それからのタイトルマッチで全敗だけどな。リーグ戦で丸藤倒して、リーグ戦優勝して、杉浦からベルト取って、丸藤相手に防衛したら、まだ今年の表紙になれるだろ。

――発売日は11月21日でリーグ戦の決勝が11・25後楽園なので…。

拳王　なんだと！

12月12日号の議題　**森嶋猛さん逮捕**

一報を聞いた時に被害者の方には申し訳ないけど、正直、捕まって嬉しかったなって思ってしまったよ

拳王　テメー！　先々週の週プロ（No.１９８５）なんなんだよ!!

――どうしたのですか!?

拳王　表紙のオビに「拳王、丸藤下し森嶋へメッセージ」って書いてあるけど、オレはメッセージなんて送ってねぇよ。あのお方の名前

先々週の週プロを読む拳王

も出してないし、何も言ってないだろ。

――11・8後楽園の「グローバル・リーグ」公式戦で丸藤正道選手に勝ってリング上で「プロレスに〝キボウ〟を持て」などと語ったのは希望と危暴をかけたのかと思いました。

拳王　オレの中で希望、危暴、蹴暴って3つ、漢字が違う〝キボウ〟があるけど、あの日言ったのは希望だ。あのお方のことよりも丸藤との大切な一戦に勝って、NOAHの顔を奪う第一歩を踏み出したってことをもっとフィーチャーしろよ。

――時期的に森嶋猛さんへのメッセージを込めているのではないかと…。

拳王　首領へのメッセージじゃない。自分の尊敬してた先輩がプロレスの商品価値を下げるような行動をしたことに対する謝罪っていう意味が一番強かったんだよ。オレもあの事件のことを聞いて、すごく残念だと思った。プロレスを応援してるヤツらも同じ気持ちになったと思う。

――11月4日、森嶋さんがタクシーの運転手を暴行して逮捕されたことが大きな話題になりました。そんな中でプロレスファンの心理を考えていたのですね。

拳王　もちろん。あのお方がああいうことを起こして、プロレスに対して失望を与えてしまった。ファンの人たちにはそのままの気持ちでいてほしくなかったから「希望」って言葉をチョイスしたんだよ。まぁ、昔は「超危暴」って言い続けてたし、普段から〝キボウ〟ってワードを使ってるから、丸藤との試合後に体力もない中でパッと出てきたのかもしれない。蹴暴に関しては、ヘビー級に来てから決まらないことも多くなってきたから、最近、1つの試合でいろんな出し方をしてる。それがたまたまこの日は多かっただけだ。本当はこの連載でも森嶋さんの事件については語りたくなかったけど、週プロにこうやってクローズアップされた以上、オレの気持ちを言わないわけにはいかなくなった。**テメーらが悪意あるこじつけをしたせいだからな！**

――事件についてどう思いましたか？

拳王　一報を聞いた時に被害者の方には申し訳ないけど、正直、捕まって嬉しかったなって思ってしまったよ。捕まる数週間前、森嶋さんの行動を見てても、本当に頭がおかしかった。オレの好きだった首領ではなかったんだよ。だから、そんな森嶋さんは見たくなかったんで、電話がかかってきても出なかったし、あえて会うのもさけてた。最後に会ったのはテメーと3人の時だな。このままだと何か大変なことを起こすのも、いずれ時間の問題かなって思ってた。

――確かに。10月17日「岐阜に帰るから最後に会いたい」と言われて、3人で会うことになりましたが…。

拳王　その時も会うのをためらってた時期だけど、お世話になったし、岐阜に帰ってまたイチからやり直してもらいたいなって気持ちで会った。でも、実際に会ってみたら、すぐに「岐阜に帰らねぇよ！」って言い出すし、オレの気持ちは裏切られたんだよ。なかなか帰らないから、オレが先に帰ってやったぞ。

——あの時も何とか岐阜でやり直すように説得を試みました。

拳王　もう聞く耳も持ってなかったな。リング上で「ドントストップだ」って言ってたのに、私生活でもそうなっちゃダメだろ。これまで支えてきてくれた人たちにも不義理をかましてたからな。**全国行脚して、全国で不義理かまして、最後には誰もいなくなった**…あれだけ支えてくれる人がいたのに。そういうのも、ものすごく残念だった。

——森嶋さんが落ちていく姿を見るのも辛かったです。

拳王　もっとオレがあきらめずに必死で止めておけばよかった。最後に会った時、岐阜に強制送還しておくべきだったって今では思ってるよ。森嶋さんはいつも支えてくれる人が出てくるから、そこに甘えてたんじゃないかな。オレたちが今年5月に岐阜で会った時はまともだったよな？

——はい。

拳王　でも、東京に来てから急におかしくなった。あの甘えん坊の性格が出てきちゃって、変な道にそれた。しばらく隔離された場所で罪を償って、**昔みたいな面倒見がいい首領に戻ってもらいたい**。しっかりと更生して、正気を取り戻してほしいって思ってるよ。首領がいなくなっても、プロレス界はオレが希望になって、引っ張っていくからな！

12月26日号の議題　フジタ〝Jr〟ハヤト

宇宙大戦争は1話完結の面白い、すごい短編ドラマ。オレとハヤトのドラマはオレが辞めても終わってない

——率直にフジタ〝Jr〟ハヤト選手がガンに冒されていることを聞いた時、どんなことを思いましたか？

拳王　**オレなんてほぼ人のことなんて興味ない人間**だけど、素直に驚いたっていうのが一番だったな。なかなか復帰しないなって思ってて、何があったのかなって。

——昨年4月にヒザのジン帯完全断裂という重傷を負ってから欠場が続いていました。

拳王　気にならない存在じゃないからな。いくらジン帯断裂って言っても、普通なら1年以上も欠場しない。団体を辞めたオレが言うのもアレだけど、ハヤトがいなかったら、みちのくプロレスも活気が出ないだろ。

——ガンという病気についてはどうですか？

拳王　想像すらできない。もし自分がそうなっても、どういう気持ちになるかわからないよ。でも、プロレス界には小橋建太がいる。オレは小橋建太を目指すと思うよ。

——小橋選手は腎臓ガンを克服して、復帰戦をおこないました。

拳王　プロレスラー＝超人。プロレスラーはただ強いだけじゃなくて、自然治癒力も超人なんだよ。特にハヤトは気持ちが強い男だった。生きていく上でも気持ちは重要。何か大きな目標を掲げれば、それに向けてがんばれるだろ。オレなんて「NOAHを日本武道館に連れていく！」みたいなことをいつも言ってるけど、身の丈を考えろってバカにしてるヤツもいるのはわかってるよ。でも、言い続けていれば、いずれ叶うもんだと思ってる。ハヤト自身も「来年の6月に復帰したい」って言ってるんだろ？　言い続けて、絶対に叶えてもらいたいなって思ってる。

——拳王さんにとって、ハヤト選手はどういう存在ですか？

拳王　5、6年しか一緒にいなかったけど、**ハヤトがいなければ、今の自分はない**なって。プロレスって一人じゃ強くなれない。誰かライバルがいないと上に行けないんだよ。そういう中で、みちのくの時にアイツがいなかったら、ここまで強くなれなかったと思う。アイツの実力は認めてるし、本当にいいレスラーだなって思ってるよ。顔もいいし。

——印象に残ってる試合は？

拳王　やっぱ凱旋試合かな。キャリア1、2年で不安だったけど、アイツが相手だったから納得のいく内容、結果が出た。アイツとはシングル4回やって、全部タイトルマッチ。勝っても負けても清々しい気持ちになれる相手だ。自分を出し尽くせる相手だな。

——'13年にみちのくを離れて、'15年6月の後楽園以降は接点がありません。

拳王　リング上はもちろん、プライベートでも一切ない。いつかはリングで闘えるかなって漠然と思ってた。今年はみちのくプロレスが25周年だし、ちょうどそろそろかなって思ってたぐらいだよ。

——今年も終わってしまいます。

拳王　もう12月だろ。みちのくにいた時、オレにとっては一番イヤな時期だよ。

——どうしてですか？

拳王　毎年12月の後楽園大会では宇宙大戦争があるだろ！　オレはプロレス＝強さだと思ってるから。強い人同士が闘うのがプロレス。あんなコミカル要素なんていらない。そんな中で年末、みちのくプロレスはアレをメインにおいた大会を毎年やるんだぞ。確かに面白いとは思う。そして、あれだけのことをやって大ケガをしないってのも本当にプロのレスラーだと思う。だが「面白かったな」止まり。プロレスってこんなもんかで終わってしまっていそうで。今のみちのくプロレスに大きなダメージを与えているんじゃないのかと思うよな。ハヤトも同じ意見だと思うよ。

'09年9月のみちのく矢巾大会の東北凱旋試合で拳王はハヤトから東北ジュニア王座を奪取

——なるほど。

拳王　そして、プロレスのいいところって終わりのないドラマが見られるところだろ。宇宙大戦争は1話完結の面白い、すごい短編ドラマに過ぎない。オレとハヤトのドラマはオレがみちのく辞めてもまだ終わってないドラマだと思うけど、宇宙大戦争は1年に1回1話完結だけで終わるドラマだ。

——かもしれませんね。

拳王　ホントみちのくには終わりのないドラマをメインにやってもらいたいな。てか、みちのくのこと、今のこと考えてたら1つ思ったことがあるぞ。どうしてオレの所属する団体はどこもバカ会長なんだよ。考えてみれば、**サスケ会長と内田会長はものすごく類似点があるよ。**いつも上辺だけで適当に…っていうか、宇宙大戦争の話なんてどうでもいいよ。

――今回のテーマはハヤト選手です。

拳王　そうだよ。まぁ、でも、考えようによってはケガしたから、ガンが早く見つかったって部分もあるからな。これまでも小橋建太だけじゃなくて、ガンに冒されたレスラーもいるけど、みんな克服してリングに戻って活躍してる。アイツは来年6月に復帰するつもりなんだろ。**絶対にガンに勝ってリングに帰って来いよ！**

1月9日・16日合併号の議題　2018年総括

このままだと清宮が変な方向で育ってしまう。ベルトを奪って、NOAHの危機を救ってやる

――'18年最後の連載ということで、一年を総括していこうと思います。

拳王　そういえば、'18年はカラーの拳王インタビューが一度もなかったな！　'17年はいっぱいあったのに!!

――3月にGHCヘビーから陥落しなければ…。

拳王　うるせー！

――滑り出しは最高でした。

拳王　チャンピオンとして'18年を迎えて、このままNOAH＝拳王になってやろうと思ったところで杉浦にやられちゃったよな。

――大きな出来事としては、6月から世代闘争が本格的に始まりました。

拳王　っていうか、丸藤（正道）&杉浦（貴）の時代を終わらせるって声高々に言い始めたのはオレなんだよ。NOAHの顔になってやるってずっと言ってたのもオレだよ。全部、オレ発信のことだ。でも、世代闘争が始まってみたら、追随してきたヤツらが丸々、パクって同じ言葉を使うようになってた。

――最終的に杉浦選手からベルトを奪ったのは清宮海斗選手でした。

拳王　どうせもうバラバラになるから言うけど、アイツら、世代交代とか「丸藤&杉浦の時代を終わらせる」とか思ってても口にできないようなヤツらだっただろ？　オレが毎日、口酸っぱく言い続けたことで、アイツらも言えるようになったと思う。オレ一人で成し遂げたかったことをみんなでやろうとしたら、最後は清宮一人にすべてもっていかれたって感じだよ。そもそもオマエら、自分で言葉を考えて、オリジナリティー持った言葉を使えよ…まぁ、オレが大事なところで結果を出せなかったっていうのが一番ダメなことなんだけどな。

――言葉の部分では間違いなくNOAH随一でしたよ。

拳王　このままだと、**台本：NOAH、脚本：拳王、主演：清宮海斗**になっちゃうよ。

――またうまいこと言いますね。

拳王　清宮は11・25後楽園の「グローバル・リーグ」決勝の中嶋勝彦戦に続いて、12・16

クリスマスツリーと拳王

横浜の杉浦戦だって、心に響かないプロレスをしただろ。それを試合後にリング上からマイクで言ったら、もっと否定されるかなと思ったけど、客も納得してたみたいで、あんまり批判的な声は聞こえなかったよ。そもそも今回の横浜文体は前半戦に意味のわからないヤツらをいっぱい呼んで、ストーリー性のない試合をダラダラと組んだ。アレだったら、オレと誰かが組んで〝50ファンキーパワーズ〟と対戦するとかNOAH同士の試合の方が次につながったんじゃないのか。

――厳しいですね。

拳王　'18年の横浜文体大会で言えば、3月よりも12月の方が客も入っていなかっただろ。杉浦がメインということは変わっていないけど、対戦相手が拳王じゃないからこういう結果になったんじゃないか。**しっかり数字にも表れているんだよ。**やっぱりオレがベルトを持ってメインを務めなきゃダメだと思ったよ。それはクソヤローどもの帰り道の足取りにも出ていた。みんなすぐに席を立って、帰ってただろ？　3月はオレが負けたけど、杉浦がベルトを取って、ものすごくいい雰囲気だっただろ？　その空間を作ったのはチャンピオンだったオレだ。

――なるほど。

拳王　興行ってほんとパッケージってのが大事って思ったよ。

――せっかく清宮選手がGHCヘビー級王者になった記念すべき大会なのに…。

拳王　清宮に関しては言いたいことがある。アイツは確かにNOAHを背負っていく原石だとオレでも思う。身体能力もあるし、ルックスもいい。でも、まだ早い。このままだと誰かの二の舞になるぞ。アイツは時間をかけて、しっかり磨けば本当にキレイな輝きを放つダイヤモンドになる。でも、今みたいにすぐに磨こうとすると汚い輝きしか放たなくなるぞ。焦りすぎたらダメだろ。アイツはまだ磨いてる段階。あの誰とでもいい試合をする、心に響かせる試合をする杉浦との試合でも客の心に響かせることができなかったことでわかっただろ。**オマエなんて「新しい顔」じゃなくて、まだ顔じゃねぇよ。**今のNOAHはオレに任せて、しっかり自分を磨いてろ。

――「誰かの二の舞」ですか…。

拳王　その点について、オレは危機感がある。このままだと清宮が変な方向で育ってしまう。1・6後楽園でオレがベルトを奪って、NOAHの危機を救ってやるよ。NOAHの歴史を見ても、KENTAって危機感を持ってたヤツが時代をつかんだだろ。NOAHのためにも清宮のためにも、1・6後楽園でNOAHの危機を救って、オレがベルトを奪ってやる。そして'19年は最高な一年にしてやるぞ。

――12・16横浜総括が中心になってしまったので、最後は今回のテーマである「2018年総括」について一言、お願いします。

拳王　'18年の拳王は最&悪！

2019年

「平成」が幕を閉じて「令和」が始まった2019年。
前年12月に22歳の清宮海斗がGHCヘビー級王者となり、
新時代の到来を予感させるNOAHで、
拳王は反骨集団「金剛」を結成。
過激な言動で清宮の対角に立つ存在となっていく。

1月30日号の議題

1・6後楽園のGHCヘビー挑戦

ベルトを懸けて丸藤正道の挑戦を退けるというのも、清宮にやられそうで怖いよ

拳王　これからどうすればいいんだよ…。

――NOAH1・6後楽園で清宮海斗選手のGHCヘビー級選手権に挑戦しましたが敗北。今日は千葉県市川市行徳の〝あの店〟で連載を収録しようとしましたが…。

拳王　原点回帰のために来たら、明日まで休みだったよ！　年始から大ブレーキだよ。

――ベルトを奪うことはできませんでした。

拳王　負けたから何を言っても説得力はない。けど、心に響く試合ができなかったのが一番悔しかったよ。

――あの日の観客は熱狂していましたよ。

拳王　オレ的にはまだまだできたつもりだった。チャンピオンがどう思ってるか知らないけど、年末年始におこなわれてる各団体のタイトルマッチとの勝負もあったのに。

――勝敗以上に悔しかったと。

拳王　そういうことだ。

――中盤までは圧倒していました。

拳王　でも、勝負どころで何をすることもできずに負けた。相手の技をすべて受け切った上で勝つのがGHC王者。オレのフィニッシュホールドを出させずに終わらせたのは、GHCヘビー級選手権らしくないんじゃないかな。それが今の若いチャンピオンのスタイルならいい。オレはそこが違うと思うだけだ。

――確かにダイビング・フットスタンプは決まりませんでした。

拳王　どこの団体と比べても、GHCヘビー級選手権は一番ハード。オレはタイガー・スープレックス・ホールドをカウント2で返した。その後にたたみ掛けできなかったのは、オレ自身なんだけどな（苦笑）。

タイトルマッチに負け、どうしても行きたかった〝あの店〟がちょうど休み…'19年の拳王連載は〝最&悪〟の滑り出し!

――昨年の1・6後楽園ではダイビング・フットスタンプがドロップキックで迎撃されましたが、投げっぱなしタイガーをカウント2でクリア。ハイキック3連発で事実上のKO勝ちを収めました。今年はその一戦の〝先〟が見えるかと思いましたが…。

拳王　そう。オレも互いにすべてを出し合ってからが勝負だと思ってたよ。でも、怒とうのタイガー、垂直落下式リバースDDT、タイガーで負けちゃった。まぁ、アイツがダイビング・フットスタンプを警戒して出させなかったのなら、アイツの作戦勝ちだ。プロレスは受けのスポーツだし、アイツとだったら、GHCヘビー級選手権の素晴らしさも出せるかなって慢心してた。正直、やりづらい相手でもないし、前から手が合う相手。オレと清宮なら、もっと心に響く試合ができた。そこについては反省してる。けど、今でも清宮にオレの**ダイビング・フットスタンプを受けてから勝てよ**って思ってる。そういうところが会社に守られた人間。だから、アイツにあのベルトは〝重荷〟なんだよ。G

HCヘビー級選手権を汚すなって。プロレスラーは勝敗がどうであれ、試合が終わって楽しいと思える部分がある。今回はまったく楽しくなかった。

――相変わらず辛らつですね。

拳王　丸藤正道はオレのダイビング・フットスタンプを返した。だから、1回転してもう1発決めてやったんだよ。プロレスは進化するもの。進化を止めるような闘いを22歳の若者がするなよって話だ。去年の方がまだよかったぞ。王者なら、もっと挑戦者を楽しませてみろ。プロレスの受けの美学を叩き込まずにあのベルトを巻いたから、こうなるんだよ。マスコミもアイツを22歳だからって親心みたいに温かく見守りすぎだ。ちゃんと一人のGHCヘビー級王者として見ろよ。

――…。試合後には小峠篤司選手、マサ北宮選手が挑戦表明し、1・20博多での次期挑戦者決定戦が発表になりました。

拳王　小峠はブーイングされなくてよかったな（苦笑）。昨年3月、オレと杉浦がやった後にアイツが出てきて、大ブーイングだった。1・6後楽園の試合後、あんなファニーなヤツが出てきて、ブーイングされない空気を作ったのもオレの責任だ。タイトルマッチが決まってから辛らつな言葉を吐いて盛り上げて、最後は負ける。NOAHは脚本・拳王、主演・清宮海斗がまだ続くのか…。ベルトを懸けて丸藤正道の挑戦を退けるというのも、清宮にやられそうで怖いよ。こうなったら、**丸藤が2・1後楽園で復帰したら、オレが直接潰す**しかないな。何なら、次期挑戦者決定戦にしてもいいぞ。脚本・拳王の流れだけは絶対に変えてやる。

――世代交代の流れも脚本・拳王でしたね。

拳王　そもそもオレ一人が丸藤正道、杉浦貴を倒して世代交代するのが面白かったんだよ。それをみんなでやろうとしたから、あやふやで終わっちゃった。今シリーズのカードを見ても新世代同盟軍はグチャグチャだろ。

――どうすればいいか見えてきましたね。

拳王　次、清宮に挑戦したら、客の心に本当に響く試合をした上でベルトを取って、客を清々しい気持ちで帰してやる。

――今年の目標は清宮選手へのリベンジ？

拳王　ちげーわ！　**〝脱〟脚本・拳王だ!!**

2月13日号の議題　テーマなき闘い

すぐにでも杉浦とのシングルマッチを組めって。オレとオマエとだったら、心に響く試合ができる

――今回は博多でもつ鍋をつつきながら、連載の収録です。

拳王　今回のテーマは巡業先の食事か？

――ほかに語るべきこともないので、それにしましょうか。

拳王　もう飲むしかない…って冗談は置いといて。1月6日、後楽園ホールで清宮（海斗）とのGHCヘビー級選手権で負けたせいで、何のテーマもないシリーズになっちゃったぞ。丸藤（正道）もいないし。その日観に来てくれた**お客さんのために闘うとか答えるレスラーは二流だ。**そんなことは当たり前。まぁ、NOAHは普通のことしかできないしょうもないレスラーばっかだけどな。何かテーマを見つけて、発信していかなきゃいけないんだよ。普通じゃダメだ。

――となると、一流の拳王様は何かテーマを見つけたのですか？

拳王　…。

――…。

グツグツに煮込まれたもつ鍋を見つめる拳王

拳王 そこが難しいんだよ。丸藤がいれば、このモヤモヤをぶつけられたんだけどな。

——2・1後楽園の復帰戦のカードが決まりました。

拳王 ようやくオレの新しいテーマもできたな。復帰戦の相手は潮﨑豪&中嶋勝彦&小峠篤司…って、オレが入ってねぇじゃねーか！

——まさかの一人ボケ&ツッコミ！

拳王 アンパイばかり選びやがって。丸藤はまた裏の力を使って、またオレから逃げやがったな。復帰したら、真っ先にオレが潰してやろうと思ってたのに。

——前回の連載でもかなり挑発していました。

拳王 オレのパートナー、マサ北宮もGHCヘビー挑戦が決まったからGHCタッグに照準を定めることもできないし…。

——歯切れが悪いですね。

拳王 去年は色々考えて無理やりにでもテーマを見つけて発信してきたけど、ここまでないとどうしようもないな。でも、オレはここまでずっとテーマを与えられてきたんじゃない。ずっと自分で考えて見つけて、リング上の闘いに反映させてきた。オレが絶対にNOAHの丸藤&杉浦（貴）時代を終わらせなきゃいけないんだ。杉浦…。そうだ、杉浦がいたな。

——おっ！

拳王 杉浦を倒すっていうのも後輩の清宮に先を超された。去年11月に丸藤にはシングルで勝ったけど、オレはまだ杉浦に一度も勝ったことがない。ようやく今後のテーマが見つかったわ。杉浦もGHCヘビー級王座から陥落してからテーマがないんじゃないか。オレとオマエとだったら、いつでもどんな時もNOAHの現チャンピオンができない、心に響く試合ができるだろ。すぐにでもシングルマッチ組めって。今のオレにとってみれば、今のチャンピオンに比べものにならないぐらいの美味しい相手だよ。久々に心に響く最高の試合をやろうぜ。

——ようやくたどり着きました。

拳王 こうやってテーマを見つけて発信するのが一流のプロレスラーなんだよ。モクモクと湯気が出まくってるもつ鍋に感謝しなきゃいけないな。

——湯気が出すぎちゃって、拳王さんの顔が見えません。

拳王 オレと杉浦はもつ鍋の〝もつ〟なんだよ。メイン食材だし、いいダシも出る。チャンピオンの**清宮なんてニラみたいなもんだ。**鮮やかな緑色は見た目もいいし、フレッシュさもあって、確かに今流行りのインスタ映えするかもしれない。けどな、ニラなんか火を通し過ぎると見るに見かねる姿になるだろ。あまり火を通しすぎるのよくないんじゃないのか？ なっ、プロレスリング・ノア！

——うまいこと言いますね。

拳王 小峠（篤司）は赤唐辛子だな。スパイスとしては必要かもしれないけど、スパイスはあくまでスパイスだ。北宮はにんにくだ。もつ鍋に絶対に欠かせないものだし、アイツの泥臭いファイトはNOAHのリング上にコクを与えてる。いい意味でにんにくのような臭みを出してるよ。

——キャベツは？

拳王 ポピュラーだけど、しょうもないかさ増し食材だな。人気はあるけど、深みがない…潮﨑豪、中嶋勝彦だな。

——テーマが見つかったところで、そういえば巡業先で一番好きな食事は何ですか？

拳王　沖縄料理に決まってるだろ。っていうか、なんでNOAHは沖縄で大会やらないんだよ。今年は絶対に鰓呼吸の那覇久茂地店に行ってみてーな！

——拳王様はNOAHのリングエプロンに広告を出しているスポンサーのことも考えています。

拳王　いつかNOAHの沖縄大会をやって、試合後、**鰓呼吸の那覇久茂地店でイベントやってやる**からな！

2月27日号の議題　NOAH新体制

3・10横浜、丸藤正道全力応援いたします。今回はオマエが三沢さんの立場。清宮をはね返せ

——NOAHが新体制になりました。

拳王　平たく言えば、**買収されただけだろ？**　まずはリデットエンターテインメント株式会社、ありがとうございます。NOAHにそれだけの価値があるということと同時に、前の体制では続かなかったってことなんだろ。まぁ、NOAHはこれで2回目だけど、全日本なんて何回変わってるんだって話だし、新日本だって親会社が変わってから上昇し始めた。NOAHもようやく今の時代にフィットした会社の経営になったんだから、リデット社に感謝するしかないよな。

——リデット社について言いたいことがあるそうですが…。

拳王　去年はリデット…当時はエス・ピー広告株式会社にタダ働きをさせられて、腹立ってたけど、まさかこんなことになるとはな。やっぱ人生って何があるかわからないよ。

——10月15日の某後楽園大会の件ですね。

拳王　今回はそこを深く掘り下げないからな。

——キラーコンテンツなのに…。実際に新事務所に行ってどうでしたか？

拳王　日比谷駅直結、東京の一等地。メチャクチャきれいだったな。家賃いくらするんだよ。今までの事務所の雰囲気とまったく違う。今のNOAHとは合ってないけど、洗練された雰囲気に合っていくようになれば、NOAHも復活していくんじゃないかなって思ったよ。**あの事務所に唯一合ってるのはオレだけだ。**

——た、確かに…。

拳王　NOAHのスタッフも今までクズみたいな格好で働いてたけど、それなりの格好してたのは驚いたな。クソブタメガネ（＝NOAHスタッフ・岡田さんのこと）でさえキレイな格好をしてたぞ。

新事務所で不破洋介社長の席をジャックした拳王

——新オーナーの指針をどう思いますか？

拳王　脱三沢？　そんなの、オレが去年ずっと言ってきたことだよな。表紙が三沢光晴に憧れてる清宮海斗で〝脱三沢〟なんて矛盾しまくりだろ。アイツはLOVE三沢だろ。どういうことだよ、週プロ！

——1・6後楽園で清宮選手に勝って王者になっていれば、おそらく拳王さんでしたよ。

拳王　…。

——何も言えなくなりますよね。

拳王　強い者が発言権あるのは当たり前。オレは何も言えない立場だけど、オレが言わないとプロレスラーとしての価値がなくなるからな。まぁ、これからウチの親会社がどうやって〝脱三沢〟を成し遂げていくのか楽しみだな。何なら相談に乗るぞ。NOAHにいる中で確実に一番頭が切れるのはオレだからな。でも**〝脱三沢〟って打ち出した新オーナーの勇気は評価してやるぞ。**新体制が本格的に始まるのが3・10横浜文体だっけ？

——そうです。

拳王　メインで丸藤正道が清宮のGHCヘビー級王座に挑戦する。オレは丸藤を全面的に応援するぞ。セコンドについてやってもいい。清宮は簡単に杉浦を超えて、丸藤を超えたら、次、誰を超えるんだよ。オレが去年ずっと口酸っぱく言ってたことをこんな1クールでやられたくない。プロレスラーのジェラシーとして丸藤を全力応援します。

——珍しいですね。

拳王　アイツが初めてGHCヘビー級王者になった時、三沢さんに負けて時代をつかめなかった。今回はオマエが三沢さんの立場だ。

——'06年12月の日本武道館ですね。

拳王　オマエが清宮をはね返せば、清宮海斗って人間はもっと強くなる。オマエもあの時、三沢さんに負けて、大きなことを学んだだろ？　それを清宮に教えてやれ。

——いいことを言いますね。

拳王　あと観客動員にも注目してる。オレと杉浦がメインだった去年3月の横浜文体は2412人。清宮と杉浦がメインだった去年12月の横浜文体は2145人。オレと清宮がメインだった今年1月の後楽園が1557人。マサ北宮と清宮がメインだった2月の後楽園が1071人。数字を持ってるオレからしたら、今回の横浜文体はどれぐらい入るのか楽しみだ。

——拳王選手は観客動員力がありますね。

拳王　少なからず、オレもまだ期待されてるかもだしな。これだけ負け続けても、腐らないのはクソヤローどもに活躍を期待されてるからだ。上がるか下がるかわからないけど、新体制になることだし、やりがいを感じてるよ。まずは丸藤を全力で応援するよ。

——なぜそこまで…。

拳王　去年の「グローバル・リーグ2018」公式戦で丸藤に勝ってるから、丸藤が清宮に勝ったら、すぐに挑戦表明できるだろ。清宮には1月に負けたばっかだし…なんてことはこれっぽっちも思ってないからな！

——最後に新体制のNOAHの目標は？

拳王　まずは丸藤正道全力応援いたします。

3月13日号の議題　契約更改

今のNOAHのままじゃ、いい車に乗り換えることができない。オレは〝脱ミライース〟を目指すぞ！

——契約更改、どうでしたか？

拳王　GHCヘビー級王者だったことが加味

されてるかなと思って、契約に臨んだけど、会社が変わっちゃって、なかったことになってたよ（苦笑）。確実に好材料になるはずだったのに。数字的にも会社に多大な貢献してきただろ。挙句の果てに今の会社はオレがチャンピオン時代に言ってきたことを丸パクリしてるだろ。オレがずっと言ってきた〝脱三沢〟を大々的に掲げやがって…。

――今日はいきなりあらぶっていますね。

拳王　ひとまず**〝脱三沢〟の著作権料を上乗せしてもらいたい**ぐらいだよ。あと清宮海斗のプロデュース料も。

――契約内容的にはどうでしたか？

拳王　だいぶ変わった。今までの契約だったら、会社がもたなかったし、負債が大きくなるばかりだった。逆に変わってよかったよ。

――どんな部分が変わったのですか？

拳王　ここで言うわけねぇだろ。

――そんなことを言わずに。

拳王　まぁ、田上（明）社長時代、内田（雅之）会長時代は契約内容がほぼ同じだったんだよ。昔の**プロレス業界あるあるのどんぶり勘定**だった。そりゃ、潰れて当然だったよな。でも、今回は大幅に変わった。それだけ本気度が見えたってことだ。今は新日本の一強時代。ほかはどこも厳しい。そんな厳しさが見えるような契約だったし、それがNOAHの現状だってあらためて数字で示されたよ。にしても、最近のオレ、第1試合が多くないか？　去年の今頃なんてずっとメインイベントに出て、丸藤（正道）、杉浦（貴）の時代を終わらせようと闘ってたよな。今は会社が変わったからか知らないけど、いつも第1試合で稲村（愛輝）と岡田（欣也）の相手だ。なんでこうなるんだよ！

拳王様自慢の愛車「ミライース」

――今年の1月、GHCヘビー級選手権で負けたのが悪いんじゃないですか!?

拳王　…。

――…。

拳王　結果を出せないオレが悪いのはわかってるよ。第1試合になるのも仕方ないな。でも、こんなところで腐ってる場合じゃないぞ。

――前向きですね。

拳王　話をもとに戻して、ほかのスポーツの契約更改って推定年俸まで報道されるだろ。アレってなんでバレるんだ？　プロレス業界も推定年俸を公表した方がいいんじゃないか。

――では、今回の契約で拳王さんはいくら提示されたのですか？

拳王　そんなの言うわけないだろ！　契約更改って金額的な部分が明かされなくても、いろいろドラマがあるよな。オレもみちのくを辞める時にいろいろあった。今週、週プロ2000号だろ。あの時、オレが表紙になったけど、2000号でもワースト1位の表紙だろ。でも、プロレスのいいところは契約自体もプロレスの一部になることだ。新日本の飯伏幸太やケニー・オメガを見てもわかるだろ。KENTAだってWWEとの契約を終えたみたいだしな。アイツが次、どのリングを選ぶのかもプロレスなんだよ。NOAHもオレらの契約更改してるんだったら、**KENTAと契約してみろって。**

──それはぜひお願いしたいところです。

拳王　契約に関して言えば、今までは紙を渡されてハンコ押すだけだったけど、今回は会社の現状をちゃんと説明してくれた。それに関してはモチベーションが上がったよ。ウチの鈴木裕之オーナーと契約の話をしたんだけど、もし完全な初対面だったら、あのドライさは許せなかっただろうな。

──どういうことですか？

拳王　去年、いろいろオーナーのことはあるお方から聞いてたからな。

──首領（森嶋猛さん）からですね。

拳王　よくあれだけ怒り狂ったあるお方と接してたなって部分では人として買ってんだよ。しかも、命の恩人だしな。たぶんウチのオーナーがいなかったら、あるお方は福岡で…いまだに感謝してるよ。去年の騒動がなかったら、今回の契約、岩手ナンバーのダイハツ「ミライース」で有楽町まで駆けつけなかったんじゃないかな。

──自慢の軽自動車が出てきました。

拳王　今のNOAHのままじゃ、いい車に乗り換えることができない。オレは〝脱ミライース〟を目指すぞ！　来年の契約をアップさせるためにも第1試合からNOAHの頂点へ再びたどり着いてやる。

──結局、契約はしたのですか？

拳王　ボクはNOAHに残ります！

──それを聞けてホッとしました。

拳王　オレ的に今年の契約で一番よかったことは、ウッチー（内田元会長）が契約の場にいなかったことだけだな。

3月27日号の議題　NOAH鎖国

関税なき開国はプロレス団体をダメにする。自分の団体でストーリーを作っていくべきだ

──今回の連載は3・10横浜前に収録します。テーマは…NOAHの鎖国です。

拳王　たいていの人にとって鎖国っていう言葉の響きはどこか閉鎖的で印象としては悪いと思う。だけど、江戸時代の鎖国は伝統芸能や文化を構築していったんだよな。**日本の素晴らしい文化や技術を生んだ源流は江戸時代の鎖国だ。**外国からの影響を受けずに自分たちで文化を作ることができる。それが鎖国のいいところだな。日本は島国だからこそ鎖国できたっていうのもあるし。200年以上も平和だったおかげで、しっかりと自給自足の経済を築けたのも大きい。日本は鎖国して国の土台を整えてたからこそ、開国してから海外の文化をうまく取り入れて、世界の列強と肩を並べることができたんだよ。

──さすが明治大学政治経済学部卒業で中高の社会科の教職免許を持っているだけはありますね。

拳王　日本の車は世界一だって言われてるだろ。オレのダイハツ「ミライース」なんて燃費は最高にいいぞ。

──前回に続いて、また「ミライース」登場！

拳王　海外の車なんてすぐに壊れるだろ。日本人は手先が器用で仕事が丁寧だからな。そこでNOAHだ。オレは今でもNOAHの闘いのクオリティーは業界で一番だと思ってる。現在の戦力ならば、いずれ日本車が世界を制したようにトップになれると確信してるよ。別に他団体と直接闘って比較する必要なんてない。オレらが自らで高めていけば、いいんだ。いつも外を向いてた丸藤正道の目がNO

ひな人形の前でクールにポーズを決める拳王様

AHに向いたんだから、よりいっそういい闘いが生まれるに決まってるだろ。

――本人も「丸藤見たけりゃNOAHに来い」と語っています。

拳王　鎖国するNOAHにとって、フリーの選手たちは長崎の出島みたいなもんだな。

――現在、NOAHに参戦中のフリー選手で誰が気になっていますか？

拳王　鈴木鼓太郎だ。NOAHでは小川良成とGHCジュニアタッグ王者になって、今度、全日本では世界ジュニアに挑戦するんだろ？

――全日本3・19後楽園で岩本煌史選手に挑戦しますね。

拳王　試合を見ていて、純粋に面白い。試合内容もそうだし、身体能力もそうだし。オレが倒そうとしてるNOAHの過去はやっぱすごいよ。地方のタッグマッチで熊野準に一度も試合の権利を与えずに勝ったことがあっただろ。ああいううまさはどうやったら得ることができるんだよ。去年NOAHに参戦してインパクトを残して、その勢いで全日本ジュニアでもチャンピオンから逆指名されたんだろ。ジュニアのシングルリーグ戦で直接負けたこともあるだろうけど、チャンピオンにとって鈴木鼓太郎がそれだけ美味しい相手だってこと。その前に**全日本ジュニアのヤツらは何してるんだよ！　シャー!!**

――！

拳王　まぁ、鈴木鼓太郎と対戦することで今のNOAHジュニアのレベルは上がってるんじゃないか。鎖国しても、鈴木鼓太郎みたいにほしい文化だけ得ればいいんだよ。まぁ、NOAHの選手たちは鎖国したら、今以上に意識を高くしてやっていかないとプロレス界で埋もれてしまう。俺自身もそうだけど、NOAHの中途半端なヤツらもよく考えていかなきゃいけないよな。

――確かに。

拳王　今のプロレス界は新日本の一強時代。ほかはグチャグチャ状態。団体と団体が交流しすぎて、毎週のようにプロデュース大会とか自主興行とかあるだろ。この風潮はプロレス界にとってはマイナスだ。「あの選手、また出てるの!?」ってことが多い。今や、どこも団体の色がなくなってるよ。開国しすぎなんだよ。扉を開きすぎて、関税もない。他団体に参戦して、本当に自分の団体のためになってることなんて少ないだろ。関税なき開国はプロレス団体をダメにする。やっぱ自分の団体でストーリーを作っていくべきだ。オレはプロレスは闘いを楽しむと同時にストーリー（物語）も楽しむものだと思っている。開国ばかりしてたら、逆説的に言えば、時々、他団体の選手とも闘うことになるから、どうしてもストーリーが線にならずに点になることが多くなるんだ。

――珍しく今回は素直にNOAHの鎖国政策を肯定していますね。

拳王　はい、自分は第1試合なので、これからはこの連載も謙虚にいかせていただきます！　にしてもだよ。去年、3月の横浜文体ではGHCヘビー級王者として最後にリングインしたのに…。あの時はNOAHのトップとして**オカダ・カズチカをライバル視してた**のに、今では第1試合で新人の岡田欣也と闘ってるよ。

――そうでしたね。

拳王　これからは欣也をライバル視しないとな…。カズチカからキンヤへと……ってバカにしてんだろ!?

4月10日号の議題　3・10横浜総括

今のプロレス界でこれだけ期待感持って夢を追える団体はほかにあるのか!?って

――3・10横浜はいい大会でしたね。

拳王　正直、悔しいところはあるけど、入場式からすごかったな。豪華なライティングや入場ゲートは〝変わった感〟が出ていて、ビッグマッチとして最高の雰囲気だった。あれだけお金をかけてくれた親会社には感謝だな。大会の前からいい宣伝とかやってもらったし。ようやくオレが思ってるような場所に行けるような会社になれたなって。何度も言ってるけど、ただポスター貼って、試合を組めば入る時代じゃない。意識高く、しっかり考えていけば、お客さんも来てくれるんだよ。まぁ、オレは第1試合だからはたから見ることしかできなかったけどな…。

――大会前の時点から悔しかったと。

拳王　こんなしっかりプロモーションやるなら、オレも協力したかった。でも、声がかからなかったのも本当に悔しかった。

――第1試合については…。

拳王　何を言えっていうんだよ。去年は最後にGHCヘビー級のベルトを巻いて入場したのに今年は第1試合。今までに味わったことがないような屈辱だった。周りはジュニア。なぜこんなところにオレがいるのかなって思ってて、タッチを受けたら、すぐ試合を終わらせてやったよ。勝ち名乗りも受けたくなかった。オレの居場所はあそこじゃねぇなって。

――ですよね。

拳王　試合が終わったら、ものすごく暇だったから大会を2階席や1階の後ろとかいろんなところで見てた。大会前からもそうだけど、何かを変えようって大会は雰囲気がよかったよな。選手たちも気合が入ってた。高まってないのはオレだけだったなって（苦笑）。

――メイン以外で気になったことは？

拳王　GHCジュニア選手権の試合後だな。人のこと言えないけど、まず**原田大輔に喝っ!だ、か〜つっ!!**　すべてにおいて上回って、心に響く試合に仕上げたのに結果的に負けた。あの試合は懸命にがんばってオマエが勝つべきだったぞ。あとNOAHジュニアにも喝っ!だ。なんで田中稔にベルトを取られて、ハッピーな空気になってるんだよ。新生方舟のスタート、ジュニアのチャンピオンが田中稔でいいのか!?　誰かぶち壊してもよかったんじゃねぇのか。まぁ、あの

3・20豊中でも清宮とタッグを組んだ拳王

雰囲気を創り出せたのも田中稔のキャリアが成せる業だけど、そこにも対抗していかないとダメだ。

——GHCタッグ選手権については?

拳王　チャンピオンチーム、見てくれ最高だけど魅力なし。はい、次。

——そして、GHCヘビー級選手権です。王者・清宮海斗のコスチュームが変わりました。

拳王　今はまだ着させられてるような感じだけど、早く慣れればいいかな。まあ、すぐ慣れるだろう。

——文句なしですか?

拳王　あえて言わない。タッグリーグで組むからな。あと前にこの連載で丸藤正道全力応援宣言してただろ。セコンドつきたかったぐらいだよ。

——なぜですか?

拳王　丸藤が勝った後、挑戦表明するためだ。行く気満々で準備してたぞ。丸藤が王者になったらオレが一番のプライオリティーだからな。だから、負けた丸藤にも喝っ!だ。

——今日は張本勲さんみたいですね。

拳王　丸藤が負けた瞬間、控室に帰ったんだけど、**急に清宮に呼ばれたから走って入場ゲートまで行っちゃったよ。**

——なぜ清宮選手が勝ったと思いますか?

拳王　勢いだろうな。それに親会社が変わって、NOAHが生まれ変わろうとしてる時に王者であること自体、追い風になってるんだろうな。オレの時なんて向かい風しかなかったぞ。もし去年、会社が変わってたら、オレにも追い風が吹いてたのかなって思うと、さらに悔しくなるよ。

——まさかのタッグ要請については?

拳王　デビューして3年3カ月の小僧に「第1試合でくすぶってる」って言われて、悔しかったよ。**キャリア11年で一番悔しかった。**その悔しさを押し殺してでもアイツの言ってることに納得できた。NOAHが新しくなっていなければ絶対に納得できなかったけど、今の親会社となら、本当に行けるところまで行けると思ったし、オレと清宮が組めば連れて行けるなと思ったからな。だから、アイツと握手してやったぞ。これだけ苦渋の決断を数秒でよく即決できたなって自分でもビックリしてるよ。オレの悔しさなんかよりも、NOAHをあの場所に連れていきたい気持ちが勝ったってことだな。

——ファンは喜んでいました。

拳王　NOAHに夢を持っていいんじゃないかなと思っただろ。オレも思ったよ。いきなり週プロの表紙にもなったし、今のプロレス界でこれだけ期待感持って夢を追える団体はほかにあるのか!?って。絶対にあの場所まで行ってやるからな!　クソヤローども、今こそオレたちNOAHに懸けてみろ!!

4月24日号の議題　**道場論**

同じ志を持ったライバルたちと一緒に練習することでより質の高い練習ができる。道場には夢があるんだよ

——今回は道場論がテーマです。キャリアのスタートはみちのくの道場でした。

拳王　プロレス入り前のオレの道場と言えば、畳があったけど、それがリングに替わったのが一番の違いだな。

——合宿所生活はどうでしたか?

拳王　きつかったよ。大学時代も寮に入りたくなかったから、わざわざ寮のない明治を選んだのに…。プロレスラーになろうと思ったら、合宿所に入らなきゃいけない。ものすご

く我慢したよ。そもそも群れるのが嫌い。共同生活がすごくイヤだった。

——合宿所メンバーはどんな感じですか？

拳王　のはしたろうと（気仙）沼二郎さんも住んでた。同期はいない。あと日向寺（塁）と愛澤No.1、清水義泰がいたな。

——面白エピソードはないのですか？

NOAH道場で清宮らと練習する拳王。余談だが、今年から明治大学日本拳法部のコーチにも就任した

拳王　トイレがものすごく汚かった。

——キレイ好きなのですか？

拳王　オレはけっこう潔癖だ。**トイレが汚すぎて、ずっと野ションしてた。**

——いわゆる屋外排泄ですね。

拳王　外の方がキレイだし、周りはリンゴ畑。肥料をあげてやってたんだよ。

——…。そ、その後、武者修行に出まして、またしても合宿所生活でした。

拳王　みちのくより全然よかった。いろんなところからプロレスラーが集まって、一軒家で生活しながら、一緒にトレーニングしてた。みんな同じ世代だったし、そこで初めて同期ができたみたいな感覚を持ってやってたし。みんなわざわざ武者修行に来てるんだから成長しなきゃいけないって向上心がすごくあって楽しかった。あの時代に一緒だったヤツらと目標に向かって駆け上がってきたなって。

——青春ですね。

拳王　オレ以外のヤツらは駆け上がりきれてないけどな。ＮＯＡＨのライバル団体にいるヤツもいるのに。オレとアイツのドラマはいつ始まるんだよ。

——そういう拳王選手も3・10横浜でキャリア3年の清宮海斗選手に「くすぶっている」と言われていたじゃないですか。

拳王　うるせーっ！

——失礼しました。武者修行からみちのくに凱旋してから、一人暮らしですか？

拳王　そう。岩手は田舎。交通の便はない。だから、車が必要になって、愛車のミライースを買ったぞ。5月に3回目の車検だけど、今回も通すつもりだ。もう7年目だ。ＮＯＡＨに来てからもディファ有明までミライースで20分かけて通ってた。

——なぜジムよりも道場に行くのですか？

拳王　やっぱ気が引き締まるよ。道場は同じ志を持ったヤツらしかいないし、ライバルたちと一緒に練習することでより質の高い練習ができる。街のジムに行っても、健康志向のヤツらと一緒に練習しなきゃいけないからな。

——なるほど。

拳王　ディファの時なんか11時から合同練習だけど、その前に小橋建太さんが練習してて、汗で水たまりができてるんだよ。引退したにも関わらず、**あれだけのプレートをつけてそのまま置いて帰っていくんだぞ、**オレたちに見せつけるかのように。噂には聞いてたけど、ホントに毎日いたからな。

——そのディファがなくなって、ＮＯＡＨ道場は'17年5月にさいたま市に移転。拳王さんも道場の近くに引っ越しましたね。

拳王　道場が好きなんだろうな。ジム派が増えてるけど、プロレスラーはもっと道場で練習しないといけないんじゃないか。リングを使った練習もできるし。ジムだとロープワークとかできないだろ。試合がなくてもリングで練習していれば、勘とか鈍らないからな。

――現在のNOAH道場はどうですか？

拳王　ディファの方が愛着あるけど、もう慣れてきたかな。NOAH＝ディファっていうイメージを変えていかないと次のステージに行けないし。

――清宮選手とのタッグチーム〝海王〟も長年道場で一緒に練習をしてきた者同士です。

拳王　オレは一人で練習するのが好きで、たまに夜の11時とかに行くんだよ。したら、アイツもいるのかよって時もあったし。イヤだなと思いつつも、負けずに練習しなきゃいけない。アイツとはリング上だけじゃなくて、道場でも切磋琢磨してきてるんだよ。そういうのは合宿所組を除いたら、あと（マサ）北宮ぐらいかな。ディファの時はみんなけっこう来てたけど、埼玉になってからは遠くなったからか、全然、ほかのヤツらは来ない。

――みたいですね。

拳王　道場には夢があるんだよ。街のジムにNOAHの伝統や文化はないだろ。オレらは**三沢さんや小橋さんが使ってたトレーニング器具やリングで毎日練習してるんだ。**あの道場にはNOAHが築いてきた歴史、汗がいっぱい詰まってるんだよ。いずれ今の道場に来てるヤツらが令和時代のNOAHを引っ張っていくだろうな。日本の元号が変わった年にNOAHが新体制になったのも何かの運命なんだよ。道場は夢だらけだ！

5月8日号の議題　ビール論

NOAHは昔からプロレス界のアサヒスーパードライ 新体制になって最適な〝コンディション〟になってるぞ

――現在「グローバル・タッグリーグ」の真っ最中で4・13札幌の試合後にジンギスカンを食べながらの収録となります。

拳王　50ファンキーパワーズに圧勝しちゃったな。タッグリーグ出てるヤツらとは気持ちが違うんだよ。オレと清宮はただ単にエントリーされただけのチームじゃない。清宮なんて散々バカにされたオレをパートナーに選んだし、オレもオレであれだけ屈辱を与えられた後輩と組んでる。好き者同士組んでるわけじゃない覚悟が見えてるだろ。それが結果につながってる。オレたちが優勝して、NOAHの新しい景色を見せてやる…まぁ、もう少し50ファンキーパワーズのいいところを引き出してやってもよかったけどな。

――試合後だと泡なしのサッポロクラシックが進みますね。

拳王　今回のテーマはビールで行くぞ。ビールなんて昔は苦いってイメージだった。そこまで美味しいって思えなくて、最初のうちはサワーとか酎ハイとかばっか飲んでた。大学時代、新宿歌舞伎町のくそまずい店が並ぶ今はゴジラがいるところらへんで、**消毒液かエタノールみたいな酒ばっかり飲んでたぞ。**そういうのを飲んでる方がまだましってぐらいビールが好きじゃなかったのに。

――巨峰サワーとか飲んで。

拳王　そうそう。そんなのでも楽しく飲んでたからな。学生時代、バイト終わりに11時30

分にカラオケ屋に急いで行って、終電まで1時間1000円で飲んでたピッチャーの青りんごサワー、美味しかったなぁ。

——ビールはいつ頃から美味しいと思えるようになりましたか？

拳王　大学4年ぐらいかな。浪人してた同期がすごく美味しそうに飲んでたなっていうのがあって、そいつらに影響されたっていうのもあるからな。金がないからサービスデーとかで1杯100円とかになってるビールを制限時間の2時間以内に10杯以上飲むぞ！とかやってた。

——好きな銘柄は？

拳王　学生の頃はプレミアムモルツだったかな。その後は一度サッポロにいった。なんか炭酸が強いように感じて美味しかったよ。ちょうど明大前のペッパーランチがサッポロだったこともあるし。そこの黒ラベルがものすごく美味しかった。一人2杯までだったけど。あとご当地のビールって美味く感じるよな。札幌に来るとサッポロクラシック、沖縄ならオリオン。オリオンは沖縄以外だとアサヒが作ってて、それはあんまり好きじゃない。何なら瓶ビールが一番だなって時期もあった。

——ビールでいろいろ思い出が語れますね。

拳王　学生時代、新宿駅東口・ベルクの奥、今はトイレになってる場所にあった「**ぴあ・まっちゅう新宿マイシティ店**」っ**て居酒屋でバイトしてた**んだよ。そこはレーベンブロイを使ってて、お客さんからもらうレーベンブロイがすごく美味しかったって記憶があるな。イギリスで飲んだオランダのハイネケンもなぜかメチャクチャ美味しかった。この前、スペインに行ったけど、エストレージャが美味かったよ。バリに行った時はビンタン。韓国ならカス。岩手のベアレン。でも、中国に行った時の青島は美味しくなかったな。全然冷えてないし。

美味しいジンギスカンをつまみにビールを飲む拳王

——いつ頃からこだわるようになったのですか？

拳王　5年前ぐらいからずっとアサヒスーパードライが一番になった。昔はそうでもなかったけど、今はビールの泡が嫌い。

——なぜ泡が嫌いなのですか？

拳王　なんか美味しくない。ビールって液体を飲むのに、なんで泡が必要なんだよ。**一回、泡なしで飲んでみろよ。**驚くほどうまいぞ。

——アサヒのどこが好きなのですか？

拳王　やっぱのどごしだろうな。銘柄もそうだけど、一番大事なのはビールの“コンディション”だ。キンキンに冷えたグラスで出されるとテンション上がるよな。あと店側の品質管理。サーバーやグラスをちゃんと洗浄してないとまずくなるって聞くからな。

——確かに。

拳王　ビールは温度管理が大切。プロレスだって新日本とか全日本とかNOAHとかっていうブランドとともに、試合のクオリティーが大切だと思う。NOAHは昔からほかに負けない試合を提供してるって自負してるよ。でも、新体制になる前はビールで例えるならば、温度管理が甘かった。

——プロレスにつないできましたね。

拳王　NOAHはプロレス界のアサヒスー

パードライだ。新体制になってからリング以外の部分で生まれ変わって、最高のプロレスを提供できる環境…最適な〝コンディション〟になってるぞ。ビールは冷えてた方がいいけど、プロレスは熱い方がいい。熱いプロレスが見たかったらNOAHに来いってことだ。

5月22日号の議題 かませ犬発言と「アウト×デラックス」出演

スターを創ろうとすると、近くに反骨精神を持ったヤツが生まれる。オレはアイツの教育係じゃないぞ

――「グローバル・タッグリーグ」が終わりました。決勝に進めず、清宮海斗選手とのタッグチーム〝海王〟解散という結末でした。

拳王 アイツと組んでて失望したっていうのがあるよな。もっと自分の考えや信念があるのかなって思ってたら、会社に創られたチャンピオンだなって感じられた。新しい景色？　みんなと駆け上がる？　そんな漠然としたことは誰でも言える。具体的にどうしたいのか。アイツにはビジョンが何にもなかった。考えてるのかもしれないけど、頭脳はやっぱ22歳、キャリア3年のグリーンボーイだったよ。

――具体的なビジョンが足りないと。

拳王 会社の求めることをそのまま言ってるだけだ。教科書通りに暗記してるだけ。そこに自分の色を加えて届けるのがプロレスラーの仕事だ。料理で例えると、素材のよさだけで押し切ってる感じ。今までは鮮度がいいからどうにかなってたけど、ベルトを取って半年。そろそろ鮮度も落ちてきてるなって。

――厳しいですね。NOAHの親会社であるリデットエンターテインメント株式会社までマイクで批判しました。なぜリデットが清宮選手を猛プッシュしていると思いますか？

拳王 清宮の素材はいいからな。そこは認める。でも、このままだと誰かの二の舞になる。どの世界でも期待されたエース候補がたくさん潰れてきただろ。その歴史を繰り返すのか。新体制になっても、また同じ目標に向かっていく中で、アイツのメッキがはがれるのも時間の問題だと気づいた。

――具体的にどんな「メッキ」ですか？

拳王 **清宮は自分で試合を組み立てられない**し、マイクも自分の言葉じゃないから突っ込まれたらボロが出る。それで結果を出してるから何も言えないことは承知の上で言うと、アイツの試合はまだ対戦相手やパートナー任せなんだよ。自分で試合を引っ張ることができない。丸藤正道と闘えば、丸藤正道の試合。AXIZと闘えば、AXIZの試合になる。だから、齋藤彰俊&井上雅央みたいな曲者と闘うとああいう残念な負け方をするんだよ。自分で試合を引っ張ることが

4・30横浜で清宮を痛烈な言葉で罵倒した拳王。指差しているところにあったのはリデットの旗

できていれば、どんな相手でも揺らぐことがないだろ。

——なるほど。

拳王　そもそも**あのガウン、コスチューム、髪型も清宮のアイデアじゃない**だろ。どうせリデットプロデュースだろ。オレは誰かに言われたことをやってるわけじゃない。そういう中でオレは清宮に利用されてるような気持ちがリーグ戦中に芽生えてきて、ウズウズしてた。オレはアイツの教育係じゃないぞ。このままだと会社の犬になってしまうと思って、ああいう行動、発言が出たんだよ。

——たった1カ月の共闘でした。

拳王　そこが中途半端なヤツらと違うところだ。オレの目はごまかせないぞ。藤波（辰爾）さんにかませ犬発言をした時の長州さんもこんな気持ちだったんだろうな。スターを創ろうとすると、近くに反骨精神を持ったヤツが生まれる。三沢光晴に対する川田利明、丸藤正道に対するKENTA。アイツらは何年もかかったけど、オレはたった1カ月でわかっちゃったぞ。清宮と組んでからリデットのヤツらは急にオレに優しくなったし、それまで第1試合ばっかだったのに、アイツと組んだらメインばっかだし…。そういえば、清宮と一緒に「アウト×デラックス」に出たな。

——ものすごい反響でした。

拳王　あのマツコ・デラックスの番組に出たんだぞ。**タダスケが「南国少年パプワくん」の歌を歌ったところはぜひ放送してもらいたかった。**アイツ、前日、カラオケでHAYATAと一緒に練習してたのに…。

——！

拳王　まぁ、自分が出てなくても、あの番組は面白かった。柴田亜美先生は本当に破天荒。ひがんで文句を言うヤツもいるだろうけど、柴田先生は成功者だ。そんな柴田先生と知り合って、その縁からたくさんの人が見てる「アウト×デラックス」に出ることができてよかったと思ってる。NOAHにとっても非常にいい番組だった。あれを否定的にとらえるヤツは人間としてひねくれすぎだ。杉浦貴が「安っぽい」とか言ってるけど、そうやって仕事を選んできたからNOAHの露出が減ったんだよ。日本テレビの地上波がなくなってから、NOAHは何も努力をしてないだろ。どんな形でも地上波に出ることはプラスになる。賛否両論あっても絶対に出るべきだ。スイーツ真壁だって、一見「安っぽい」だろ。でも、あれだけブレークした。きっかけはどこに転がってるかわからないんだよ。今のNOAHはそれをつかみ取らなきゃいけない。そういえば今回、こういう機会を与えてくれた柴田先生も清宮のことをだいぶ推してるんだよ。

——やっぱり清宮選手ですね。時代は、きよみ…。

拳王　（長州のモノマネで）うるせー、何コラタココラ！　オレはアイツのかませ犬じゃないんだよ。

6月5日号の議題　金剛始動

清宮の言ってる「新しい景色」はどこかの団体で見た景色なんだよ

——金剛が始動しました。なぜこのタイミングで反骨軍団をスタートさせたのですか？

拳王　一番に親会社のリデットエンターテインメントの手のひらで転がされるのがイヤだ

5・12川越で清宮&谷口を大の字にした金剛。左からマサ北宮、拳王、小峠篤司、稲村愛輝

からだな。清宮（海斗）と組んでても、会社が求めてる教育係になるだけ。清宮の歩いていく道は会社が舗装したキレイな道だった。そんな道を歩いててもオレは強くなれないと思ったし、NOAHのためにならない。

――新体制が本格スタートして2カ月でいきなり反骨精神を押し出すのはさすがですね。

拳王　3・10横浜であれだけ清宮と決意を誓ったのに、オマエが一番のクソヤローだって思われてるのは知ってるよ。でも、ここで新しい行動に出ないと何も波も風も立たない。新体制になって勢いはついてきたけど、みんな親会社が作った波に乗ってるだけだ。**丸藤正道、杉浦貴、清宮…テメーら、いい波、乗ってんね！**

――！

拳王　杉浦なんて自分で「会社の犬だ」って言うけど、あれだけキャリアがあって、昔の会社で取締役までやって、会社内で高い地位のヤツはその方がいいよ。実際にチャンスも与えられる。オレみたいな生え抜きじゃない人間がチャンスをつかもうとしたら、自分から行動をするしかないんだよ。オレは他団体から来たけど、NOAHを支えていこうって気持ちは誰よりもある。でも、気がつけば第1試合に回されちゃうんだよ。

――今年2～3月あたりはそうでしたね。

拳王　ぬるま湯に浸かってるようなヤツらとオレは違う。**谷口周平を見てみろよ。またチャンスが転がってきたじゃねぇか。**

――金剛は賛否両論ですが？

拳王　逆に、これだけ話題になるってことは行動に出てよかったよ。1年前、GHCヘビー級王者の時はものすごくファンのクソヤローどもが応援してくれて、追い風もあった。否定するのは会社の連中だけだった。でも、今はようやくファンのヤツからも〝否〟が来た。オレはその〝否〟を〝賛〟に変える自信がある。オレたちの反骨精神がすごいからさっそく会社も弾圧しようとしてるみたいだけどな。それに負けないぐらい強い信念、イデオロギーがオレたちにはある。闘っていくよ。昔から世の中を変えるのは、最初は少数派だ。

――確かに。

拳王　日本人は逆境をはね返していくストーリーが大好きな生き物だろ。オレたち金剛はそういうことを成し遂げていくぞ。

――金剛のメンバーは最近、まったく結果を残していないことが説得力のなさにつながっていると思われます。でっかいことを言う前に結果を残せと言われたら反論できません。

拳王　うるせー！　これから見てろ!!

――では、金剛はNOAHをどうしていきたいのですか？

拳王　今の清宮を見ると、どこかの団体のチャンピオンとすごくかぶってるよな。まぁ、こんなことを言うと会社から怒られそうだけどな（苦笑）。

――言いたいことはわかります。

拳王　オレはNOAHのプロレスの激しさに魅かれたんだよ。NOAHはNOAHらしい方法で団体としてよくしていきたい。今、リデットが進めているのは、数年前にV字回復を果たしたプロレス団体の典型的なやり方をマネしてるだけだ。金剛はNOAHの本来持ってる魅力を今の時代にあったやり方でもっと伸ばしていくぞ。

――その部分をもっと展開してください。

拳王 今のNOAHは強烈にプッシュして、清宮っていうスターを創り出そうとしてるだろ。どこかの前例を踏襲したって、その団体を追い抜くことはできない。二番煎じになるだけだ。何よりもアイツには強烈なオリジナリティーがまだない。今のNOAHはひとまず多くのファンから支持されて、耳障りのいいことばかり言ってるように聞こえるけど、それはこれまでの成功例をマネしてるだけだからだ。全然、新しいことではなくて、むしろもう時代遅れだ。清宮の言ってる「新しい景色」はどこかの団体で見た景色なんだよ。

――パ、パンチラインが出てきちゃいました。

拳王 今、金剛は賛否両論だろ。その声が新しいことの証明だ。今まで見たことがない新しいものっていうのは、最初は怖いし、不安だろ。クソヤローどもにとって金剛は、まさにそんなふうに見えてるんじゃないのか。**プロレスは隙間産業だ。**潜在的な隙間に入っていったヤツが勝つ。リデットが清宮のために敷いてる線路じゃ、絶対にNOAHをダイヤモンドのように輝かせることはできない。オレたち金剛はNOAHの中途半端なヤツらと違って、頭がある。みんなほかのプロレスラーのマネをせずに、自分の頭で考えてオリジナリティーを築こうとしてるだろ。誰の意見にも左右されずに強い信念を持ったオレたち金剛が誰も気づいてない隙間に入って、NOAHの新しいスターになってやるよ。

6月19日号の議題 愛車

金剛はNOAHの文句を言ってるわけじゃない。クソヤローどもに乗り続けてほしいから車検みたいに指摘してるだけだ

――何か言いたそうな顔をしていますが、最近、何かありましたか？

拳王 ビッグニュースがあるぞ。最近は金剛のことばっか考えてるけど、大きな出来事があったな。

――何ですか？

拳王 ミライース、車検いたしました！

――本当ですか！

拳王 この前、さいたまダイハツでやってきたぞ。

――2、3カ月前にこの連載で〝脱・ミライース〟を宣言していましたが…。

拳王 脱〝脱・ミライース〟だ！ **生涯ミライース宣言だ!!**

――このタイミングで新車を買うという選択肢もあったと思いますが？

拳王 確かに新車を買えなくもなかった。でも、オレはミライースに愛着があるんだよ。7年間ずっと乗り続けてきたからな。手放す気にはなれなかった。2年間の点検パックにも入っちゃったし。

――ミライースのどこがいいんですか？

拳王 やっぱカワイイところだよな。小さくて小回り抜群だ。最近、明治大学に行くために井の頭通りを運転するんだけど、ほかの車だったら不便だった。井の頭通りって車線が狭くて有名。ミライースに乗っててよかったなって思いながら大学に向かってるぞ。

――週2回ぐらい日本拳法部のコーチを務めていますからね。

拳王　普通の車はけっこうきつそうに走ってるけど、ミライースなら楽勝だ。井の頭通りでもスイスイ走れちゃうよ。

――（笑）。ちなみに、なぜミライースを最初に買ったのですか？

拳王　なんでだろ（苦笑）。直感だな。性能とか燃費を考えて日本車にしようとは思ってたけど。今まで一度も車検以外で修理したことがない。やっぱ日本車は最高だ。プロの選手は「ファンに夢を見せるためにいい車に乗らなきゃいけない」って聞くし、思うこともある。最初から外車を買っておけばよかったなって思ったこともあるけど、オレはすごく愛着を持つ性格なんだよ。NOAHっていう団体に対しても、愛着を持ってるからこそ、反骨集団の金剛を作ったしな。オレはNOAHにもミライースと同じぐらい、いやそれ以上の愛着を持ってる。金剛は親会社のリデットエンターテインメントの言いなりになり、NOAHらしさをなくしたくないから反骨心を打ち出してるわけであって、NOAHの文句を言ってるわけじゃないし、別に辞めたいわけでもないぞ。さらによくなってほしいし、ずっとクソヤローどもに乗り続けてほしいから車検みたいに指摘してるだけだ。

――プロレスにつなげてきましたね。

拳王　各団体に秘密裏に派遣してる拳王ネットワークからの情報によると、どこかの団体の社長はオレがミライースに乗ってることについて、鼻で笑ってたみたいだけどな。まぁ、その考え方にも一理ある。「ファンに夢を見せるためにいい車に乗らなきゃいけない」とも思う。でも、ミライースは愛着があって手放したくない。というわけで、いつかセカンドカーとして高級車を買おうかなと思ってる。

――おっ、何かほしい車があるのですか？

拳王　そんなに車に対して欲がなくて、乗れれば何でもいいって感じなんだよ。服とかも見た目よりも機能性重視だし。ビシッとしたのよりも動きやすい方を着ちゃうし。

――NOAHは丸藤正道選手、杉浦貴選手などが高級車に乗っています。

拳王　そうなると、**オレはベンツのゲレンデだな。**

――おー、誰かが乗ってたような…。

拳王　あるお方が乗ってたよな。オレがNOAHを昔以上の団体にして、セカンドカーとして乗ってたら夢があるだろ。外車と言えば、アメリカで最近、大きな団体が旗揚げしたな。

――オール・エリート・レスリング（AEW）のことですね。

拳王　規模とか見るとすごいよな。先週の週プロも表紙だったし。その昔、WCWを放送してたTNTでのテレビ中継も決まったんだろ？　NOAHも日テレの地上波復活しないかなぁ。G+での中継が増えたのはありがたいことだけど。**AEWはアメリカで約20年間続いていたWWEの一強状態を崩す**かもしれないな。日本のプロレス界も図式を変えなきゃいけない時期に来てる。もっと盛り上げようと思ったら、新日本の一

さいたまダイハツの車検で出されたアイスコーヒーとお菓子

強だけじゃダメだ。日本テレビがNOAHを地上波で放送するようになれば、本当の意味でNOAHが新日本のライバル団体になることができる。

——最後に金剛らしさも出してきましたね。

拳王　まずは、ずっと言い続けてきた行きたい場所まで応援してくれてるクソヤローどもを連れていく。

——そこに乗っていく車は何ですか？

拳王　もちろんミライー…と言いたいところだけど、日本武道館にはセカンドカーの高級車で乗りつけてやるからな！

7月3日号の議題　三沢光晴の遺伝子たち

KENTAの家はNOAHなのかなって勝手に思ってた。新日本に行ったことがモチベーションになってるよ

——6月に入って、いろいろありましたね。
拳王　まずはNOAH6・9後楽園、久々に超満員札止め。嬉しかったな。会場の雰囲気がすごくよかった。オレは三沢さんに会ったこともないけど、偉大さがよくわかったよ。亡くなって10年経っても、あれだけみんなに慕われてるんだからな。よし、今週のテーマは三沢さんの遺伝子たちにしよう。
——いいですね。大会自体はどうでしたか？　メインではGHCヘビー級王者の清宮海斗選手が杉浦貴選手の挑戦を退けました。
拳王　メインはすごく面白かったなって。**清宮相手にあれだけ心に響く試合ができる杉浦はすごい。**　あの試合を見てても清宮はやっぱり創られたチャンピオンだなってわかった。清宮がすごかったのは1割…勝ったってことだけ。9割は杉浦のすごさ。試合を支配してたのも杉浦だ。やっぱ三沢さんの遺伝子を受け継ぐ男だな。もし清宮があれでいい試合したと思ってたり、リデットのヤツらに持ち上げられて満足してたりしたら、アイツは終わり。これからもリデットは強烈に清宮をプッシュしてるからほめていくだろうけど、その慢心で生まれた心の隙を突いて、オレがいつでもベルトを奪ってやるぞ。今、誰も挑戦表明してないんだろ？
——6・9後楽園のセミで丸藤正道選手に勝った潮﨑豪選手が挑戦者候補筆頭でしょうか。三沢さんの遺伝子を受け継ぐ者の一人です。
拳王　あの試合で浮上はしないだろ。昔からお世話になってるザ・リーブの佐藤社長をリングに上げたのは選手会長として好感持てるけど、試合後のマイク長い。オレもよくマイクが長いって言われるけど、アイツよりも内容がある。あとマイク終わったら、早く帰れ。
——相変わらず厳しいですね。
拳王　それにしても最近、NOAHのヤツらは「日本一、世界一のNOAHにする」って言いすぎだよな。アレはリデットから言えって言われたんじゃねぇのか!?　この犬どもが！　ホントにオリジナリティーがない。そ

KENTAと激しくやり合う拳王

ういう部分に対する危機感があるよ。まぁ、NOAHのことはこれぐらいにして、6月に入ってから三沢さんの遺伝子たちがプロレス界に衝撃を与えたよな。

――青木篤志さんが亡くなりました。

拳王　ほんとショックだな。オレもショックだったけど、NOAHで一緒にやってきたヤツら…それこそ谷口（周平）なんかの悲しみは計り知れないよ。**本当に命は儚いものだな。**こういうことがあると、悔いの残らない人生を送らなきゃいけないなってあらためて思うよ。一分一秒たりとも人生を無駄にしちゃいけない。24時間365日突き進まないとな。そして、ついにあの男が帰ってきたな。

――KENTA選手ですね。

拳王　新日本を選んだ理由は「対世界」か。確かに今のNOAHは世界に通用しないかもしれない。NOAHをアイツが選択するような団体にしていかないといけないよな。

――NOAHに来てほしかったですか？

拳王　WWEとの契約を更新しないって伝え聞いて、NOAHに帰ってくるもんだと確信してた。アイツの家はNOAHなのかなって勝手に思ってたし。アイツの家は新日本じゃないだろ!?　新日本に行ったことを丸藤や杉浦はどう思ってるんだろうな。

――丸藤選手は「頑張れ。絶対埋もれるなよ！」とツイッターで反応していました。

拳王　**よくまた丸藤はそんな自分の好感度が上がるためだけの言葉を吐けるよな。**なんで応援してるんだよ。NOAHのヤツらもこの一件に対してスルーしすぎなんじゃないのか。もっと悔しがって、今の気持ちをどんな形でもいいからぶちまけてみろ。こんな美味しい材料を使わない手はないだろ。もっとNOAHのための言葉を言えよ。今、NOAHのファンが複雑な気持ちでいるんだぞ。オレはKENTAが新日本に行ったことがモチベーションになってるよ。逆に感謝してやる。KENTAがNOAHに来なくても、オレがNOAHをさらなる高みへ連れていくぞ。

――心強いですね。

拳王　アイツは「ニュージャパンと言えば、世界中でもまさに最高峰のうちの1つ」って言ってたな。じゃあ、今のNOAHはKENTAの目にどう映ってたんだよ。アイツはNOAHを背負って再建に尽力して、上り調子にしてからWWEへ行ったよな。あの時のKENTAは絶対的だった体制に反旗を翻して、目の前の相手だけじゃなくて、いろんなものと闘って、クソヤローどもの支持も集めてた。本当にリスペクトしてるよ。そんなアイツがいなくなってからNOAHはまた落ちた。

――現在、ようやく再び復活の兆しを見せています。

拳王　ひと昔前は日本のプロレスと言えば、NOAHだった。これからはオレが一分一秒を大切にして、KENTAが新日本を選んだのを後悔するぐらい、NOAHを世界に通用するプロレス団体にしていくからな！

7月17日号の議題　NOAH新社長

NOAHはNOAHなんだよ。プロレスリング・リデットには絶対にさせないからな。

拳王　リデットエンターテインメントの人間が社長になって週プロの表紙か。

――先週号のことですね。

拳王　てか、なんでこの2人なんだよ。

——清宮海斗選手はGHCヘビー級王者で丸藤正道選手はNOAHの象徴だからです。

拳王　なんで金剛じゃないんだ。

——結成してから全然、タイトル戦線に絡んでいないですし、ベルトとか持っていれば…。

拳王　うるせーっ！

——それで、あらためて新社長の武田有弘さんについてどう思いますか？

拳王　まずはNOAHの社長が交代して、週プロが表紙になるってことについては嬉しいと思ってるよ。このことについて冷静に考えると、要はリデットにNOAHが完全に乗っ取られたってことだろ。いよいよリデットも本気を出してきたな。武田新社長が既定路線？　2年間で負債をものすごく抱えた前の社長を残して、うまくいくはずもないと思ってたけど。

武田新社長

——不破洋介社長ですね。

拳王　世間体を気にして最初だけ残してたのか。既定路線なら親会社になってすぐに乗っ取ればよかったんじゃないのか。そういうところが汚いよな。まぁ、頭のキレないNOAHのヤツらは気づかないと思うけど。親会社になってすぐに経営責任を取らせて、首を切ってやった方がアイツらのためになったんじゃないのかな。そういえば、田上（明）社長も相談役でちょっと残ってたよな。不破&内田体制と同じようなことをやってるのも腹立つな。企業買収ってこういうもんなのか？

——おそらく…。

拳王　まぁ、大前提として今回の社長交代劇についてオレは肯定してる。そこはしっかりと言っておきたい。2年間であれだけの負債を積み上げた社長がそのままで新体制のNOAHがよくなるなんて思ってなかった。だから、社長交代はいいことだ…リデットのヤツじゃなかったらの話だけどな。これでまたどこかの団体のマネが強くなるな。

——相変わらずリデットには厳しいですね。

拳王　NOAHの役員は全員、リデットのヤツら。これからのNOAHはリデットの思い通りになる。まぁ、それだけの人材がいなかったNOAHも悪いけど。週プロによると新社長は「日本のプロレス界的に猪木さんと馬場さんの流れでいくと、NOAHは間違いなく馬場さん。馬場さんから教わった三沢さん、三沢さんから教わった丸藤選手がいる」って言ってたな。NOAHには全日本からいる業界キャリアの長い社員もけっこういるのに。福田（明彦）レフェリー、**そしてクソブタメガネは何やってるんだ⁉**　オマエらもリデットの犬になったのか？

——思わぬところに飛び火しましたね。

拳王　NOAHには業界でもトップクラスの選手がたくさんいるし、全日本時代から受け継いできた伝統あるプロレススタイルがある。スタッフのヤツらは絶対にすべてリデットの言いなりになるなよ。もちろん悪しき伝統は捨ててもいいけど、残さなきゃいけない伝統だってあるはずだ。オレたち、金剛と同じ意見のスタッフのヤツもいるんじゃないのか。

——反体制スタッフ⁉

拳王　そんなヤツがいたら面白いと思わない？　清宮なんか若いし、何も考えてないから、リデットから言われたことをそのままやってるだけだろ。考えてないんじゃなく、考える頭がないのかな。そこはリング上でオレが教育していこうと思ってる。あとは丸藤、オマエは元・副社長だろ。オマエがしっかりしていれば、外部から力を借りなくてもよかった。昔は若すぎたから苦労したかもしれないけど、そろそろまた経営に加わっていいんじゃないのか。馬場さん、三沢さんは選手としても経営者としても才覚があったと思う。プロレスと金が好きそうな顔をしてるオマエにもできるはずだ、正道君！

——またツイッターで反論されますよ…。

拳王 本当にムカついたんだろうな。好感度上げ男のことはこれぐらいにして、リデットにストップをかけるのがオレたち、金剛だ。ＮＯＡＨはどんなに時代が変わろうとも、ずっとプロレスの伝統を守り続けてきたんだよ。ＮＯＡＨはＮＯＡＨなんだよ。プロレスリング・リデットには絶対にさせないからな。

——熱いですね。

拳王 最後に新社長にずっと言いたかったことがある。去年の10月にリデット主催の興行が中止になったよな。

——森嶋猛復帰興行ですね。

拳王 あの時、チケットの払い戻しなどで武田のヤローから連絡があって、オレがかなり手伝ってやったんだよ。あの時はペコペコして、いろいろ聞いてきたよな。それなのに、リデットが親会社になってからのテメーは偉そうな態度で…。そんなヤツが今はＮＯＡＨの社長か…。偉くなったもんだな。**あの時の借りは忘れてないからな。**それだけは覚えておけよ。いつかはっきりさせような。

——ち、小さいですね。

拳王 って、うるせーっ！

7月31日号の議題 ジャニー喜多川氏死去

金剛はジャニーさんと同じように常に時代の一歩先をいってる まだテメーらクソヤローはついてこれねぇかもしれないな

拳王 最近、ＮＯＡＨの話題が続きすぎたな。オレ的には時事的な問題をしっかり取り上げていきたいのに…ＮＯＡＨのことが先行しちゃった。話題を欠かないってことはいいけど、週プロの連載で**リデットばかり話してもプロレス界全方位には響きづらいだろ。**

——確かにこの連載でＮＯＡＨのことを話しすぎましたね。

拳王 オレがこのコラムをやってるのは、プロレス界全体、時事問題を話せるからだろ？ 全方位に響くことを話せなかったら、このコラムをやってる意味がない。ＮＯＡＨのことだけだったら、ＮＯＡＨのファンにしか響かない。オレはそんなことをやるために、週プロの連載をやってるわけじゃないんだよ。

——さすがわかっていますね！

拳王 さっきも言ったけど、ＮＯＡＨで話題にこと欠かないのは嬉しいことだ。とてもいいことだ。でも、なんか違う。新日本にＫＥＮＴＡが行ったことだって、厳密に言えば、ＮＯＡＨのことだからな。というわけで、最近の時事問題を語っていくぞ。

——今回のテーマは何にしますか？

拳王 全日本プロレスの社長が交代したらしいな。アレは驚いたぞ。それについて語りたいところだけど、やっぱ今週はジャニーさんだろ!?

——えっ！

拳王 あのジャニー喜多川さんが亡くなった。

——世間では大きな話題となっています。

拳王 ジャニーさんって、裏方に徹してるから自分はあまり表に出なかったんだよな。ジャニーズってものすごい組織を作ったのにも関わらず、そういう姿勢を貫くっていうのはイマジネーションを働かせるよな。その点はすごい。タレントのプロデュース能力だけじゃなく、セルフプロデュース能力もあるよ。

――ジャニーさんは本当に裏方に徹していたいだけだったようですが…。

拳王　ウチの武田（有弘NOAH社長）とは全然違うな。アイツはあまり表に顔を出したくないって空気を出してるけど、会場で普通にウロウロしてるしな。

――そこはボク的にはノーコメントで。

拳王　今はツイッターとかSNSが全盛期だ。普段、何かをやってるってアピールするヤツがほとんどだ。でも、逆にリング外で何をやってるかわかんないミステリアスな部分を出すヤツがいてもいいと思うんだよ。ウチで言えば、小川良成なんかプライベートはまったくわからなくて、気になるだろ？

――確かに。

拳王　話がそれたけど、ジャニーズはジャニーさんが一代であそこまで築き上げたんだよな。戦後の日本は芸能界もかなり強固な体制だったはずだろ？　新興勢力のジャニーズなんて最初は誰も見向きもしなかっただろう。そこに一人のアメリカンなヤツが食い込んでいった。現代のプロレス界にも通じるところがあるよな。

――というと？

拳王　今は新日本一強だ。そこは認めるしかない。でも、そろそろプロレスファンもそんな状況のままでいいのか？って思ってるはずなんだ。そんな業界の潜在的な空気を読んで、これからNOAHがジャニーズのようにのし上がっていかなきゃいけない。それができるのは武田でもリデットでもない。オレだ。いくら清宮（海斗）が才能あってもリデットがプロデュースしてたらダメだ。そこはオレがジャニーさんのようにリング上で教えてやる。見てみろ。小峠篤司、マサ北宮、稲村愛輝は金剛に入って、みんなダイヤモンドのように輝いてるぞ。

――そ、そうですね…。

拳王　新日本を見ろよ。時代に合わせた経営を打ち出して、リング上でもストロングスタイルだけにこだわらず、時代に合わせたプロレスを提供してきたから今の隆盛がある。でも、ジャニーさんは常に時代の一歩先を考えてた。逆に言えば、戦前から続くほかの芸能事務所が抜かれたのは、時代にフィットさせられなかったからだ。過去のNOAHも同じ。昔の成功体験をずっと引きずってきたから沈んだ。オレたち金剛は一見、古風に見えるけど、NOAH本来の素晴らしさを生かしつつ、ジャニーさんと同じように常に時代の一歩先をいってる。もしかしたら、まだテメーらク

プロレス界とジャニーズと言えば、滝沢秀明さんVSアントニオ猪木

ソヤローは金剛についてこれねぇかもしれないな。今は否定的な意見が多いけど、オレにしてみれば手応えしかねぇよ。

—ちなみジャニーズでは誰が好きですか？

拳王 **お姉ちゃんがSMAP大好きだった。特に香取クンだ。**その影響でよく見てた。

—香取慎吾さん！

拳王 オレは中居クンが好きだったな。理由はバカそうで面白いからだ（笑）。

—中居正広さん！

拳王 とにかくジャニーさんのように時代の最先端を読んで、NOAHをさらなる高みへ連れていくのはオレたち金剛だ。

—非常に心強いですね。最後にひと言お願いします。

拳王 **ユーも金剛、入っちゃいなよ♪**

8月14日号の議題 参議院選挙

マニフェスト ①2020年、日本武道館進出 ②「N-1 VICTORY」優勝 ③11・2両国、超満員

—今回の議題は何にしましょうか？

拳王 世間が吉本興業でにぎわってるな。前回の連載でジャニーさんについて語ったけど、吉本興業もジャニーズもあそこまで会社を大きくするには何らかの犠牲が必要になってくる。ただ、今の時代のやり方ではなかったのかなって。世の中、何があるかわからないよな。吉本が世間を騒がせてたから、参議院選挙がかすんでしまった部分もあるんじゃないか。選挙特番中にも吉本のニュースが流れてたし。

—国政を決める大切な選挙でしたが…。

拳王 ほんとそうだよな。政治経済学部出身のオレは、もちろん期日前投票をしてきたぞ。国民の義務だからな。**毎回必ず選挙には行ってる。**

—今回は投票率が48・8％と50％に届きませんでした。

拳王 どうせ誰がやっても変わらないっていうのが国民の気持ちなんじゃないかな。消費税も10月には10％に上がっちゃうし。3％、5％、8％ってチマチマ上がってきたけど、お釣りが面倒くさいから最初から10％にしてほしかったよ。プロレスも政治もそうだけど、改革は一気にやらないと変わらない。

—いつもNOAHの改革を訴えています。

拳王 リデットが内田体制から大きく変えようとしてるところはかなり賛成だ。

—いつも糾弾ばかりしていますが？

拳王 オレが言い続けてるのは全員がリデットの言いなりになりすぎだってことだ。

—日本人は「右向け右」気質です。

拳王 現代の日本人はそうなんだよな。で、NOAHのヤツらは頭の切れないヤツばかりだから、みんなリデットの言うことになびいてる。NOAHはこのままだとオリジナリティーがなくなっちゃう。「世界一の闘い」「日本一の闘い」ってみんな口をそろえて言ってるし。もっとファンのクソヤローどもに伝わる具体的な言葉を使えよ。個性豊かな選手がいっぱいいる方がプロレス団体は面白いだろ。幕末は一人ひとりが命を懸けて日本のために闘ってた。戦争で負けて、高度経済成長時代の日本は各分野でそれぞれが目的意識を持って、オリジナリティー豊かに活躍してた。みんなが日本のためにがんばってたんだ。NOAHのヤツらは、一昔前の日本人みたいに自分の信念で動けよな。今のNOAHはリデッ

有楽町電気ビルの地下で週プロを読む拳王

トにおんぶにだっこ。オレたち金剛はそれだけじゃ絶対にダメだって言い続けてるんだよ。

——そこは勘違いされてほしくないですね。

拳王　まぁ、こんなことを言っても説得力がないのはわかってる。説得力を増すためには結果を残すしかない。やっぱベルトを持ってるヤツが強いんだよ。オレは今年に入ってからほされて第1試合ばかりに出場して……。

——清宮海斗選手と組んだら、ほとんどメインに出ていました。

拳王　清宮とのタッグを解消して金剛を作ったら、またチャンスが回ってこなくなった。間違いなく、**これはリデットの陰謀だな。**

——8・18名古屋からシングルリーグ戦「N－1 VICTORY」が始まります。

拳王　必ず優勝してやる…もし出ることができれば、だがな。シングルリーグ戦なら会社の弾圧とか関係なく、己の強さだけで結果を残せるからな。優勝して、発言権を手に入れる。っていうか、その前にいつ出場選手を教えてくれるんだよ。どうせリデットの犬どもは知ってるんだろうけどな（苦笑）。

——杉浦貴選手などは金剛について「口だけ」と言っていますが、結果を残していない現状では何も言い返せません。

拳王　もちろんわかってるぞ。去年の3月からベルトを持ってないヤツが何言っても、確かに説得力に欠けるよな。でも、オレは言い続けないといけないと思ってるし、絶対に「N－1」で結果を残してやる。プロレスは結果を残せば政権を取れるし、毎大会が選挙みたいなもんだ。選手それぞれがファンの支持を競い合ってる。イエスマンのプロレスラーなんて見てて面白くない。プロレスは主義主張のぶつかり合いが面白いんだ。だから、オレたち金剛の試合は熱いだろ？

——選挙と絡めてきましたね。では、マニフェストを掲げましょうか。

拳王　まずはいつも言ってる通り、日本武道館へ連れて行ってやる。そうだな。近いうちに…とか抽象的なことは言わない。来年はNOAHの20周年だろ。来年、日本武道館大会を開催してやるぞ！

——最高ですね。

拳王　あとはさっきから言ってるように「N－1」優勝だ。そして、11・2両国国技館のメインに立つ。オレがメインでGHCヘビー級王座に挑戦する。ベルトを奪うのはもちろんだが、もう1つ、11・2両国の超満員もマニフェストに加えてやる。この3つで決まったな。

——道筋が見えてきましたね。

拳王　簡単じゃねぇか、勝てばいいんだろ。

——！

拳王　8月18日のN－1開幕が楽しみになってきたな。**拳王、動きます。**

8月28日号の議題　SNS

「GHC史上口だけチャンピオン」に座布団3枚 耳障りのいい言葉ばかり言っても心に響かない

拳王　どうも！　GHC史上口だけチャンピオン中栄君です!!

——？？

拳王　いやぁ、やられたな。

——？？？

拳王　これはオレの完敗だった。

——どういうことですか？

拳王　テメー、知らないのかよ。この前、オレがツイッターで「N－1」不参加を表明した清宮海斗のことを「GHC史上初の逃げ腰チャンピオン」って言ったんだよ。そしたら「GHC史上口だけチャンピオン中栄君らしいコメントだな」ってコメントが返ってきた。

——完全な皮肉ですね。

拳王　いや、これは座布団3枚だろ。見た瞬間に笑っちゃったよ。その通り！って。こういう刺激のある言葉を待ってたぞ。SNSって今の時代、大事なコンテンツだ。もう電柱に大会のポスターを貼りまくる時代じゃない。雑誌や新聞、テレビに広告を打つのと同じぐらいSNSは効果があるもんだと思ってる。SNSを有効に使って宣伝していかないと世の中に伝わっていかない時代だ。

——SNSで誰でも気軽に発信できる「1億総メディア」時代と言われています。

拳王　そうだな。ほとんどがくだらないコメントばかりだけど、時に「GHC史上口だけチャンピオン」なんてNOAHのヤツらが絶対考えつかないセンスあふれるのも飛び出してくるよな。耳障りのいい言葉ばかり言っても心に響かない。やっぱり世の中、悪口やディスが大好きなんだよな。テメーら、雑誌だってほとんど文句とか下世話な話ばっかだろ。

——週刊プロレスは一応、業界の専門誌として…。

拳王　うるせー！！　**オマエなんかこの連載でオレのことをバカにしてんだろ!?**

——…。

拳王　議論は批判から生まれるものだ。清宮みたいにすべてを肯定していても、いいプロレスができるわけなんてない。オレは常に刺激のある闘い、心に響く闘いができるように種をまいてるぞ。その一環としてSNSも駆使してる。会社の犬どもは「#日本一の闘い世界一の闘い」とかハッシュタグつけてるけど、オリジナリティーがなさすぎるだろ。

——ツイッターはもろに数字が出るところも

拳王から突然送られてきた謎のプライベートショット

面白いです。例えば、フォロワー数だと…。

拳王　オレなんかまだ8000だ。NOAHは3万8000で、新日本プロレスは38万か。10倍も差をつけられてる。

――フォロワーを増やすためにどうすればいいでしょうか？

拳王　個人としてはまず丸藤正道や杉浦貴みたいにプライベートをバンバンとツイートすればいいんだろうな。そういえば、少し前、テメー、オレが明大前の駅前で可愛らしく座ってるところを週プロのツイッターでアップしただろ！　あとオレの愛車「ミライース」だってテメーが面白がるから、どんどん膨らんできちゃっただろ!!

――す、すみません！

拳王　まぁ、オレのプライベートはこの連載だけでシレッと明かすようにしてるからな。

――なぜ自身のツイッターでプライベートを明かさないのですか？

拳王　**オレのプライベートを世にさらしたら、絶対に炎上する。**丸藤、杉浦なんて足元にも及ばないぞ。とんでもないことになる。

――確かに（苦笑）。炎上商法を狙いますか？

拳王　ダメだろ。絶対にダメ。

――で、ですね。最近、SNSで心がけていることは何でしょうか？

拳王　丸藤イジリだな。アイツも何かとオレに絡んでくるからな。最近、アイツは闘いの最前線から離れてるからSNSのプロレスしかできねぇよ。リング上は逃げてばかりだ。悔しかったらN-1で決勝に上がってきなさい。久々にリング上でプロレスやろうぜ！

――妙に清々しいですね。

拳王　あとこれは昔から言いたかったんだけど、**NOAHの公式ツイッターも英語で情報を発信すればいい**んじゃないのか。今は世界中のファンから日本のプロレスが注目されて、海外からでも観戦に来るだろ。NOAHにはTOEIC900点超えの社員もいるし。そうしたら、NOAHも世界にもっと広がるだろ。9・16大阪、11・2両国ってビッグマッチも控えてるんだからな。どうだ「GHC史上口だけチャンピオン」からの提言だ。

――いいことを言いますね。

拳王　っていうか「GHC史上口だけチャンピオン」って言われるのも、この連載のせいだろ。でも、前回掲げたマニフェストは絶対に実現させる。①2020年、日本武道館進出。②「N-1 VICTORY」優勝。③11・2両国、超満員（ベルト奪取）だ。

――連載存続のためにもまずは「N-1 VICTORY」優勝を成し遂げてほしいです。

拳王　最後に大事なことを言ってやる。N-1のNは中栄のN！

9月11日号の議題　癒着

武藤&秋山&清宮？ 今まで鎖国を打ち出してきた意味がない。オレは今のNOAHの力だけで9・16大阪を盛り上げたかった

拳王　週刊プロレスって癒着してるの？

――いきなり何ですか!?

拳王　この表紙は確実に買われただろ？　リデットエンターテインメントからいくらもらったんだよ？　こっそり教えてくれよ。

――癒着していません！

拳王　本当のことを言ってみろ。

――してません!!

拳王　いや、してるな。ウチの社長である武田は元・新日本だ。週プロの編集長も元・新日本担当でかなり仲がいいと聞いてるぞ。
―確かに仲はいいですけど…。
拳王　拳王ネットワークによると、武田、湯沢編集長、清宮で朝まで飲んでたという情報をキャッチしてるからな。
―それは知りませんでした。
拳王　とぼけるな！　で、会計はどっちが出したんだよ？
―だから、知りません…。
拳王　しぶといヤツだな。そろそろ言っちゃった方が楽になるんじゃねぇのか？
―本当に知りませんし、癒着なんてありません！
拳王　じゃあ、会計を1円単位まできっちり割り勘したのか？　どうせリデットで領収書、切ったんだろ！　**いつの時代もプロレス団体とプロレス専門誌はズブズブだな。**まぁ、もう癒着のことはいい。にしても、この表紙はなんだ。これが書店やコンビニに並んでいても手に取らないだろ。「刺激する王者」だと。そもそもだ。清宮が「N－1　VICTORY」に出ないから刺激されてると認識するのは、武田と癒着してるテメーの編集長だけだ。公式戦は始まってるんだぞ。リーグ戦から逃げて、刺激する？　これは金銭が動いてるとしか思えない。オレたち金剛はズブズブの癒着とも闘っていかなきゃいけないのか…。オレはクリーンにNOAHを輝かしいリングにしていこうと考えてる。でも、リデットは金でどうにかしようとしてる。プロレスは金じゃない。リング上がすべてだ。あらためてそんなことを思わされた表紙だったな。
―だから、癒着ではないです…。
拳王　おっ、裏表紙もNOAHか…。これで決まったな。こんな偶然あるのか。
―裏表紙もNOAHの広告ですね。
拳王　こ、これはリデットじゃなくて、ザ・リーヴさんじゃねぇか！　ザ・リーヴさん、いつもお世話になっております!!　テメーら、クソヤローども、空き室で困ったら、ザ・リーヴだからな。オレも今の家はザ・リーヴさんに仲介してもらったからな。本当にありがとうございます。
―それって拳王さんがザ・リーヴさんと癒着したいのでは…。
拳王　**ザ・リーヴさん、来年のCM、オファー待ってます！**　前からずっと出たかっ…って、うるせー!!
―す、すみません！
拳王　とにかくだ。こんな気持ちのこもってない不敵な笑みを表紙にするんなら、開幕戦の中嶋勝彦vs望月成晃だろ。あの試合は熱かったな。ああいう熱い公式戦を表紙にしてほしかった。清宮なんてN－1の決勝がおこなわれる9・16大阪で武藤敬司、秋山準と組むんだろ？
―はい。ビッグマッチに相応しいドリームトリオが実現します。
拳王　なんだNOAHの鎖国は終わったのか。業界2位を目指す中で、ライバル団体であるWRESTLE－1の象徴、全日本のGMを呼ぶんだな。ウチの会社はどれだけ清宮に甘いんだって。オレなんてみちのくプロレスの

清宮のマネをして先週号の週プロを掲げる拳王

「ハヤトエール」11・27新宿大会にどうしても出たいから、自分の足でみちのくの北上大会に行って、リング上からアピールしたぞ。会社は清宮がちょっとメッセージを送っただけで希望を簡単に実現させる…過保護だな。よくない方向に進みそうだ。これじゃ、今までNOAHが全面的に鎖国を打ち出してきた意味がない。オレは今のNOAHの力だけで大阪府立体育会館（エディオンアリーナ大阪）を盛り上げたかったし、そういう意気込みでN-1に臨んでるぞ。オレは〝府立第1〟には昔から思い入れがあるからな。

――思い入れがあるのですか？ これまでそう大きな試合はなかったと思いますが…。

拳王 下手したら、オレがこの団体で一番〝府立第1〟のメインに立ってるんじゃないか。大学時代に日本拳法のインカレで毎回メイン張ってたんだよ。2年生から3連覇したけど、いつもオレはメインだった。メインで勝って、明治大学の校歌を歌うのはすごく楽しかったな。おーお～、めいじ～♪

――ノリノリですね！

拳王 N-1でBブロックを突破して、今回も必ず府立第1のメインイベントに立つ。そして、オレが勝って大会を締めてやるぞ。

おーお～、けんお～♪

9月25日号の議題 稲村愛輝

藤田和之に張り手をかましたところに強い信念を感じたぞ。もしあれが清宮だったら、握手をして終わりだっただろ。

――なんだか焼けていますね？

拳王 **宮古島に行ってきたからな。**

――うらやましいですね。

拳王 宮古島の海って青じゃなくて、黄緑なんだよ。ものすごくキレイだった。あの壮大なサンゴを見たら、もっとビッグにならないといけないなって思ったよ。心がよりキレイになったぞ。清宮なんか名前に「清」が入ってるけど、アイツは若くしてリデットにチヤホヤされてるから、これからどんどん汚い人間になっていくんだろうな。

――相変わらず清宮海斗選手に厳しいですね。

拳王 ウチの武田（有弘）も今年5月に行ってきたみたいだけど、海にも入ってないだろ。なぜわかると思うか!? もし宮古島みたいなキレイな海に入ってたら、もっと心がキレイになってると思うからな…。

――武田社長は心が汚いと。

拳王 当たり前だろ。そういえば、武田は週プロで「宮古島に長州さんの道場を作る」とか言ってたけど、そんなことはさせない。もうすでに手は打ってきたぞ。

――意味深ですね。

拳王 テメーは宮古島に行ったことある？

――ありますよ。今年5月に引退前の長州力選手を追いかけて、FREEDOMS宮古島大会に行きました。

拳王 やっぱり癒着じゃねぇか！ 長州さんはリデットエンターテインメントの会長だろ!!

――！

拳王 まぁ、癒着については前回語ったからもういい。で、今週の議題は何にするの？

――9・16大阪について掘り下げたいところですが、この連載の校了は6日で「N-1 VICTORY」の結果がわからないので…。

拳王 でも、この号に9・9後楽園大会の試合リポートは掲載されるじゃねぇか。

――27ページから掲載しています。

拳王 今週はタイミングが悪いな。そういえば、9・16大阪で注目の一戦が決まっただろ。

——どのカードですか？

拳王　稲村愛輝vs藤田和之だ。稲村はあの藤田和之を前にして、思いっきり張り手を決めた。あんな獣みたいなヤツが目の前にいたら、誰もがひよっちゃうだろ。キャリア1年未満で張り手をかましたところに強い信念を感じたぞ。もしあれが清宮だったら、ベビーフェースきめて、握手をして終わりだっただろうな。やるな、稲村！

キレイな宮古島の海でたたずむ拳王（カラーで掲載したかった…）

——確かに。

拳王　清宮みたいに会社に甘やかされてるヤツは張り手なんて確実にできないけど、稲村は元・レスリング全日本チャンピオンの藤田和之にタックルまで仕掛けやがった。ああいう行動ができたのも金剛の一員として信念を持って行動してるからだ。清宮は9・16大阪で武藤敬司と秋山準と組むんだろ。隣に立って、どんな刺激が生まれるんだ？　対戦するべきだろ。もしオレたち金剛だったら、もし組まれても「対戦させろ」ってリング上で要求する。何なら全日本プロレス、WRESTLE－1の会場に行って、ビンタをしに行くぞ。客のクソヤローどもがいないバックステージで発言しただけで、リデットにカードを組んでもらえる清宮にはそういう発想はないだろうな。

——それは話題になるでしょうね。

拳王　だいたい清宮は自分の力で試合を盛り上げることができない。その点で稲村は清宮の一歩も二歩も上に行ってる。**さすがは大卒だ！**

——稲村選手は駒澤大学仏教学部出身です。

拳王　金剛にピッタリの学部だよな。確かに清宮は今、GHCヘビー級王者だ。稲村とは差があると言わざるを得ない。でも、その差は9・16大阪への道のりでかなり埋まったぞ。稲村の張り手で藤田戦は殺伐とした一戦になるって期待感が生まれただろ。稲村は何の後ろ盾もない金剛に入って、自分で道を切り開こうとしてる。会社からもオマエからも嫌われてるオレなんかと一緒にやっていこうなんて決断はなかなかできるもんじゃない。

——…。

拳王　テメーが武田から「癒着の話、面白かった」って言われてニヤニヤしてるのを見たぞ。テメーもリデットとグルなんだろ？

——だから、違いますって。

拳王　癒着はいつか明らかにしてやるとして、それにしても、前回の癒着話はなかなか面白かったのに、今回はどうも歯切れが悪いな。

——締め切りの都合でタイミング的に9・9後楽園のことがわからないので…。

拳王　そんなの読者に関係ないし、この情報化社会でまだそんなこと言ってるのか。**だから、出版業界はダメなんだよ！**　オレの連載は情報のスピード感と鮮度が命だ。取材の1週間後に発売されるから、得意の時事ネタもなかなか放り込めない。どうにかしろよ！

――そうは言っても、なかなか…。では、最後に何か面白いことを言ってくださいよ。

拳王 無茶振りかーい。では最後に……帰るぞ！（北宮風）

――はいっ！（稲村風）

10月9日号の議題 トークライブ

この連載でも掲載を自粛しちゃってる話がいっぱいある…トークライブはコンプラなしだ！

――ついに「N-1 VICTORY」優勝しました！

拳王 ようやく大きな結果を残したぞ。

――昨年3月にGHCヘビー級王座から陥落して以降、散々、負け続けましたからね。やっと、という感じです。

拳王 おい、散々ってなんだよ。でも、杉浦貴は本当に強かった。あの強い杉浦貴に勝てたことってことが大きいよな。そういえば、あの日、**鹿児島の方からも「クソヤローども」って聞こえた**よな。

――新日本9・16鹿児島で金髪になったKENTA選手がマイクで言っていましたね。

拳王 そこまで説明しなくていい！

――…。意外だったのは観客の声援が徐々に拳王選手に傾いていったことです。

拳王 1年半以上も結果が出なくて、ファンの支持率がどんどん下がっていって、最近はブーイングまで浴びていたよな。でも、オレは絶対に信念を曲げずに自分を貫いた。おそらくオレの信念がクソヤローどもにも伝わったんだろうな。もちろん杉浦がNOAHのことを考えてるのは知ってる。だから、あれだけ支持されてるんだ。今だから言えるけど、オレの「犬」発言に乗っかって「会社の犬」を自称して、さらに支持率を上げたのは驚いた。でも、会社の犬だけでNOAHがよくなるわけがない。ずっとオレに反発してたクソヤローどもは「そこまででっかい口を叩くなら、結果を出せよ」っていう期待の表れとして、オレにブーイングしてたんだと思う。

――的確な分析ですね。

拳王 N-1に出たヤツらの実力はみんな僅差だった。なんでオレと杉浦が決勝に出ることができたのかと言えば、NOAHに対する思いの差だ。オレなんて杉浦の言ってたように他力本願だった。でも、強い思いは通じるんだ。真剣にNOAHのことを考えてるオレと杉浦が決勝の舞台にたどり着いたのは必然だ。だから、丸藤正道は全敗だったんだよ。

――…。

拳王 それにしても随分、武藤敬司と対戦してる時は楽しそうだったな。インパクト・レスリング10・20シカゴではマイケル・エルガン戦が決まったんだろ？ **正道君、エルガンの首でも取ってきてみろよ。**アイツのことなんてどうでもよくて、ついにこの連載のトークライブが決まったな！

――はい！ 10月19日午後5時から巣鴨の闘

今回の連載はライオンキング鑑賞の前にジンギスカンを食べながら収録

道館です。

拳王　NOAH並びに親会社のリデットエンターテインメントは、オレたち金剛を弾圧しようと思って、撮影会もサイン会もやらせてくれない。反旗を翻したオレたちの支持を上げたくなかったんだろ。だから、政治の力で封じ込めた。オレが裏で動いて、ようやくこういうイベントができるようになったんだ。この連載以外でダイレクトにオレの主張をクソヤローどもに伝えられる…しかも、NOAHでは普段できない撮影会までやるぞ。

——ありがとうございます！

拳王　NOAHとの癒着疑惑がある湯沢編集長がよく許したよな。オマエのこと嫌いだけど、今回の件についてはでかしたぞ！

——癒着はしていません！

拳王　まぁ、いい。このイベントで一番の目的は、普段は抑圧されてるオレの思いを直接、クソヤローどもに伝えられるってことだ。この連載でもオマエが掲載を自粛しちゃってる話がいっぱいあるだろ。

——コンプライアンスがあるので…。

拳王　トークライブはコンプラなしだ！ディープな話をしてやるぞ。リデットエンターテインメントの関係者は出禁だ。オマエらについてメチャクチャ語ってやるからな。こういう機会に民意を確かめてやる。オレが正しいのか、リデットが正しいのか。

——恐ろしいですね。トークショーと2ショット撮影以外にプレゼント抽選会もやります。

拳王　まず週刊プロレスからオレのカッコイイ写真のパネルを出せ。あとオレの私物も出してやる。とんでもないヤツを出してやるから楽しみにしてろ。でも、本当は10月15日にやりたかったなぁ…。

——えっ、だいたい見当つきますけど、何でですか？

拳王　オマエ、オレがせっかく今回の連載のためにつぶやいたのに、週プロのツイッターで拾うのが早すぎるんだよ。タメが大事だっていつも言ってるだろ。

——す、すみません。

拳王　10月15日はリデットを最大限に攻撃できる日付だろ。今思うと去年の今頃の武田（有弘NOAH社長）は可愛かったなー。大変だったと思うわ。まぁ去年に戻りたい話はもういいや。リデットが1年前やりたくてもできなかったこと…リメンバー10・15だ。日時も4日違いで、場所も後楽園から巣鴨に変わるけど、リデットができなかったことをやってやるぞ！なんだかんだで、みんな去年の10・15後楽園、楽しみだったんだろ？

——はい！

拳王　**トークライブで待ってます！トークライブで待ってます!!**

10月23日号の議題　ユニット

海援隊DXの試合って今、見てもすごく面白い。東北のクソ田舎からニューヨークまで行けるんだから夢があるよ

拳王　先週号の金剛特集なかなかよかったな。

——ありがとうございます！

拳王　インタビューは清宮海斗の話になると（マサ）北宮も稲村（愛輝）も人が変わったように面白い話出してきたな。ホント、ディファ有明時代の清宮を今の清宮を見てキャーキャー言ってるヤツらに見てもらいたいよ。先週号に掲載した写真、見ただろ？　引いちゃうだろ!?　テメーもあんなに悪意のある写真をよく掲載したな…。

——現在はNOAHを背負う清宮選手が少し前まで無垢な若者だったと伝わるかなと…。

拳王　テメーも何が面白いか、だんだんわかってきたな。あの頃の清宮は19歳なのに30歳ぐらいに見えるぞ。あれでダサいズボンをはいて「新しい景色をみなさんと見に行こう！」とか「駆け上がる！」とか言われても説得力ゼロだ。昔はただのオタク。でも、今は明らかにイケメン…**清宮は世の中のダサいヤツにも勇気を与えた**んじゃないか。人間、2、3年であそこまで変わることができるんだぞ。ある意味で「新しい景色」だよ（爆苦笑）。

——ほめているのか、けなしているのか、まったくわかりませんね。

拳王　どっかのテレビ局でビフォーアフターやってくれないかな（笑）。にしても、北宮は清宮と窓のないディファ有明の合宿所で長らく暮らしてただけに、いろんなエピソードを持っていやがったな。清宮イジリに関しては「オタク上がり、リデットデビュー」なんてパンチラインを決めやがったし。オレもああいう刺激的なワードをぶつけたかった。今回のインタビューは北宮の勝ちだ…クリティカルで。

——破壊力抜群でしたね。

拳王　最近、こうやってユニットで特集されるのってあるの？　ロス・インゴベルナブレス・デ・ハポンぐらいか？

——ロス・インゴは一昨年、別冊を出しました。

拳王が好きだった海援隊DX

拳王　そうだよな。なんか少し前に全日本の大森隆男&ブラックめんそーれを沖縄の国際通りでインタビューしてただろ？　アレは何だったんだ!?

——…それはノーコメントで。

拳王　ところで今、日本で一番人気あるユニットはどこだ？

——やはりロス・インゴですかね。

拳王　へぇ〜。Tシャツの売れ行きとか半端ないだろうな。アイツらもサイン会とかやらないんだろ？　それでもTシャツが売れるってすごいよ。オレらはサイン会とかやりたいのに、リデットエンターテインメント株式会社の陰謀でできないようになってるけどな。会社は何もしてくれないから、**今後、勝手にゲリラ的にやってやろうかな。**

——いいですね！　ところで、ファン時代に好きだったユニットはありましたか？

拳王　海援隊DXだ。みちのくプロレス好きだったからな。ディック東郷、MEN'Sテイオー、獅龍（カズ・ハヤシ）、TAKAみちのく、FUNAKI。

——HAYATA選手の師匠・中島半蔵選手は？

拳王　あぁ、そういえば海援隊に少しだけ入ってたな…。まぁ、置いといて。でも、すごいメンバーだよな。なんで新崎人生さんが海援隊ＤＸと対戦しないのかなってずっと思ってたよ。ファン時代、海援隊ＤＸがほかの団体に出たら、トリオとかタッグのベルトを取っちゃうんじゃないかなって思ってた。なんで行かないのかなって…まぁ、今になって思えば、大人の力があったんだろうな（苦笑）。

――彼らは最終的にＷＷＥやＷＣＷで活躍します。

拳王　海援隊ＤＸの試合って今、見てもすごく面白い。あんな東北のクソ田舎からニューヨークまで行けるんだから夢があるよな。オレなんて徳島から出てきて、岩手経由の今は東京駅近くの有楽町電気ビルだ。どんどん都会になっていくな。まだまだ目指すぞ。世界、いや、ここからオレは宇宙を目指すぞ！

――ザ・グレート・サスケさんみたいですね。

拳王　ホントだ…。おい、今のはなしだ!!

――わかりました！

拳王　で、ほかの団体でロス・インゴ、金剛ぐらい響いてるユニットはあるのか？

――どうしても新日本の各ユニットですね。

拳王　新日本か…ＣＨＡＯＳなんて本隊と合流してるようなもんだろ。**バレットクラブとか鈴木軍は、元ＮＯＡＨが多いよな。**でも、業界に響いてることは確かだ。ＮＯＡＨの杉浦軍はユニットっぽくないし、全日本なんてユニットがあるのかないのかわからないし。金剛もほんとＮＯＡＨだけではなく、業界全体、いやプロレス見ない人たちにも響かせていかないといけないな。

――鋭い指摘ですね。

拳王　金剛もそろそろ業界を驚かすようなことを仕掛けていくかもしれないぞ。拳王ネットワークもあるし、金剛は全員が頭がきれるからな。バカには考えられないことを考えてるから、これから楽しみにしておけよ。

11月6日号の議題　11・2両国全カード

オレは自分を自分で磨いてる。清宮は会社に磨いてもらってる。アイツはまやかしの強さと輝きだ。その差も両国で出るぞ

――11・2両国大会の全カードが出ました！

拳王　率直な印象は…まだＮＯＡＨは丸藤、杉浦なんだなって。それが一番強い気持ち。

――杉浦貴選手はマイケル・エルガン、丸藤正道選手はグレート・ムタと対戦します。

拳王　丸藤は「Ｎ－１　ＶＩＣＴＯＲＹ」全敗だろ。杉浦なんて何の因縁もなくこのカードが組まれたし。杉浦じゃなくても、北宮とか稲村（愛輝）とかでもいいだろ。なのに、杉浦。確実に会社が選んだだけだ。しかも、セミでタイトルマッチ。

――丸藤選手、杉浦選手の試合とメインの闘いという側面も生まれました。

拳王　オレはこの全カードを見た瞬間から間接的にも丸藤、杉浦を超えなきゃいけないって思って、さらに燃えてきたよ。どうせ清宮なんか勝つことしか考えてないし、考える頭もないだろうけど。

――杉浦vsエルガンはＧＨＣナショナル王座決定戦となりました。

拳王　そんなベルトができることなんてまったく知らなかった。急に言われて、急にタイトルマッチで、急に親会社・リデットエンターテインメントの会長・長州力も出てきて…。何のためにナショナル王座を作ったのかっていうところが気になる。新体制のＮＯＡＨの特徴として、今、日本で一番人気のある団体のマネをする傾向にあるけど、そのままだ

なって。すごく嫌悪感があるぞ。NOAHはNOAHの色を出さないと、業界2位にはなれても、1位にはなれない。まずは2位を目指すって言ってるけど、オレは1位を目指して改革を進めてる。あの団体のマネばかりしてもダメだ。みんな杉浦vsエルガンってカードのインパクトでだまされてるけど、**まずナショナル王座って何なんだ?ってところだ。**

――確かにそうですね。

拳王　オレはあんなベルト、興味ないぞ。でも、会社に判断されてあの王座決定戦が決まって、悔しくないNOAHのレスラーたちが信じられない。誰か食いつけよ。

10月15日、行徳の大ちゃんにて取材

――言わんとしたいことはわかります。

拳王　もしオレがN-1決勝で負けてたら、選ばれるかって言ったら、絶対選ばれないだろ。本当に勝ててよかったよ。12人タッグとかに混ぜられてたんじゃねぇのか。今年3月の横浜大会が第1試合だったみたいに。

――まだ根に持っているのですか?

拳王　うるせー！　試合順を見てみろよ。杉浦vsエルガンがセミで、丸藤vsムタはその前だぞ。**NOAHはどこまで丸藤と杉浦なんだ**って思う反面、やっぱ丸藤vsムタに関しては楽しみにしてる自分もいるんだよ。

――このカードは別格です。

拳王　ムタは対戦相手のすべてを食うような世界観を持ってる。丸藤がどんな闘いをするのか本当に楽しみだよ。丸藤と杉浦についてはこれぐらいにして、ついに清宮が言いやがったな。

――?

拳王　10・11横浜のマイクだ。清宮は「オレはリデットエンターテインメントが好きです」って言ってたよ。とうとう本音が出たな。ファンのことが好きだと言うならわかる。けど、リング上で「リデットが好き」なんて言わなくていい。オマエもやっぱり犬だったのか。リデットは尻尾を振る犬をえこひいきする。反旗を翻すオレらには制裁だ。人生、考えちゃうよ。でも、親会社の言いなりになってダメになっていく会社に反旗を翻して、上り詰めていくドラマや映画は面白いだろ。オレたちにはハッピーエンドが待ってるはずだ。

――リデットは金剛興行12・14新木場を超満員札止めにできなければ、拳王選手退団、金剛解散という条件を突きつけてきました。

拳王　アイツら、本気で潰しに来やがったな。まぁ、プロレスはストーリーがあるから面白いからな。オレたちがハッピーエンドを必ず見せてやるよ。そうだ、いいこと思い出した。

――何ですか?

拳王　こないだ調印式があっただろ。

――9月20日、飯田橋のメトロポリタンエドモントホテルでありましたね。

拳王　オレは愛車のミライースで高速使って行ったんだよ。帰り道のことだ。会社の車が走ってたから見てみたら、アイツが座ってたんだよ。**清宮は運転手つきで会見に行ってたんだ。**そりゃ「リデット好きです」って言っちゃうよ。オレも丸藤も自分で会見に行ってるのに…。あの豪華なガウンもどうせリデットに作ってもらってるんだろ?

――拳王選手は?

拳王　実は11・2両国でコスチュームを新調

する予定なんだけど、オレは会社に頼ってないぞ。オレは自分を自分で磨いてる。清宮は会社に磨いてもらってる。プロレスラーは自己プロデュースが大切だ。自分の信念がコスチュームとかいろいろな部分に詰まってるんだ。リデットプロデュースのアイツはまやかしの強さと輝きだ。その差も両国で出るぞ。両国では超満員の中、自分の強い信念を持って〝リデット好きです〟清宮を倒して、GHCヘビー級王者になってやるからな!

11月20日号の議題 ダイビング・フットスタンプ

賛否両論を巻き起こした時点でオレの勝ちだってことだ。いち地方大会の前哨戦で注目を集めた…それがプロの仕事

——トークライブ、お疲れ様でした!

拳王 大盛況で終わったな。たった一人でトークして、NOAHのほかのヤツであんなに人が来るのか!? 話が面白くないAXIZだったら、20人ぐらいが限度だろ。

——〝AXIZ〟中嶋勝彦&潮崎豪には厳しいですね。

拳王 話に何の魅力もないから、ただ会いたいだけのクソヤローしか来ないだろうな。

——本当にひどいこと言いますね。確かに拳王さんの人気を証明できたと思います。最近、SNSのコメントもすごいじゃないですか!?

拳王 テメー、バカにしてるだろ! あれだけ波紋を生んだし、よし、今週のテーマはダイビング・フットスタンプでいくか。

——NOAH10・22浜松で稲村愛輝選手にタイガー・スープレックス・ホールドを決めている清宮海斗選手にダイビング・フットスタンプを決めたことが賛否両論を巻き起こしています。率直にあの一撃はどうでしたか?

拳王 プロとして最高の仕事をしたなっていう感じだな。

——その心は?

拳王 あれだけ話題になるフットスタンプをできるのはオレだけだろ。

——清宮選手は頸椎捻挫で1週間の安静を余儀なくされました。

拳王 叩かれてるのは知ってる。でも、オマエら、オレのフットスタンプの技術をわかってないだけだ。昔、武藤(敬司)さんが「フットスタンプなんて誰でもできる」とか否定していたよな。それを根拠にして、プロレスファンの**玄人臭を出すにはフットスタンプを否定すればいい**みたいな風潮がある。そうじゃないんだとオレは声を大にして言いたい。フットスタンプで内臓を破裂させることなんて素人でもできる。でも、プロレスは相手をケガさせようとか殺そうとか思ってやるんじゃない。3カウントを取るために、勝つためにやってるんだよ。そのさじ加減ができるのがプロだ。

——誰にでもできそうな技だからこそ、プロの違いを見せられるということですね。

タイガーSHを決める清宮にダイビング・フットスタンプを放った拳王

拳王　そうだ。チョップや蹴りだって、一歩間違えば、やられた方だけじゃなくて、やった方もケガをする可能性がある。オレたちプロレスラーは試合で技を出すために何度も鍛錬して、ちゃんとした技術を磨いてるんだ。だから、**いい子は絶対にマネするな。**オレのフットスタンプを否定してるヤツらはコアなふりをしてるけど、プロレスに対して短絡的な見方しかしていない。プロレスはそんなに簡単に語れるジャンルなんかじゃない。もっと深い部分を見た方がいいぞ。

――プロレスは「底が丸見えの底なし沼」ですからね。

拳王　オレも覚悟を持ってリングに上がってるし、あの試合では両国前最後の前哨戦にフットスタンプのインパクトを残すために、あえてブリッジしてる清宮に決めたんだよ。ああいうシチュエーションにするために試合をコントロールもしたし。清宮は前哨戦で何をやった？　ラーメン屋のオッサンの技だろ？

――川田利明選手直伝のストレッチプラム式フェースロックのことですよね？

拳王　そう。アレでどれだけの人に響いたんだ？　NOAHファン以外のヤツらの興味を両国に向けることができたのか？　できてなかっただろ。オレのフットスタンプには、NOAHファン以外のヤツらが食いついてきた。賛否両論を巻き起こした時点でオレの勝ちだってことだ。いち地方大会の前哨戦であれだけの注目を集めた…それがプロの仕事だ。

――だいたい話が見えてきました。

拳王　真実はフットスタンプをやった本人と受けた本人しかわからない。上辺ではいろいろ言い合ってるけど、オレと清宮は根底でお互いを認め合ってる者同士による闘いだ。今回のフットスタンプは前田日明と長州力みたいに信頼関係がない中での行為とはまったく違う。**オレは清宮がどこまでの技を受けられるかわかってるぞ。**そういうのも加味した上でのフットスタンプだ。清宮の選手生命がどうにかなるわけでもない。1週間の安静だぞ…そうだ。アイツ、今、SNSで何も発信しないだろ。アレはなんでか知ってるか？

――わかりません。

拳王　どうせ会社…いや、親会社のリデットエンターテインメントに言われてるだけだ。リデットによるかん口令だ。これだけファンに心配してもらうチャンスはないからな。同時に「拳王は相手にケガさせる最悪なプロレスラーだ」ということもアピールできるだろ。リデットにしてみれば、一石二鳥だ。おそらくトークライブでオレの人気をまざまざと見せつけられたから、清宮に何も言わないように指示して反撃してきたんだ。

――深いですね。

拳王　だから、プロレスは面白いんだろ。まぁ、今回はこれぐらいにしてやる。この連載は締め切りの都合で10月30日に収録しているけど、両国でもオレがプロのフットスタンプでアイツを倒してるはずだ。

11月27日号の議題　田村潔司

頂点を極めた人たちは、闘いの本質をわかってくれてるんだぞ。プロレスをわかってない田村に何を言われてもどうでもいい

拳王　おい、週プロのNOAH増刊号のアレはなんだよ。

――？

拳王　田村潔司がNOAH11・2両国大会総

括してただろ。それで「拳王が長州力をにらんだのなら許せない」とか言ってたよな。

――はい。田村選手は怒っていたみたいです。

拳王　オマエが取材に行ったのか？

――いえ、湯沢編集長から聞きました。

拳王　どんな感じで？

――田村さんは「ガチ目でイラ立ってる」と言っていました。

拳王　なんだ、それ。どっかの政治家みたいな言い回しだな。そういう表現を使うこと自体、プロレスをナメてる証拠だろ。

――確かに。

拳王　プロレス会場で起こったことは「ガチ」とか「ガチ」じゃないとかない。すべてプロレスだ。この業界でもトップクラスにプロレスが嫌いで有名なヤツがプロレスを知ったようなことを言うな。腹立ったから本来は隔週連載で休みの週だけど、緊急連載だ！

――カラーグラビアを用意します！

拳王　3ページだ！

――はい！

拳王　これで田村も逃げられないな。

――で、あらためて状況を説明すると、事件が起きたのはＧＨＣヘビー級選手権。拳王選手が清宮海斗選手を場外戦で攻めている最中、田村選手がリングサイド席にいた長州力さんをにらんだことに腹を立てました。

拳王　オレが清宮をカンパーナして、鉄柵にぶつけたら、そこに長州力がいた。オレが憎む会社…いや、親会社のリデットエンターテインメント株式会社の取締役会長がいたから、ちょっと威嚇しただけだ。

――リデットと拳王選手の関係性を考えたら、当然の行為だと思います。

拳王　にらみを利かしたら、隣にいたリデットの…なんだっけ？

――田村選手は社外取締役＆エグゼクティブディレクターです。

拳王　それか。最近、よくわからないけど、リデットに入ってた田村が小声で「おい！」って言ってたのは聞こえた。試合中だったから、無視してリングに上がったけどな。

――では、田村選手が指摘していたように、長州さんをにらんだのは事実なのですね？

拳王　もちろん。

――意外と冷静に覚えているのですね。

拳王　当たり前だ。勝つ自信があったからな。

――負けたじゃないですか。拳王マニフェスト「11・2両国、超満員（ベルト奪取）」はどうしたのですか？

拳王　うるせー！

――すみません…。

拳王　まぁ、マニフェストは一旦おいといて、ちゃんと「おい！」って聞こえたよ。コイツは何を考えて言ったのかなって思ったけど、プロレスのことを全然わかってないただのバカだったな（笑）。ガチでキレてたのか。

――そうみたいです。

拳王　長州力の隣でガチでキレてるなんてたいしたもんだ。**田村に「キレてますか？」って聞いた方がよかった**かな（苦笑）。

――相変わらず口が悪いですね。

拳王　リデットの一員として言ってるのか、それともいち個人として言ってるのか。そこらへんは気になるな。でも、普段からリデットのことを大嫌いと声高らかに言ってるオレが、リデットの取締役会長の長州力を前にしたら、にらむのは当然だろ。プロレスラーであれば、ああいうシチュエーションで無視する方が失礼だ。まぁ、プロレスを知らないヤツには理解できないだろうけどな。

――深い言葉ですね。

拳王　オレはプロレスでトップを目指してる。プロレスを知らないヤツにとやかく言われたくないと心から思うぞ。そもそも田村ってプロレスに対してどういう気持ちを持ってるんだよ。

――鋭いところを言及しますね。

拳王　田村は最初こそ藤波辰爾に憧れて、新生UWFでデビューしたプロレスラーなんだろ。それでUWFインターに行って、新日本との対抗戦が始まったら、団体の方針に納得ができずに、みんなが東京ドームに乗り込んでる間、ずっと道場で練習してたらしいじゃないか。プロレスが嫌いなんだろ？　プロレスに背を向けたんだろ？　そんなヤツが今さらNOAHの親会社であるリデットエンターテインメント株式会社の社外取締役になって、プロレスについて語るなよ。オレはプロレス団体のNOAHが勝負を懸けた年間最大のビッグマッチでメインに立った。この日のためにずっと闘ってきたんだ。

――まさしくそうですね。

拳王　オレはNOAHという団体を背負って、リングに上がってるし、11月2日、本気で清宮からGHCヘビー級のベルトを取って、頂点に立つつもりだった。オレはオレのプロレスにプライドを持ってるし、それを後押ししてくれるクソヤローどもがあの日、両国国技館に集まってただろ。もし田村があの日、あの空間を台無しにするようなことを言ってたら、絶対に許さないぞ。オマエ、リデットの社外取締役に就任したみたいだけど、**どうせ小遣い稼ぎのためか、YouTubeのチャンネル登録者数を増やすためだけだろ。**

週刊プロレスNOAH増刊の田村潔司による大会総括ページを指差す拳王

――現在、田村選手は「Kiyoshi Tamura 田村潔司【一人UWF放送室】」というYouTubeチャンネルを展開しています。

拳王　そんなの宣伝しなくていい。オレはメインで負けたから何も言えない立場だけど、あの日の両国大会はホントにいい大会だった。NOAHへの期待感がグッと高まっただろ。週プロの増刊号を見ても、長州力はリデットの会長なのに、オレのことを大絶賛してくれてたよな。やっぱ長州力はプロレスのことをわかってる。NOAHのOBの小橋建太さんだって「拳王は負けてなお素晴らしかった」と言ってた。プロレスで頂点を極めた人たちは、オレの闘いの本質をわかってくれてるんだぞ。だから、プロレスをわかってない田村に何を言われてもどうでもいい。

――と言いつつも、週プロ増刊を読んで腹立って、こうして緊急連載で言葉を発信する拳王さんはプロレスラーとして素晴らしいと思います。

拳王　当たり前だ。そういや増刊号読んで田村のことが気になって、取材前にフクタレコードの大将にいろいろ聞いたわ。昔、徳島でイベントやってただろ。

――行ったのですか？

拳王　あんなヤツのイベントに行くわけないだろ。まったく興味ない。でも「週刊チョー

NOAHに上がってみろよ。相手ならオレが務めてやる。1月4&5後楽園で待ってるぞ。ルールは何でもいいぞ

クプロレス」にもよく出てたよな。

——あらためて説明しますと「週刊チョークプロレス」は四国放送のラジオ番組で拳王選手がファン時代に熱心なリスナーでした。

拳王　「週刊チョークプロレス」はオレの原点だけど、田村のことなんてオレの琴線に響かなかったぞ。

——そもそも田村選手がリデットの社外取締役に就任したことについてどう思っていましたか？

拳王　いい質問だ。オレは大反対だったぞ。急に9・16大阪を見に来て、急にリデットの社外取締役になった…いったいどういう人事なんだよ。その前にリデットのヤツらは納得してるのかよ。

——確かに急転直下の就任でした。

拳王　田村のことはよく知らないけど、アイツがプロレスを嫌いなことは知ってる。そんな**田村にゴチャゴチャ言われて、面白いわけないだろ。これはおそらくオレだけの意見じゃない。NOAHの選手、スタッフの総意だ。**ほかのヤツらはどうせ臭いものに蓋をして、田村についてはノータッチだろうから、オレが代弁してやるぞ。

——そういうところが拳王さんの真骨頂です。

拳王　プロレス界で伝説とも言える新日本vsUWFインターの対抗戦に田村は出なかっただろ。その時点でプロレスラーとしての嗅覚がない。のちに〝プロレス界の帝王〟になる髙山善廣も、今はNOAHで闘ってる桜庭和志も、あの大会で名前を売っただろ。あの2人がプロレス界に対して、どれだけ偉大な貢献をしてきたかわかるか。それに対して、オマエは新日本との対抗戦に出ずに、プロレスラーとしてプロレス界に何を残したんだ。それにNOAH11・2両国で桜庭和志があの足4の字固めで勝ったことについてどう思ったんだよ？

——！

拳王　まぁ、いい。そんな**プロレスに背を向けたヤツがプロレス団体の親会社の社外取締役になること自体が信じられない。**田村はこの人事をなぜ受け入れたのか？　NOAHはオマエが嫌うプロレスの団体だぞ。それをわかってて、ハンコを押したのか？

——攻めますね。

拳王　アイツは受け身が取れるのか？　オレたちはデビューする前に何千回、何万回って受け身を取ってきた。まず受け身を覚えてからプロレスについて語りなさい。何なら、NOAH道場で練習生と一緒に受け身をやってみろよ。それで判断してやる。オレが長州力をにらんだことに怒るなんて、受け身の精神をわかっていないからだろ。プロレスはものすごく深い部分まですべてひっくるめて闘いなんだ。週プロ増刊の総括を読んだ限り、**田村のプロレス論には受け身の精神が足りない。**

——なるほど。

拳王　だから、プロレスは面白いんだ。ただ強くて勝てばいいってわけじゃない。オレたちはプロレスで真剣勝負をしてる。たぶんあの日、両国国技館にいた中でわからなかったのは田村、オマエだけだ。オマエは何のため

にリデットの社外取締役になったんだ？　強い信念を持って、この話を受けたのか。オマエは強い信念を持って、新日本との対抗戦に出なかったんだろ。田村潔司は自分の強い信念だけで動く男かと思った。オマエの中にあるUの遺伝子はどこに行ったんだ。今こそオマエのプロレスに対する信念を見せてみろ。

――今日は見出し級の言葉がポンポン飛び出しますね。

拳王　そういえば、田村は今でも現役なの？

――引退はしていません。

拳王　ほー。

――意味深ですね。

拳王　何なら、NOAHのリングに上がってみろよ。相手ならオレが務めてやる。1月4日、5日、オマエが上がりたくなかった新日本東京ドーム大会のお隣、NOAH後楽園ホール大会で待ってるぞ。特に5日なんて全カード当日発表だからな。

――おお！

11・2両国で丸藤・杉浦とも間接的に真剣勝負をしていたんだ。今の田村潔司みたいに薄っぺらい考えとは違う

NOAH11・2両国で清宮にカンパーナを決めながら長州力さん、田村をにらむ拳王

拳王　ルールはプロレスルールでもUWFルールでも何でもいいぞ。アイツのバックボーンはなんだ？
――相撲です。
拳王　日本拳法vs相撲の異種格闘技戦でもいいぞ。巌流島ルールでもいい。相撲対策に打ってつけのヤツが、金剛のメンバーにいるからな。
――稲村愛輝選手ですね。
拳王　そうだ。**ルールはオマエが決めていいぞ。**それぐらいのハンディがあって、ちょうどいいぐらいだ。両国で清宮に負けて、落ちてたけど、田村の話をしてたら、なんかやる気が出てきたぞ。
――田村選手のことだけでなく、11・2両国の敗戦についても聞かなければいけません。
拳王　今年3月の横浜文化体育館大会は第1試合だった。そこから両国のメインまで駆け上がって、ベルトを取ったら、めちゃくちゃカッコよかったのに…。オレが勝ってたら「駆け上がる拳王」が増刊号の表紙のコピーになってたんじゃないか。プロレスって素晴らしいドラマがあるなってみんなに伝えたかった。
――でも、負けました。
拳王　両国国技館大会自体はあれだけお客さ

んが入った。武田（有弘NOAH社長）が前日の会見で70％って言ってたけど、当日は85～90％ぐらいになってただろ。その数字を見たら嬉しかったし、これからへの手応えも感じた。まぁ、頭がない清宮なんてちょっとラーメン屋に行ってオッサンに技を教えてもらっただけで大会をアオッたと思ってたから、最後の前哨戦で喝を入れてやった。

——タイガー・スープレックス・ホールドを決める清宮選手にダイビング・フットスタンプを決めて、賛否両論を巻き起こしました。

拳王　アレでNOAHファン以外のプロレスファンにも響かせたから最後の何％かは伸びたはずだ。今回の田村の件も含めて、そういう仕掛けをこれからもどんどんやっていくからな。ベルト争いだけがプロレスじゃない。金剛は両国でシングル、タッグの両方で負けたかもしれない。だけど、オレは両国大会から3日後にもう次のテーマを見つけたぞ。週プロ増刊、ありがとな。

——お役に立てて光栄です。12・14新木場では超満員にならなかったら拳王さん退団＆金剛解散が懸けられている金剛興行もあります。

拳王　リデットもオレたちのことを甘く見すぎだ。新木場1stRINGは確かにいい会場だけど、オレは日本武道館を目指してるんだぞ。350人の新木場を超満員にしろと言われたことがすごく悔しかった。そこは後楽園ホール超満員だろ。

——自信たっぷりですね。

拳王　当たり前だ。オレはもっと大きなところを見てるからな。以前、連載で「11・2両国のカードを見たら、NOAHはやっぱり丸藤正道、杉浦貴」だと言ったけど、大会が終わってみても、そこを超えるというのがまだテーマとして残ってるなと感じた。メインをオレと清宮が務めて、その前が丸藤、杉浦。オレは負けたけど、悪い試合をしたと思ってないし、メインイベンターとしての務めを果たせたと思ってる。でも、丸藤、杉浦みたいにプロレスラーとしての年輪が出せたかと言ったら、まだまだだ。そこらへんをオレがもっと出せるようになったら、NOAHは絶対に両国国技館じゃないところにも行ける。あの日、オレは丸藤、杉浦とも間接的に真剣勝負をしていたんだ。そして、大会が終わって、オレはまだまだと感じた。そういう気持ちになれただけでも確実に次につながるぞ。今の田村潔司みたいに薄っぺらい考えとは違う。24年前に髙田延彦にリング上から「ボクと真剣勝負してください」と言ったオマエはどこに行ったんだ？

12月4日・11日合併号の議題

ハヤトエール11・27新宿大会

本当はGHCヘビー級王者として駆けつけたかった。でも、このタイミングで過去を振り返ることができてよかった

拳王　いったい田村潔司問題はどうなるんだ？　11・2両国で清宮海斗に負けてすぐにこんなテーマが生まれるなんてプロレスって面白いよな。UWFの香りがするよ。ガチ目で驚いてるよ。

——誌面上のやり取りならまだしも、なんで11・9大阪のリング上から言ったのですか？

拳王　これでもうアイツも逃げられないだろ。真剣勝負したいなぁ…。ひとまず打撃の練習でもしておくかな。

——さすが日本拳法世界王者！

拳王　パンチなんてプロレスで反則になるから使ってないけど、ずっと眠ってた才能を呼び起こす日が来るのかな。またオレの引き出

し見せちゃってもいいっすか？

――もちろんですよ！

拳王　拳の王と書いて拳王だからな。**田村戦が実現したら、ようやくオレのパンチを見せることができるな。**田村のことは今後の展開を楽しみにしておくとして、今回の連載のテーマは直前に迫ってきたみちのく「フジタ〝Jr〟ハヤト支援大会～ハヤトエール」11・27新宿FACE大会で行くぞ。

――過激派でありながら、そういった人として素晴らしい面を時々見せるところにファンは魅了されるのです。

拳王　おっとっと、その前に「竹花純司さん

07年12月23日、みちのく後楽園大会で日向寺とエキシビションマッチ（プレデビュー戦）をおこなった拳王

追悼大会」11・15滝沢大会についても語っていいか？

――詳細は今週号の43ページや79～82ページ（予定）に掲載しています。

拳王　みちのくのリングに道着を着て上がるのはプレデビュー戦以来だ。

――拳王さんにとって竹花さんはどんな存在だったのですか？

拳王　もともとみちのくプロレスのスポンサーをしてもらってるお寺の幼稚園があって、そこの園長先生。みちのくからNOAHに行くってなった時に日本拳法の道場を続けてたんで、オレがいない時にずっと教えてもらってたんだ。

――日本拳法をやっていたのですか？

拳王　やってなかったけど、園長先生だから子どもたちの指導とかはできるからお願いしてた。本当にプロレスが大好きな人だった。今のみちのくプロレスがあるのも今の自分があるのも、竹花さんのおかげだ。今回、道着を着て、みちのくのリングに立てることになったのも竹花さんの導きかもしれないな。道着を着てみちのくに上がった後、11・27新宿では久々にみちのくのリングで試合をするぞ。

――'15年6月以来4年5カ月ぶりです。

拳王　竹花さんと同じく、ハヤトがいなかったら、今のオレはない。**立て続けに恩を感じることが続くよな。**
――対戦カードは剣舞&ラッセ&SUGI vs拳王&MUSASHI&日向寺塁です。
拳王　大地がMUSASHIになってから初めて一緒のリングに立つな。よく考えたら、拳王、MUSASHI、日向寺はみちのくの合宿所で一緒に暮らしてた。オレたちは竹花さんが建ててくれた合宿所&道場で生まれ育ったプロレスラーだ。剣舞&ラッセ&SUGIは東京在住。そういう部分も見せていきたいよな。ザ・グレート・サスケ、新崎人生ではないみちのくプロレスを見せることができる試合になるんじゃないか。SUGIと試合をするのは義経時代含めて初めてだし。本当はGHCヘビー級王者として駆けつけたかったけど、それはかなわなかった。でも、あの頃よりも大きくなったオレでみちのくのリングに恩を返せる時が来たな。NOAH 11・2両国が終わったこのタイミングで過去を振り返ることができたのはよかった。
――拳王vsハヤトはみちのくでいち時代を築きました。
拳王　もともとルチャの団体だったのに、なぜか格闘色の強いプロレスが軸になってたよ

な（苦笑）。ハヤトとは竹花さんのお葬式で久々に会った。

――どんな会話をしたのですか？

拳王　挨拶程度だけだ。もともとそこまで仲良くないので…リング上の闘いでは会話できたけど、リング降りたらなかなか会話できなかった（苦笑）。ハヤトエールで少し会話ができたらいいな。まぁ、とにかく、11月27日、オレの初心に返って、もっと大きな夢をつかみにいきたい。初心と言えば、オレのNOAH初参戦は剣舞とのタッグだった。アイツ、年内でみちのくから離れるんだってな。オレがNOAH初参戦で、剣舞とのタッグでKENTAから3カウントを奪ったのはすごくいい思い出だよ。よく考えてみれば、オレ、KENTAを倒すためにNOAHに来たんだ。KENTAとは14年3月にオレの地元徳島凱旋大会でシングルやったぐらいで終わっちゃったなぁ…。

――闘いが線になることがないまま、KENTA選手はNOAHを退団しました。

拳王　だな。まあ何が言いたかったって言うと、**来年の1・4&5は間接的に、KENTAとも闘うってこと。**

12月18日号の議題　拳王的プロレス大賞2019発表

ここ最近、あそこまでもめる移籍劇なんてなかった。結果的にあれだけの話題を作ったという意味ではアイツの言動は大正解だ

拳王　今年ももう終わりだな。年末と言えば、なんだ？

――紅白歌合戦ですか？

拳王　違う！　プロレス大賞だろ。今週は拳王的プロレス大賞2019を発表する！　まずはMVPからだ。まぁ、普通ならばオカダ・カズチカ、飯伏幸太、清宮海斗、宮原健斗あたりが有力候補だろうな。でも、オレの考えは全然違うぞ。

――ま、まさか拳王さんですか。でも、それ、自分で言っちゃいますか？

拳王　プロレス大賞発表前なんてドラフト会議前の球児みたいに電話が鳴るのを待ってるんだ…って、違ーう！

――ノリツッコミ！

拳王　オレは誰かみたいに自分で自分のことをMVPって言うほどバカじゃないぞ。

――では、誰なんですか？

拳王　よし、発表するぞ。**デレレレレレレレ…デンッ！　MVPはジュリアだ!!**

――そ、そこ来ましたか！　選考理由は？

拳王　今年のプロレス界で一番衝撃を残したからな。ここ最近、あそこまでもめる移籍劇なんてなかっただろ。もしジュリアが考えてやったとしたら、プロとして最高の仕事をし

拳王的プロレス大賞2019を発表した拳王。

たな。裏の大人の事情はわからないけど、結果的にあれだけの話題を作ったという意味ではアイツの言動は大正解だ。オレもジュリアの一件を聞いた時には、これはどういうことなのかなってすごく興味が沸いた。

——自身のツイッターでアイスリボン退団を表明した数時間後にライバル団体であるスターダムのリングに立って参戦を表明しました。

拳王　最終的に契約問題についてはクリアになったみたいだけど、表に出てる部分だけじゃなく、裏でいろいろあったことは誰でも簡単に想像できるだろ。そういうこと全部加味してMVPだ。

——男子で言えば、清宮選手がいきなり新日本に移籍するようなもんですからね。

拳王　オレは情を大切にするから、好きなやり方じゃないけどな。アイスリボンに義理を通してほしかったけど、これでジュリアとアイスリボンに大きな物語が生まれた。プロレスラーとしてこれほど美味しい果実はないよな。プロレス界は何が起こるかわからないし、数年後に絡んだ時に絶対に面白くなるだろ。

——ちなみに、ジュリア選手の試合を見たことあるのですか?

拳王　もちろん……ない。

——!　試合を見たことないにも関わらず、MVPに選んだのですか?

拳王　そうだ。でも、この一件があって、試合を見たことがないオレでもジュリアの試合が見たくなっちゃったよ。日テレG+で放送してくれないかな（苦笑）。オレもそれぐらいのインパクトを残せるようにがんばらないと。

——けっこう衝撃を残したと思いますが…。

拳王　11・2両国で勝って、次期挑戦者に田村潔司を指名してたら、自分でもMVPに選んでたわ。あっ、田村潔司にも何か賞をあげないといけないな。たった2回NOAHを観戦して、オレに喧嘩を売っていざ買われたら、ノーコメント…アイツの技術はすごい。田村潔司は技能賞だ!

——おお!

拳王　**久々にアゴ食らっちゃったよ…。**

——「アゴを食らう」とはフラれるという業界用語です。

拳王　バーで隣に座った女から「1杯、一緒にどうですか?」って言われて、しばらく一緒に飲んで、こっちから「もう1杯、どうですか?」って誘ったら「あたし、もう時間なんで帰ります」って言われたようなもんだ。その先の展開いろいろ考えてたのに…。

——うまいこと例えますね。

拳王　まぁ、アゴを食らってからがスタートだ。帰った女の勤め先は知ってる。NOAHの親会社であるリデットエンターテインメント株式会社だ。これからどう攻めていこうかいろいろ考えないとな。オレが表紙の週プロ持って、フクタレコード行ってこようかな。ほんとNOAHの会場でUWFのテーマ聞きたいなぁ…。

——行数もなくなってきたので、殊勲賞は?

拳王　ジュリアに競り負けたKENTAだ。

——WWE退団後に新日本電撃参戦、G1初出場、バレットクラブ入り、NEVER無差別級王座戴冠と活躍を見せました。

拳王　KENTAは不義理をしたわけでもないし、素直に新日本でがんばってほしいよ。新日本でトップを取ったら、家に帰ってきてもいいんじゃないかなって気持ちも込めて殊勲賞だ。

——KENTAさんに言いたいことは?

拳王　まあ、とりあえず言いたいことは、マサ北宮はブスってこと!

——それ、ただ言いたいだけじゃないですか。

拳王　うるせー。最後に受賞者のジュリア、田村潔司、KENTAには、**副賞としま**

して次回連載での拳王との特別対談権を贈呈します！　希望者は週刊プロレスの各担当者を通して日程調整するように!!

1月1日号の議題　2019年総括

11・2両国で負けても、拳王は死せず！ '19年のNOAHはオレがすべてを動かしてきた

拳王　ジュリア、田村潔司、KENTAからの返答はあったのか？

—前回の連載では「拳王的プロレス大賞2019」としてMVP・ジュリア選手、殊勲賞・KENTA選手、技能賞・田村潔司選手が選ばれました。その副賞で「拳王との特別対談権」が勝手に贈呈されましたが、当然、誰からも連絡はありません。

今回の連載は12・7八戸の試合後に美味しい魚介類に舌鼓を打ちながら収録

拳王　週プロは動いたのか？

—いえ連載ページで勝手に言っただけです。

拳王　おい、バカにするんじゃねぇよ！

—ちなみに、誰と対談したかったですか？

拳王　一人だけ対談にならないヤツがいる。そいつとはやりたくなかったぐらいかな。アイツは言葉のキャッチボールができないと思うからな。向こうからまぁまぁな速球を投げられたから、こっちも剛速球で返したら、ボールを取ってもくれなかったからな。少年野球だったら、監督に相当怒られてるぞ。

—それで、今回の議題は何にしましょう。

拳王　'19年を振り返るしかないだろ。

—完全にプロレス界も年末年始モードです。

拳王　どん底から這い上がって、年間最大のビッグマッチで頂点をつかむっていう日本人が大好きなそうなドラマを完結させようと思ったけど、最後の最後で負けちゃった。

—1・6後楽園でも清宮海斗選手のGHCヘビー級王座に挑戦しています。

拳王　うるせー！　リデットの子会社になってからの話だ。清宮の時代が来たと思わせて美味しいところを、オレが全部持っていこうとしたら、逆に清宮の時代だってことを証明しちゃったよ。オレがかませ犬じゃねぇか…。

—は、話を変えて、今年、一番印象に残った試合はどれでしょうか？

拳王　そりゃ、岡田欣也戦に決まってるだろ。

—えっ!?

拳王　オレのデビュー記念日である3月2日、茨城・霞ヶ浦文化体育会館だ。

—第1試合でしたね。

拳王　アレは本当に屈辱的だったぞ。去年はデビュー記念日ではなかったけど、地元の徳島でデビュー10周年凱旋記念興行をやってメインを務めたのに、リデット体制になって突きつけられた自分のポジションが第1試合だ。3・10横浜のビッグマッチでも第1試合。リデットは拳王という存在を確実にいろんな裏の力を使って弾圧してた。幕末の志士たちも徳川幕府の弾圧に耐えて、己の信念を貫いた。オレも坂本龍馬みたいに…。

——坂本龍馬は明治の新国家を見る前に暗殺されました。

拳王　オレも両国国技館で殉死…いや、違うだろ！　プロレスラーは負けても、何度でも這い上がれるんだ。金剛で錦の御旗を掲げるまで何度でも立ち上がってやる。

——聞き心地のいい締めっぽいことを言っていますが、まだまだ行数が足りません…。

拳王　要するにオレが言いたいのは「11・2両国で負けても、拳王は死せず」ってことだ。

——どこで勝つのですか？

拳王　日本武道館に決まってるだろ。'19年なんて序章に過ぎないんだよ。ドラマって1クール12話だけど、まだ6話ぐらいまでしか終わってないぞ。オリンピックもあって日本が注目されて、**NOAH旗揚げ20周年イヤーの'20年こそ、オレのドラマが完結するに相応しい年**なんだよ。1年なんて区切りはオレにはない。ずっと言い忘れてたけど、オレはいつも2年間隔で動いてるんだよ。'20年1月1日でオレは35歳になるし。どう考えてもオレのための'20年になるだろ。

——強引なこじつけに聞こえなくもないです。

拳王　清宮なんて'19年で終わりだ。潮崎豪とのタイトルマッチが1・4後楽園で組まれたけど、去年と今年の年始興行と比べても、いまいち盛り上がりに欠けてるだろ。オレがタイトルマッチじゃないからだ。清宮のヤローはみそかに鎖国を破って、WRESTLE-1大阪大会に参戦するし。

——自分だって、みちのくの「ハヤトエール」11・27新宿に参戦していたじゃないですか。

拳王　オレは自分の強い信念であの大会に出たんだ。**清宮はどうせリデットに言われて、武藤敬司のバーターでWRESTLE-1に出るんだろ。**まぁ、清宮のことはどうでもいい。要するに'19年は踏み台。オレのドラマを盛り上げるための年だったってことだ。最初からオレが'20年、武道館のメインで勝って、GHCヘビー級王者に返り咲くまでの物語だったんだよ。

——ものすごく後づけな気がしますが、自信満々でそう言われるとそう思えてきました。

拳王　オレが行きたい場所は両国国技館じゃなくて、日本武道館だ。最初から言ってきただろ。そもそも'19年のNOAHはオレがすべてを動かしてきたんだよ。清宮はリデットの言いなりだし、杉浦軍だってオレの「犬」ってキーワードで存在意義が生まれただろ。田村潔司問題だってそうだ。それも含め「両国で負けても、拳王は死せず」ってことだ。

——それは一理あると思います。

拳王　オレの物語は…To Be Continued.だ！

1月22日号の議題　金剛興行総括

パワハラでも会社から提供されたシチュエーションを生かすのも殺すのも、プロレスラーの力量次第だ

拳王　ジングルベール♪　ジングルベール♪　鈴が鳴る♪　今日は楽しいクリスマス、ヘイ！

——…。

拳王　っていうか、なんでクリスマスイブをオマエと過ごさなきゃいけないんだよ！　男2人で赤羽のデニーズって…。

——週刊誌のしめきりの都合上、このページは昨年中に校了しなければいけないので…。

拳王　本来だったら、今回の議題は1・4&5後楽園についてだろ。

——しめきりが12月25日でして、今回は金剛興行12・14新木場の総括でお願いします。

拳王　タイムラグがあるけど、仕方ないな。
――金剛興行全体はどうでしたか？
拳王　すごく温かい空気にできたなっていうのが一番の感想だな。あの盛り上がりは尋常じゃなかった。あんな雰囲気を作れるのは金剛だけだ。確かに興行を決めたのは会社のパワハラだった。だけど、大会までもっていく過程も興行の大事なパッケージ。クソヤローどもがリデットエンターテインメント株式会社からのパワハラに負けるなって応援してくれたのが、会場の雰囲気につながった。
――拳王さんがパワハラをプラスの力に変換したからこその成功ですね。
拳王　よくわかってるな。金剛以外のヤツらはバカだから教科書通りのことしか言えないだろうけど、オレは違う。会社から提供されたシチュエーションを生かすのも殺すのも、プロレスラーの力量次第だ。リデットはただオレを潰そうとしただけだけど、オレはそんなパワハラを利用して最高の雰囲気を創り上げたっていうことだな。**世の中でパワハラを受けてるヤツらに希望を見せてやったぞ。**生きてたら、いろんなハードルがあるだろ。でも、それをがんばって乗り越えたら、これだけ素晴らしい空間が生まれるんだ。オレは金剛興行にそういうメッセージも込めてた。
――そこまで考えていたのですね。
拳王　当たり前だ。

デニーズでハイボール（大ジョッキ）を飲みながらクリスマスのイルミネーションを見てたそがれる拳王

――金剛興行で話題になっているのはやはり新メンバーの覇王選手と仁王選手の加入です。
拳王　金剛興行で金剛の未来を見せられたっていうのはでかかったよな。5人並んだ写真は映えてた。
――戦隊シリーズみたいでした。
拳王　5っていう数字はすごくいいよな。悪を倒すのはいつも5だ。少年少女が憧れる戦隊シリーズもセーラームーンも基本的には5人だろ。SMAPも嵐も5人。**5人のユニットは国民を代表するスターになってる。**金剛も必然的に5人集まってきたぞ。
――覇王&仁王というリングネームについては？
拳王　呼びづらいし、なじみづらい（苦笑）。でも、印象には残るよな。
――一度聞いたら忘れられません。
拳王　金剛と同じ。最初はださいと思われても、今はなじんでるだろ。そういう感じになっていけばいいなって思ってる。
――ちなみに、誰が決めたのですか？
拳王　覇王と仁王が強い信念で決めたんだ。オレが与えたわけじゃないぞ。
――初めて聞いた時にどう思いましたか？
拳王　誰もが思うように「マジか!?」だ（笑）。

――仁王選手のＨｉ６９選手時代についてはどんな印象を持っていたのですか？

拳王　実力はあるのに、変な位置にいるなって。本人もやる気があるのかないのかわからない。プロとして甘すぎたし、逃げてばかりだった。あれほどできる選手なのに、たいした結果も残せずに、その位置にいるのがもったいないってずっと思ってた。金剛に入ったら実力を発揮する舞台が多くなっていくんじゃないか。覇王なんてすべてを捨てて、ＮＯＡＨに来たんだぞ。

――では、覇王選手のさとうゆうき選手時代については？

拳王　ずっと新しい一歩を踏み出せないまま現状に甘んじてたような感じだった。気がつけば、けっこうな年齢とキャリアになってた。もったいないなって思ってたよ。そんな中での金剛入りという決断は絶対に間違いではなかったと思う。そしてこれから間違いではなかったと言われるようにしていかないとな。新木場では気持ちが見えすぎたけど、まだ一緒に組んでないから5人で試合するのが楽しみかな。そういえば〝あの場所〟への申請はどうなったんだよ。

――ＮＯＡＨ日本武道館大会ですね。

拳王　オレが2年前から言い続けて、それこそいい興行にできるようにもっていってるんだぞ。旗揚げ20年の節目で武道館に戻るのは、ＮＯＡＨの悲願だろ。**武道館への申請がどうなったのか、そろそろ教えてくれ。**

――どうなったのか気になりますね。

拳王　あと今年はよりいっそうこの連載に力を入れていくからな！

――なぜですか⁉

拳王　気持ちが乗ってるってことだけだ！

2020年

新型コロナウイルスが世界で猛威を振るった2020年。
NOAHはサイバーエージェントグループ入りし、
緊急事態宣言下、無観客TVマッチを精力的に開催。
拳王は週プロ連載が隔週から毎週となり、
その鋭い舌鋒がさえ渡るばかりだった。

2月5日号の議題

1・4&5後楽園総括→潮崎豪

清宮やオレが中心となって駆け抜けた去年がNOAHの過去に負けた。やっぱ美しい思い出には勝てないのか…。

――明けましておめでとうございます！

拳王　…それだけか？

――?・?

拳王　1月1日と言えば？

――拳王選手の誕生日でしたね。35歳、おめでとうございます！

拳王　週プロからプレゼントはないのか!?

――もちろんありません。連載続行がプレゼントということで…今年はよりいっそう力を入れていくと宣言してもらっていますし。

拳王　もちろんってなんだよ。そうだな。35歳、拳王、今年はよりいっそうがんばります。

――ついにGHCヘビー級王座が動きました。

拳王　よし、今回の議題は1・4&5後楽園総括でいくぞ。言いたいことがいっぱいあるし。

――両日とも超満員札止めでした。旗揚げ20周年イヤーの'20年、NOAHは最高のスタートを切りましたね。

拳王　団体としてはそうだな。でも、オレはそんなことはなかったぞ。**新年一発目はタイトルマッチってオレの体内時計に組み込まれてた。**今年はできなかったからな。

――1・4&5後楽園で一番印象に残った試合は何でしょうか？

拳王　もちろん清宮海斗vs潮崎豪のGHCヘビー級選手権だろ。素直な感想を言うぞ。

――よろしくお願いします。

拳王　潮崎への声援を聞いて、やってる本人じゃないけど、ものすごく残念な気持ちになった。去年一年間、清宮が積み上げてきたものって何だったのかな。絶対に清宮は悔しかったと思うし、NOAHファンに対して？マークをすごく感じたよ。例えて言うならば、清宮やオレが中心となって駆け抜けた去年がNOAHの過去に負けた感じだな。やっぱ美しい思い出には勝てないのか…。

――意外な意見でビックリしています。

拳王　去年のことを振り返ると、清宮のことをバカにしたりディスってたりしたけど、潮崎と清宮のどちらがNOAHに貢献したかって言ったら、確実に清宮だろ。潮崎は選手会長としてはまぁやってるとは思うけど…。まぁだぞまぁ。でも、一年間見ると、自分のことしか考えてなかったように見えるよな。23歳という若さであれだけ心身を削ってNOAHのためにやってきた清宮が、**あんな自己満足、私利私欲のためにやってきた潮崎に負けるなんて**…だろ。オレが危惧してたことが現実になったな。いろいろ迷いもあったんだろうな。容量オーバーしちゃったんだろうな。清宮は去年、ほぼ休みなんてなかったんじゃないか。

――まさに敵に塩を送る、ですね。

拳王　もともと潮崎のことは好きじゃないしな…というよりも大嫌いだ。前哨戦から潮崎は自分のやりたいことばかりやってたし、その時点でプロレスラーとしてオレの数倍は劣ってる。別にあのタイトル戦でチケットが売れたわけじゃない。どちらかというとチケットを一番動かしたのは小川良成のGHCジュニア初挑戦とかじゃねぇのか。あの日はカードもそうだけど、新日本東京ドーム大会にぶつけた気概…NOAHの団体力で前売りが完売になったんだ。潮崎が自分のおかげで完売になったと勘違いしてそうなところが腹立つ。

――それでも去年1月と11月に拳王選手が取

1・4後楽園でGHCヘビー級王者となった潮崎

れなかったベルトを潮崎選手が取りました。
拳王　結果がすべてという部分も悔しいところなんだよな。本当はグウの音も言えない…。でも、こうやって言うのがオレのプロレスラーとしての信念だ。たぶん潮崎がオレの立場だったら何も言わないんじゃないか。清宮はバカだから「潮崎さん、本当にすごかったです」とか思ってそうだけど、もしそうやって思ってたら、アイツはプロレスラーとして潮崎、中嶋と同じ道を行くぞ。
――相変わらずAXIZには厳しいですね。
拳王　'20年は日本武道館大会のメインで清宮からGHCヘビー級のベルトを奪うのが目標だったのに、すべてが崩れたよ。清宮から奪うのと潮崎から奪うのではまったく意味が違う。潮崎なんて〝イッテンヨン〟の声援で満足してるだろ。しかも、コスチュームも清宮にかぶせてきて、タッグチームのパートナー対決みたいになってたし。潮崎も清宮もどっちも大嫌いだけど、どちらかと言うと、オレは10対0で清宮派だ。
――おおお！
拳王　今年は近いうちに必ず巻き返して、オレがGHCヘビー級王者になってやろうと思ってる。潮崎みたいなヤツがベルトを持ってたら、NOAHは大変なことになっちゃうからな。もしかしたらNOAHの過去、美しい思い出はオレが倒すって運命だったのかもな。
――うまいことまとめますね。にしても、1・4&5後楽園総括のはずがほとんど潮崎選手についてになりました。
拳王　それだけ悔しかったってことだ。
――まだ何か言いたいことがありそうですね。
拳王　次回予告をしてやる。**次回の連載では、〝なかったこと〟になってる田村潔司について語るぞ！**　楽しみにしておけ!!

2月19日号の議題　田村潔司のはずが…サイバーエージェント！

オレはNOAHを高木三四郎から守る。プロレスは笑いじゃなくて、闘いがエンターテインメントだ

拳王　今回の議題は田村潔司と予告していたけど、スゲー事件が起こったよな。
――田村選手はNOAHの親会社であるリデットエンターテインメント株式会社のエグゼクティブディレクターでしたが、親会社が株式会社サイバーエージェントになりました。
拳王　会社、いや、親会社…いや、元・親会社のリデットエンターテインメントがNOAHをやるようになって、常にオレが問題点を指摘していったおかげで、たった一年でNOAHのブランド力は確実に上向きになっただろ。それなのに、なんで親会社が変わるんだよ。リデットが田村にどれだけ払ってるのか、拳王ネットワークで聞いてるぞ。2回会場に来ただけでどんだけもらってたか…。それを含め、すでに報道されているように**リ**

デットがどれだけNOAHにつぎ込んできたか、本当にわかってるのか!?

――珍しくリデットを褒めますね。

拳王　オレはすべてをわかってる。

――リデットがNOAHの前体制が積み重ねた〝負の遺産〟をなかったことにしないで、そのまま引き継いで、その上で世間にアピールするため多額の資金を注入していたことは紛れもない事実です。

拳王　リデットは先行投資をし過ぎだったんだよ。だから、あれほど言ったんだよ…。

――そこまで考えて、昨年5月から反骨精神を前面に押し出して、いろいろ刺激的な言葉を投げかけてきたのですね。

拳王　当たり前だろ。オレがどれだけNOAHのことを思って、心を鬼にして言い続けてきたのか、この連載を読んでるクソヤローならわかるだろ。あっ、なるほどな。だから、田村潔司が何も言わなくなったんだな。

――リデットが親会社でなくなったことで田村潔司選手問題が〝なかったこと〟になったら、拳王選手的には大事件ですよ。

拳王　NOAHの体制が変わっても、田村潔司と真剣勝負したいって気持ちだけは変わらないからな!

NOAHのサイバーエージェントグループ入り会見

――その気持ち、詳しくお聞かせください!

拳王　その前になんで高木三四郎がNOAHの社長なのかって話だろ!

――そこ突きますか!?

拳王　DDTになくて、NOAHにあるもの…闘いのないプロレスするような高木三四郎はNOAHに必要ないだろ。あんなヤツにNOAHのプロレスが理解できるのか。東証一部上場企業のサイバーエージェントグループ入りでごまかされてるけど、NOAHのプロレスをナメんじゃねぇぞ。

――これからさっそく高木新社長体制が始まりますが…。

拳王　アイツのことは全然好きじゃない! なんでアイツが社長なんだよ。サイバーエージェントが親会社になったから、アイツが社長になったのか!? 傀儡政権だろ。

――うまいこと言いますね。

拳王　リデットは自分たちの心身を削ってまで、NOAHの親会社になってくれた。オレはそれをわかってたから、その覚悟を確かめるようなことを言い続けてきたんだよ。

――攻めますね。

拳王　今だから言うけど、リデットは本気だったんだよ。オレはその見えない覚悟をクソヤローどもに伝えたかったから、あえてカウンターカルチャーになった部分もある。でも、DDTは違うだろ。あんなおちゃらけたヤツと一緒にやりたくないっていうのが本音だ。会見に出席したNOAHの連中が忖度して「がんばります」とか言ってたけど、オレがあの場にいたら、全然違うことを言ってたぞ。

――どんなことですか？

拳王 ここで言ってるようなことだ…っていうか、テメーはリデットとサイバーエージェント、どっちがいいのか、言ってみろよ。

――それはノーコメントですね。

拳王 だと思った。そんなことはどうでもよくて、去年12月の時点でリデットが撤退してたとなれば、オレがずっと言い続けてきた**NOAH日本武道館大会への申請はどうなったんだよ。**11・21&22両国のDDT&NOAH2連戦でごまかしてるんじゃねぇぞ！ オレはやる気満々だったぞ。あと、オレは日本テレビ派だ。DDTユニバース、AbemaTVなんかどうでもいい。

――ちなみにAbemaTVは見ています？

拳王 もちろん釣り番組はだいたい見てる。

――さすが釣り好き！

拳王 そんなこともどうでもいい。今回言いたいのは、オレはNOAHを高木三四郎から守る。プロレスは笑いじゃなくて、闘いがエンターテインメントだ。アイツは本当の闘いをやったことがないから、プロレスをバカにしてる。そんなヤツがNOAHの社長になって大丈夫なのか。NOAHのほかのヤツらは納得してるみたいだけど、オレは会見ですべてをわかった。っていうか、オレのAbemaデビューはいつなんだよ！

3月4日号の議題 開国

鎖国はリデット様体制の重要な政策だった。いつからNOAHは開国したんだよ！

拳王 1月からNOAHは何か変わった？

――サイバーエージェントグループ入りしても変わっていないと言われていますが…。

拳王 AXIZ（中嶋勝彦&潮崎豪）がホイホイ新しいグッズ出してるぐらいか…そんなことは本当にどうでもよくて、じゃあ、なんでサイバーが親会社になったんだ!?

――ひと言で表すならば「経営の安定」です。

拳王 金で守られてたら、団体はよくなるのか。親会社がサイバーになって、なんかピンと来ないんだよな。ただ親会社の変更を発表して、DDTの子会社になってDDTユニバースで放送してるぐらいだろ。2・16後楽園はAbemaTVでやるみたいだけど。

――DDTの子会社…。

拳王 告知関連でもDDTで最初に出てきてからNOAHの順番。NOAHのヤツらはプライドがないのか。オレは見てるだけで腹立たしいし、悔しいよ。オレ以外のNOAHの連中はバカみたいに喜んでるけどな。杉浦軍興行とかもDDTユニバースで放送されてるんだろ。これは確実に**サイバーグループ入りじゃなくて、DDTの子会社だろ。**ゆくゆくはDDTがNOAHを吸収する流れだろ。じゃなかったら、NOAHの大会はDDTユニバースじゃなくて、NOAH独自のビデオ・オン・デマンドを立ち上げて放送するべきだ。

――舌鋒鋭いですね…。

拳王 業界トップを目指す？ NOAHとDDTが力を合わせて業界トップを目指すみたいに聞こえるぞ。オレたちはNOAHだ。D

DTと一緒にやるつもりはない。**プロレス団体に協調はまったく必要ないだろ。**そのあたりも冷静になって考えた方がいい。そろそろNOAHとして明確な指針を打ち出した方がいいんじゃないのか。リデット様体制になった時は〝脱・三沢〟っていうキャッチーな言葉を出して、ロゴやリングマットの変更、清宮海斗推しって目に見える部分でファンに提示しただろ。それに同調する丸藤正道や杉浦貴、反発するオレたち金剛がいたから、あれだけリング上の熱が生まれたんだろ。

――おっしゃる通りです。

拳王　あと鎖国っていうのもリデット様体制の重要な政策だった。でも、最近はNOAHのヤツらは積極的に他団体に出てるし、いつからNOAHは開国したんだよ！　丸藤なんて「丸藤見たけりゃ、NOAHに来い」とか言ってたのに、DDTでお笑いユニットに入ったり、DRAGONGATEでGHCタッグの防衛戦やるんだろ。リデット様体制では、NOAHの選手たちが他団体に出たら、NOAH以外で好カードが組まれて、それによってファンの財布がきつくなるからって鎖国という政策を打ち出して、数字的にも成功を収めた。それが今はどうだ。NOAHファンのクソヤローどもが少ない小遣いで他団体にも行かざるを得ない状況だ。去年は月2回NOAHに来てたクソヤローどもは、1回はNOAH、1回は他団体にNOAHの選手を応援しに行ってるんじゃねぇのか。

――そんな中、杉浦選手の全日本「チャンピオン・カーニバル」出場が発表されました。

拳王　残念だよ。杉浦は自分でリデット様の「犬」だと言い続けてきた。そんなNOAHへの忠誠心によって、クソヤローどもの支持を集めた。でも、今年から突然変わってしまった。**まさか〝脱・犬〟か!?**　最近は「NOAHのことなんてどうでもいい。オレがレスラーとしてあと何年どうやって生きるか」とか言ってるらしいな。そのコメントはオマエの口から聞きたくなかった。最低だ。人間として芯が通ってない。人としてブレすぎだよ。なんだかんだ言って、丸藤と杉浦はNOAHの精神的支柱だ。そんな役割のヤツがこんな発言するのはダメだろ。こういう子どもっぽい部分は隠しておけばいいのに表に出して、どうなるんだよ。もし出すにしても、もっと違った表現方法があったんじゃないか。どういう意図があるかわからないけど、この発言は確実に悪い意味で伝わりかねないコメントだぞ。オマエを信じてきたクソヤローどもはどうすればいいんだ。

――非常に厳しいですね。

拳王　「チャンピオン・カーニバル」出場についても、今日2月11日の段階では何も発言していないからわからないけど、NOAHのために出るとオレは信じたい。丸藤の時と同じように、オマエが出場することで4&5月は全日本が絶対に盛り上がる。そこをNOAHの一員として、どう考えるんだ!?　結果的に、開国して初めてリデット様にどれだけ守られてたかわかったよな。裏ではお金に困ってても、強い信念でNOAHのブランド力、選手の価値を守り通してくれたんだ。目の前にある小さいエサに食いつくのはダメだとリ

リデットエンターテインメント株式会社のロゴ

デット様は親会社として教えてくれたんだよ。

――確かに。

拳王　最後に何が言いたいかというと**元・親会社&現・スポンサーのリデット様、そして、ザ・リーヴ様、いつも本当にありがとうございます。**これからも何卒よろしくお願い申し上げます（拳王史上最高の土下座）。

拳王　まぁ、年末年始、NOAHがDDTの子会社になった一件もあって、この連載でNOAHについての話をしすぎた。週刊プロレスはいろんな団体のファンが読む雑誌だ。オレはこの連載をNOAHだけに特化した連載にしたくないから、**今回はNOAHの**

3月18日号の議題　**新型コロナウイルス**

金剛はエチケットとして全員マスク着用が義務で控室にはエタノールを置いて、メチャクチャ消毒してるぞ

※今回の連載はNOAH3・8横浜延期発表前の2月25日に収録したものになります。

――前回の連載、素晴らしかったと評判です。

拳王　当たり前だろ。今、NOAHの連中は丸藤正道、杉浦貴に気を遣った言葉ばかりで何も闘いを生んでいない。みんな会社が敷いたレールの上を走ってるだけだ。そんなんで刺激があるのか!?

――では、拳王さんは最近、刺激を生み出したのですか?

拳王　…。

――田村潔司選手との闘いもなかったことになりそうです。

拳王　うるせーっ!

――リデットエンターテインメント株式会社への感謝で話題を作りましたが、ベルト争いから遠ざかっています。

拳王　だから、うるせーっ!!

――…話題を変えて、現在、NOAHは3・8横浜というビッグマッチを控えています。拳王選手は金剛を率いて、杉浦軍との5vs5イリミネーションマッチが組まれました。

拳王　昨年は第1試合だったけど、今年はだいぶ上がっただろ!

――それ、本気で言っているのですか!?

拳王　そんなのオレが一番わかってるわ! ボスもいない寄せ集めの杉浦軍なんてあっさり勝ってやる。今はベルト争いから遠ざかってるけど、金剛は虎視眈々と次のチャンスを狙ってるし、しっかりと裏で動いて準備も進めてるからな。

――期待しています!

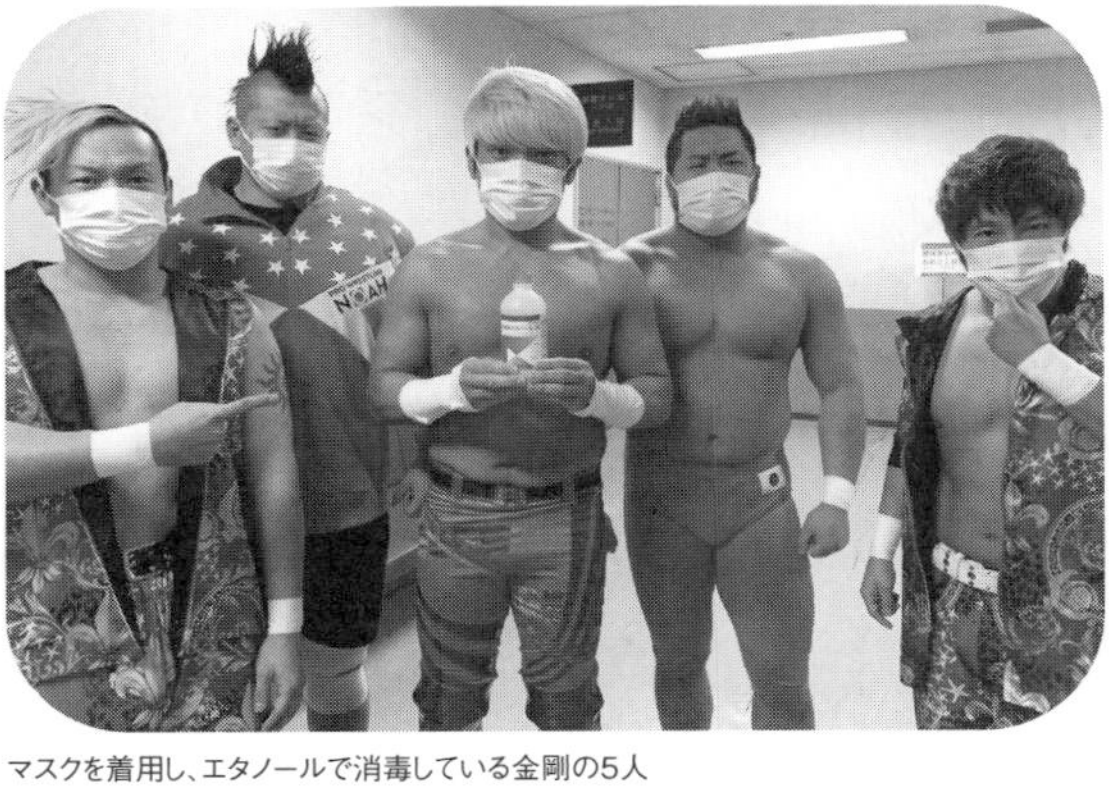

マスクを着用し、エタノールで消毒している金剛の5人

話はあえてしない。

——では、議題は何にしましょうか？

拳王　新型コロナウイルスだ。

——デリケートな問題に行きますね。

拳王　こういう時事的な問題をプロレスラーとしての視点で語ってこそオレだろ。

——確かに。プロレス界ではスターダムが大会中止という判断をしています。

拳王　これはものすごく難しい問題だ。プロレスは観客のクソヤローがいることで成立する部分もある。オレの中でも賛否両論がちょうど50vs50になってるのが正直な気持ちだ。プロレス会場の客席は隣とかなり近いし、屋内だから感染リスクは高い。万が一、NOAHの会場で感染が確認されてしまったら、今後の団体運営にも関わってくる。しかし、大会を開催しなければ収入がなくなるという現実的な問題と向き合わなければいけない。

——NOAHでは新型コロナウイルス感染拡大予防についての対応を発表しています。

拳王　そんなもんはどこの団体でもやってるし、やったところで完全に防ぐことができるわけでもない。対策ができない問題だからこそ、考えても考えても答えが出ないっていうのが現段階での答えだな。

——目に見えないウイルスが相手ですからね。

拳王　プロレス界ではスターダムが大会を中止にして、新日本とかでサイン会が中止になってる。ほかのスポーツを見ても、Jリーグは開幕こそしたけど、3月15日まで公式戦の延期が決まった。プロ野球も無観客試合などの対応をするようだな。それこそ東日本大震災の時もすべてのジャンルで自粛ムードが高まったけど、今回の新型コロナウイルスも同じようになってきたんじゃないか。日本経済、世界経済にもかなり影響が出てきたし。さらに、いつまでこの猛威が続いていくのかっていう問題もあるよな。おそらくこの号が出る頃には状況が変わってるかもしれないし。

——無観客試合についてはどう思いますか？

拳王　試合を映像で見てもらうのもありがたいことだけど、やってる側としてはやっぱりライブで見てほしいよな。プロレスは観客のクソヤローどもの声援も試合の一部だし、その声援があるからオレたちも練習とかでは出ない力が出てくるんだ。無観客試合について考えていくと、**プロレスはライブが大切なんだなってことを再確認させられたよ。**

——ライブがプロレスの魅力なんですよね。

拳王　観客のクソヤローどもに手洗い、うがい、マスク、アルコール消毒をお願いしてるんだから、もちろん選手たちもしっかりやらないといけない。オレたち金剛はエチケットとして全員マスク着用が義務で控室にはエタノールを置いて、メチャクチャ消毒してるぞ。プロレスラーが試合するのは明らかに濃密接触だからな。移動だって選手バスだしな。

——写真を見れば、一目瞭然ですね。

拳王　見た目は不潔だけど、日本一清潔な軍団、それが金剛だ！

4月1日号の議題　WRESTLE-1活動休止

最初からマイナスのパワーが原動力になってたからダメだったんじゃないかなってオレは思う

——新型コロナウイルスの影響でプロレス界も自粛ムードです。

拳王　さすがにこれだけ空くと、試合がしたいなって思いが強くなるよな。またプロレス

会見でＷＲＥＳＴＬＥ－1活動休止を発表した武藤

のありがたみを再確認できた。早く日常に戻りたい。コロナで大変だけど、また業界を揺るがせるようなニュースが飛び込んできたな。

——ＷＲＥＳＴＬＥ－1活動休止ですね。

拳王 だな。せっかくオレが明るいニュースを提供してやろうとしてたのに…。

——それは次回の連載で！

拳王 楽しみに待っててくれ。

——さて、ＷＲＥＳＴＬＥ－1活動休止については、率直にどう思いましたか？

拳王 ＮＯＡＨも今年また親会社が変わったけど、よその団体も大変なんだなって。

——赤字体質から脱却できなかったことが原因で今回の決断に至りました。

拳王 そういうことだよな。そもそもオレはＷＲＥＳＴＬＥ－1という団体の成り立ちから疑問を感じてた。

——どういうことですか？

拳王 ＷＲＥＳＴＬＥ－1は全日本っていう愛着があったはずの団体を捨ててできただろ。

——おっしゃる通り、'13年6月に武藤敬司選手らが全日本から退団して、9月に旗揚げされました。同年1月にはＮＯＡＨから秋山準、潮崎豪選手らバーニング勢が全日本に参戦。一大勢力になった直後でした。

拳王 ＷＲＥＳＴＬＥ－1のヤツらはイヤなことを我慢して愛着がある団体に残ってた方が遠い将来、幸せになってたんじゃねぇのか。「自由にやりたい！」って全日本に対する不満でできたような団体…つまり、最初からマイナスのパワーが原動力になってたから、ダメだったんじゃないかなってオレは思う。

——鋭い見解ですね。

拳王 新日本だって、00年代には何度も大量離脱があった。たぶん当時は苦しかったと思う。でも、第三世代や棚橋弘至や中邑真輔たちが愛着を持って踏ん張ってたから、今のような幸せがやってきたんだよ。ＮＯＡＨだって何回も会社が変わって、今、不満を持ってるヤツがいるかもしれないけど、ここが踏ん張り時だ。オレだっていろいろ言いたいことはある。でも、**こんな時だからこそＮＯＡＨに愛着を持つべきだ。** いずれオレたちと見てるクソヤローどもの両方がハッピーになれると思って、今を乗り越えていかなきゃいけないんだろ。

——泣かせる発言ですね。

拳王 ＷＲＥＳＴＬＥ－1は武藤敬司っていうスーパースターがいて、資金力のある親会社がついて、新宿の一等地に事務所＆道場を構えた。旗揚げ当時は2人も未来のエース候補がいただろ。1人は日本で一番勢いのある団体でトップ中のトップ選手になってるポテンシャルの持ち主だ。でも、その2人が退団したことからわかるように、どこかで所属選手たちからの愛着が感じられない団体だった。

——なるほど。

拳王 プロレス界の歴史を紐解けば、ＳＷＳもマイナスのパワーから生まれた感じがするな。ＮＯＡＨも全日本からの大量離脱で旗揚げされた団体だけど、三沢光晴さんは選手＆スタッフを守るために強い信念で行動を起こしたから別物だ。あとは…内田だな。

——久々に内田雅之氏登場ですね。

拳王　久々登場の内田。結局、WRESTLE-1は内田がフィクサーだったんだろ。NOAHもアイツが関わるようになってものすごく経営が傾いた。全日本社長時代にNOAHから秋山たちを引き抜いたのも内田だろ。**内田が関わると絶対にいいことがないぞ。**　内田がNOAHに残したものは数々の負債と会社…いや、親会社…いや、元・親会社で現スポンサーのリデットエンターテインメント株式会社様への不義理だ。

——相変わらず内田氏へは厳しいですね。

拳王　当たり前だ。まぁ、そんなことは置いといて、全日本はWRESTLE-1勢が退団した後、秋山準を中心に自分の団体に愛着を持って、若いヤツら中心で踏ん張ってきたよな。いち時期はどうなるか不安定だったけど、今ではどちらがハッピーか明白だろ。WRESTLE-1の活動休止でプロレスは邪な気持ちがあったらダメだ。どんなにつらい時でも団体愛が一番重要なんだと気づかせてくれたよな。

——まとめますね。そういうことだったと。もう大丈夫でしょうか？

拳王　もう一つあるぞ。

——何ですか？

拳王　それは…、**中嶋勝彦だよ。アイツがチャンピオンになった途端に活動休止。**　アイツがチャンピオンになったらNOAHも危ねぇな。オレがアイツを絶対にNOAHのチャンピオンにさせない！

4月15日号の議題　本連載が隔週↓毎週へ！

2年間、プロレス界の正論をずっと言い続けてきたら、こうやって報われる時が来るんだな

拳王　ついに、この連載が隔週から毎週掲載となることが決まったぞ。

——連載が始まったのが、'18年1月でした。

拳王　もうそんなに経つのか。毎週になっても時代の流れを読みながら、オレの見解を語っていくぞ。これからもプロレス界について、いろいろ考えることができるのは楽しみだ。

——しかも、週プロがオールカラーになるので、この連載もカラーになります。

拳王　いつも汚い白黒写真で今回みたいなキレイな富士山の写真も映えなかったからな。

——プロレス界の世相をぶった斬る激辛トークとともに、リング上ではあまり見せない面白写真がこの連載の持ち味でもあります。

拳王　2年間、プロレス界の正論をずっと言い続けてきたら、こうやって報われる時が来るんだな。それにしてもよく清宮（海斗）とかの連載が始まらなかったな。どうせNOAHなんかオレの連載を打ち切って、清宮の連載を始めたかったんじゃねぇのか!?　武田（有弘執行役員）はオレのことが嫌いだろ。**武田から圧力はなかったのか？**

この写真も今後はカラーになります！

──ありませんでした…。
拳王　清宮の新連載「新しい景色へ駆け上がる！」とか始まっても小学生レベルの発言しかできないから全然面白くないだろ。
──週プロのほかの連載は見ていますか？
拳王　だいたいは目を通すようにしてる。天龍源一郎さんの連載は面白い。やっぱ説得力が違うよな。オレは現役プロレスラーとしての意見で勝負するしかない。
──これまで2年間、どうでしたか？
拳王　気に入ってる回と気に入らない回の差が激しいっていうのはあるな。この連載は木曜日までに取材をしなきゃいけないから、タイムリーな話をするのが難しかった。例えば、前々回の新型コロナウイルスに関しては大失敗だったな。取材した時はほとんどのレスラーがコロナについて何も語っていなかったからテーマにしたけど、締め切りの後、政府からイベントの自粛が要請されて、一気にみんなが見解を述べ始めた。雑誌ならではの〝締め切りの都合〟は読者に関係ないだろ。
──そのあたりも毎週掲載になるともう少し緩和される見込みです。
拳王　あとなんと言っても田村潔司問題だよな。昨年のNOAH11・2両国、別冊での田村総括、連載の緊急カラー出張版、週プロ表紙と最高の流れで話題を提供できたしな。
──とはいえ、最近、進展がありませんが…。
拳王　会社…いや、親会社…いや、元親会社でスポンサーであるリデットエンターテインメント株式会社様の顧問なんだから、まだ可能性が完全になくなったわけではないだろ。

そろそろ田村潔司、NOAHの会場に来てくれないかな。

──楽しみにしています。
拳王　あと前回のWRESTLE-1についてもなかなかよかったな。団体愛についてはもっと言いたいことがあるぞ。
──何ですか？
拳王　今、けっこうフリーが増えてきて、自主興行とかも増えてきてるだろ。あれは完全に自己満足。WRESTLE-1も活動休止になって、これでフリーが増えたり、また新しい団体とかできたりしたら本末転倒だ。もうこれ以上、団体が細分化するのはプロレス界にとって絶対によくない。DDTなんかいろいろなブランドを作ってるけど、アレは自分の首を絞めてるだけだろ。結果的に、ハードヒットやBASARAは独立して、プロレス界の細分化を助長した形だろ。確かにエンターテインメント業界には多種多様なニーズがあって今の時代にフィットしてるように見せかけてるけど、これ以上、細分化してプロレス界のスケールを下げるのは、業界にとってマイナスでしかない。銀行を見てみろよ。あれだけいっぱいあったのに、合併してメガバンク化してるだろ。
──確かにそうですね。
拳王　NOAHもDDTの子会社になったけど、いつかセブンイレブンがイトーヨーカ堂を追い抜いたみたいに逆転してやるつもりだ。今、NOAHの選手たちは本当に歯がゆい思いをしてる。でも、もっと団体として力をつけて発言権を得て、**絶対にNOAH社長・高木三四郎を排除してやるぞ！**　アイツはNOAHとDDTの社長を兼任してるけど、DDTには愛があって、NOAHには愛がないだろ。団体愛のないヤツが社長やってたら、よくなるわけねぇだろ。逆にいつかオレがDDTを乗っ取ってやる。
──また怒られそうなことを…。
拳王　この前の全日本だって宮原健斗vs諏訪魔は団体愛同士がぶつかったからあれだけ面白くなったんだろ？　諏訪魔はWRESTLE-1と分裂した時も全日本に残って、ずっと現在まで団体を守り続けてきた選手だ。やっぱアイツの団体愛はAXIZが語ってる偽物の「愛」とは違うよな。

——中嶋勝彦&潮崎豪には厳しいですね。

拳王　ＡＸ－Ｚのことなんてどうでもよく、とにかく高木三四郎がＮＯＡＨをＤＤＴのプラスにしようとしてるところがムカつく。ＮＯＡＨ愛がないヤツはＮＯＡＨにいらない。がんばれ、丸藤正道！　がんばれ、武田！

4月22日号の議題　ＮＯＡＨ３・29後楽園

これだけＤＤＴユニバースでＮＯＡＨのコンテンツが放送されたら、ＮＯＡＨのクソヤローどもも嫌々入会しちゃうだろ

——今週から毎週掲載の連載になりました！

拳王　議題はもちろん賛否両論が飛び交っているＮＯＡＨ３・29後楽園の無観客大会、潮崎豪vs藤田和之の一本だ。

——！

拳王　あの試合は無観客大会の副産物だった。確かにプロレスにはアクションを起こさないと反則になるというルールはない。ルール上の盲点だったし、それがまたプロレスの面白い部分だよな。柔道なんかは自分から積極的に攻めないと指導を受けたりするし、日本拳法も残り30秒で逃げ続けてたら反則になる。にらみ合いだけで30分…たぶん1対1で闘うスポーツにおいて人類史上初めての試合だったんじゃないか。

——少なくともプロレス史では今まで見たことも聞いたこともありません。

拳王　クソヤローども不在の大会は残念だったけど、新しいものを創り上げることができたんだから、よかったのかもしれない。何よりも藤田和之だ。30分にらんでいても、あの威圧感やオーラを出し続けていたら、見てる側も飽きなかった。**潮崎はたぶんビビッて、腰抜かして動けなかっただけだ。**

——ひどいことを言いますね。

拳王　藤田和之は今までくぐり抜けてきた修羅場の数が違う。昔、ＰＲＩＤＥでミルコ・クロコップと対戦した時、たった一回のタックルをカウンターのヒザ蹴りで迎撃されて負けた試合とかあったよな。そういう経験をしてるからこそ、ああいう雰囲気が出せるんだろうな。杉浦軍とか度外視して、プロレスラーとして藤田和之はやっぱり器がでかいな。

——もし自分が潮崎選手の立場だったら、どうしていましたか？

拳王　オレは腰を抜かさないぞ。まずは下からだな。ローキックから組み立てていくかな。あと気になったのはグラウンドの攻防になった時に潮崎はなかなかロープに逃げなかった。たぶんアレは意地じゃない。ただ単にビビッてただけだな。あれだけやられて、チョップもスカされる。潮崎はもっと言い返してもよかったんじゃないのか。あの試合は90％、藤田和之の試合だったよ。

——ここまで話して申し訳ないのですが、今週から鈴木秀樹選手の連載も始まって、そちらでも潮崎vs藤田戦がテーマになるようです。話がかぶるので、そろそろ別の話題に…。

拳王　ちょっと待て。なんで鈴木秀樹が週プロに連載を持つんだよ！

——面白そうじゃないですか。

拳王　さては武田有弘だな！

——武田ＮＯＡＨ執行役員は関係ないです。

拳王　鈴木秀樹も杉浦軍としてＮＯＡＨに上がってるんだから、今回みたいにテーマがかぶることあるだろ。これは間違いなく、**武田がオレの連載を潰すために刺客として鈴木秀樹の連載を送り込ん**

できたんだろ。

——だから、武田執行役員は関係ありません。

拳王　なるほどな…。清宮の連載が始まってもまったく怖くなかったけど、さすが武田はやることがえげつないな。オレはそんな圧力に絶対に屈することはないぞ！

——だから…。

拳王　そんなことはどうでもいい。今回の無観客、誰が一番得をしたかわかってるか？

——わかりません。

拳王　いつもやってくれるサムライTVはいいとして、どさくさに紛れて大会を生中継したDDTユニバースだ。もともとNOAHが作りたかったビデオ・オン・デマンド（VOD）がなんでDDTユニバースになってるんだよ。タッグリーグ公式戦もDDTユニバースで放送だし。いつになったらNOAH独自のVODができるんだ。これだけDDTユニバースでNOAHのコンテンツが放送されたら、NOAHのクソヤローどもも嫌々入会しちゃうだろ。あれだけの大会をやっても、すべてDDTの利益になってるのはしゃくに障る。NOAHはDDTユニバースから何％もらってるんだよ！　オレに教えてくれ。

——ちなみに、NOAHはDDTの子会社ではありませんよ。

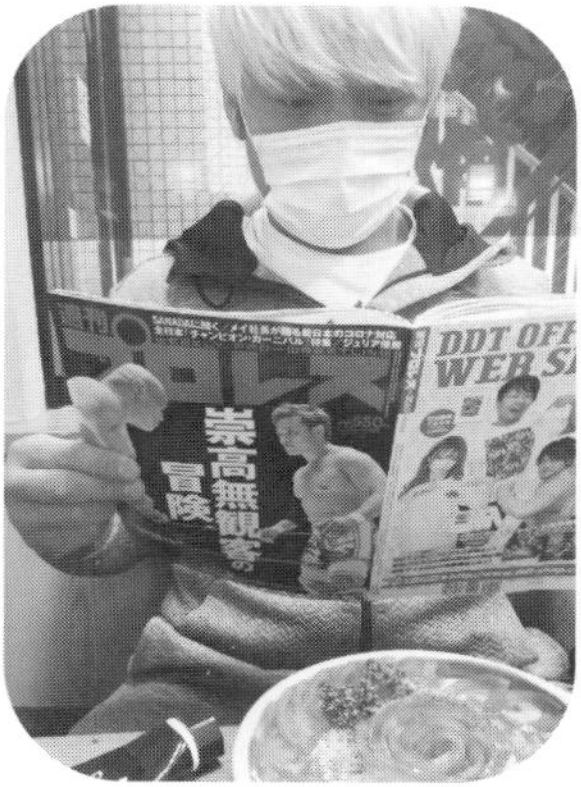

連載カラー化初回ということで〝映える〟トマトサラダと一緒に

拳王　いや、子会社だろ。

——いえ、違います。

拳王　（完全に無視して）NOAHの社長（高木三四郎）はDDTさえ生き残ればいいと思ってるんだろ。そのあたりを改革していかないとNOAHのファンはどんどん離れていくぞ。それこそずっと放送してくれてる**日本テレビ、G＋で無観客試合を流してもらってもいいだろ。**

——G＋で中継が予定されていた3・27横浜も中止になりましたしね。

拳王　このままだとDDTユニバースに本物の闘いが見たいクソヤローどもも入会しちゃうだろ。これからはNOAHに直接プラスになるようなシステム作りも必要だと思ってる。

——と言いつつ、拳王選手もDDTユニバースの番組に出るという情報が…。

拳王　アレは完全にはめられたわ。急に呼ばれてNOAHのYouTube配信かと思ってたのに。でも、はめられただけで終わらせなかったからな。どんなことがあっても、高木三四郎の思うようにはいかないってことだ。

4月29日号の議題　無観客試合配信

藤田晋社長、いつも本当にありがとうございます。引き続き、何卒よろしくお願い申し上げます

——先週の連載は多方面から反論が…。

拳王　スケール感の小さい反論なんかどうでもいい。オレはこれからもクソヤローだけじゃなくて、プロレスラーに響かせるような言葉をこの連載で語っていく。プロレス業界に問題提起をするのも大事だ。どんな批判が

あっても、オレのポリシーを曲げることはないぞ。業界に問題提起…今このような状況下の中、NOAHは業界の先頭を走ってるだろ。

――もしかして…。

拳王　「グローバル・タッグリーグ2020」公式戦をTVマッチとして配信してる。今回の議題は無観客試合の配信についてだ。

――無観客試合を収録して配信するという手法はこれまで日本にほぼなかった試みです。

拳王　全日本「チャンピオン・カーニバル」は開幕前に中止となり、大日本「一騎当千」は公式戦終盤で中止、準決勝&決勝が無観客になった。コロナ感染拡大防止が叫ばれる中でプロレスを続けることがいかに難しいかを痛感させられたよな。緊急事態宣言が発令されて、各団体は5月上旬まで大会の中止を発表した。あの新日本だってコロナ禍に対しては大きな一手を打ち出せずにいるだろ。そんな中でNOAHはタッグリーグ公式戦をTVマッチとしてクソヤローどもに届けてるんだぞ。

拳王が自身のスマホで見せているのは週プロmobileプレミアムのNOAH会見の写真だが、指で誰かを隠している

――確かに。

拳王　オレたちプロレスラーも試合がなくなって、ストレスが溜まり続けてる。プロレス観戦だけが生きがいのクソヤローもいるだろ。そんな**選手とファン双方の行き場のない気持ちを満たしてるのがNOAHのTVマッチだ。**普段、NOAHに興味がないヤツらも、そろそろ他団体でもいいからプロレスが見たいなって思う頃だろ。3密禁止&外出自粛はエンターテインメント業界にとって致命傷だ。プロレス団体はどこも収入が激減してる。でも、できることもあるんだ。

――特にNOAHは今年1月からサイバーエージェントに親会社が変わったばかりでした。

拳王　会社が厳しいのはわかってても、サイバーはNOAHに可能性を見いだしてくれたから親会社になってくれたんだろ。でも、いきなりコロナ禍で興行収入がなくなった。タッグリーグに外国人や他団体の選手を呼んで、TVマッチに相応しい演出のある会場を用意するのも金がかかる。はっきり言って、今のNOAHはその経費だけでも厳しいと思う。でも、骨身を削ってでも、オレたちを今まで支えてくれたヤツらのために、プロレスが生きがいのクソヤローのために、プロレスという最大の娯楽を提供することがプロレスラー、プロレス団体として大切なことだ。

――なかなかできることではありません。

拳王　無観客に関してはそれぞれがいろいろ思うところがあるのは当然だ。でも、他団体が苦しんでる中で、NOAHはプロレスができてる。NOAHを…いや、武田をほめてやりたいなって思うぞ!!

――拳王さんが武田有弘NOAH執行役員を大絶賛する日がやってくるとは…。

拳王　あの即決と即実行はすごい。混乱状態の中で人間は自分本位の考えになるだろ。だけど、今の武田は違う。しっかりした形としてプロレスを提供できるのはアイツのおかげだ。**初めて武田のことをほめてやるぞ!**

―もう涙が出そうです。

拳王　苦しい時に賛否両論あっても前向きにがんばったヤツが明るい未来をつかめる。オレらNOAHは明るい未来をつかんでやるぞ。

―本当にいいこと言いますね。いち選手として無観客試合をやってみてどうでしたか？

拳王　**オレは最少観衆2人の会場で試合をしたことあるけど、0は初めてだ。**でも、久々に試合をしてみて楽しかったのが本音だった。翌朝起きて、体中が痛かったけど、心地がよかった。オレの体の細胞、血や肉がプロレスを欲してたんだな。オレは本当にプロレスが好きなんだなって思ったよ。

―声援がなかったことはどうですか？

拳王　試合当日はクソヤローどもの反応はないけど、配信されたら、みんな外出自粛でいっぱい時間あるだろうからSNSとかで声を上げてるだろ。オレはそういう反応をちゃんと見てるぞ。ちょっと時差があるだけだと思えば、別に気にならないものだな。

―今回の連載は珍しく各方面絶賛回ですね。

拳王　タッグリーグの公式戦をYouTubeで無料配信する団体はほかにないだろ。

―拳王さん、配信はYouTubeでなく、DDTユニバースで配信されていますよ。

拳王　な、なにぃぃぃ！

―ちゃんと事前発表されていますよ。

拳王　だからDDTユニバースは加入者数が激増してるのか（拳王ネットワーク調べ）。また高木三四郎にやられたのか…。こういう時こそ、NOAHを無料でより多くの人に見てもらって、コロナ禍が明けた時に一気に爆発させるのが武田の戦略かと思ったぞ。

―4月19日はAbemaTVで配信です。

拳王　Abemaは無料だよな。こういうのが大事なんだよ。待てよ…、Abemaということは…。藤田晋社長、いつも本当にありがとうございます。引き続き、何卒よろしくお願い申し上げます。

5月6日号の議題　タイトルマッチ無料配信

過去の試合を流しても、見たことある試合だったら面白さに欠ける。こんな時だからこそ"生きたプロレス"が必要なんだよ

―今週の議題は何にしますか？

拳王　もちろん金剛の新メンバー…と言いたいところだけど、それについてはまた今度にするとして、今回の議題はNOAH4・19配信の無観客試合についてやるぞ。

―よろしくお願いします。

拳王　その日はAbemaTVの放送。つまり無観客試合を無料で提供したということだ。ものすごくいいことだと思わないか？

―実に画期的です。

拳王　3・29後楽園、タッグリーグ公式戦、4・18配信はあくまでも有料放送での放送だった。サムライTV　"とか"は…。

―サムライTVやDDTユニバースですね。

拳王　（無視して）でも、AbemaTVは違う。プロレスファン以外も気軽に見ることのできるコンテンツだ。チャンネル回して、たまたまNOAHがやってるから、ちょっと見てみようっていうヤツもいるだろう。

―ネットTVの影響力もすごいですからね。

拳王　現在**新しい試合を次々と提供してる団体なんて世界を見渡してもWWEかNOAHぐらい。**よくやった、NOAH！

—両団体はリング上の時を止めていません。

拳王　週プロ的にも最大の売りである試合リポートがあった方がいいだろ。

—非常にありがたいです。

拳王　過去の試合を流しても、見たことある試合だったら面白さに欠ける。こんな時だからこそ〝生きたプロレス〟が必要なんだよ。なかなか世の中的に娯楽が提供できない中、NOAHが現在届けてる〝生きたプロレス〟が少しでも自粛の糧になればいいかなと思う。プロレスラーってのは、人々に娯楽を提供する大事な仕事だ。明日への生きる糧になってもらうってことも大事な仕事なんだ。そこで、今、動いてるプロレス、生きたプロレスを見て、明日への生きる糧にしてもらいたいよな。

—その通りだと思います。

拳王　WWEもフロリダ州知事から「必須のサービス」として無観客の条件付きで試合開催が許可された。コロナ禍でも娯楽が提供できることにプロレスラーとしてやりがいを感じてるよ。**一番重要なのはNOAHの極上のタイトルマッチを無料で見られることだ**。

—4・19配信はタイトルマッチ3試合という超豪華なカード編成でした。拳王さんはどのタイトルに挑戦す…。

拳王　オレは、挑戦しない。

—昨年11月以降、タイトル戦線から離れて、タッグリーグも決勝に行けなかっ…。

拳王　うるせー！　新メンバーも入ったし、そろそろ結果を出すからな。オレが言いたいのはNOAHが無料でタイトルマッチを提供した意義だ。NOAHはほかの団体がやってない試みを次々と打ち出してる。現時点で業界のイニシアチブを握ってるのはNOAHだ。

ABEMAで放送された4月19日配信のNOAH

—確かにそうですね。

拳王　プロレスは時代の写し鏡と言われてる。戦後の日本でテレビとともに復興の象徴となった。半世紀以上が過ぎて、今の時代はインターネットTVだ。オレたちNOAHは、このコロナ禍という未曽有の時代で、サイバーエージェントの力を最大限に生かしてプロレスしていくぞ。これでクソヤローどもが試合を見ることのできる環境が整った。でも、まだプロレス観戦に重要なものが足りないだろ。

—何ですか？

拳王　グッズだ。プロレス観戦はグッズを買って試合を見ると何倍も気持ちが入るぞ。

—お気に入りの選手のTシャツを着て、試合を見れば、よりいっそう感情移入しますね。

拳王　しかし、だ。金剛の新グッズが出ていないんだよ。5人のサイン入りポートレートぐらいだ。AXIZはあんな気持ち悪いグッズ（写真集など）をどんどん出してるのに…。

—〝AXIZ〟中嶋勝彦&潮崎豪の糾弾…。

拳王　なんでAXIZばっか新しいグッズが出てるんだよ！　おかしいだろ!!

—潮崎選手はGHCヘビー級王者です。

拳王　うるせー！　**プロレスの日常と言えば、グッズを買って試合を見ることだろ**。今のNOAHはプロレスを見ることはできる。でも、グッズはAXIZ以外新しいのがない。金剛をまだ冷遇するのか。そういうとこだぞ。

—金剛の新しいグッズを出せと言いたいだけのように…。でも、グッズ購入はプロレス界全体が同じ意見だと思います。興行収入がないからこそグッズで収益をと…。

拳王　だよな。グッズを買って、身につけて、AbemaTVでプロレスを見る。これが自粛中の過ごし方だ。

——ちなみに、4月11日よりAbemaTVは「ABEMA」と改称しました。

拳王　さすが4・19配信の解説を務めたからよく知ってるな。ABEMAの解説、よかったな！　ABEMAにはオレも感謝してる。

——ボクもABEMAさんでの解説という大役を仰せつかったので、ぜひともNOAHさんのために尽力したいと思います。

拳王　**そういう社交辞令的なやつ、自分、求めてないっす（笑）**。でも、今回はオマエが言ってもいいぞ。

——では、この場をお借りして…藤田晋社長、いつも本当にありがとうございます。引き続き、何卒よろしくお願い申し上げます。

5月13日・20日号の議題　外出自粛中の過ごし方

今週は試合がなかったな。NOAHは時を止めないんだろ。見えざる手はアダム・スミスだけにしてくれよ！

——金剛に新しいメンバーとして征矢学選手が加入しました！

拳王　とんでもない新戦力が来ただろ。

——なぜ征矢選手が加入したのですか？

拳王　直訴してきたからだ。これまで征矢はものすごく険しい道を歩いてきた。でも、その中でいろんな寄り道をしてただろ。あれだけ人間離れしたポテンシャルを持ちながらも、装飾品や寄り道ばかりでプロレスラーとして枝葉の部分ばかり伸ばしてきたようなもんだ。オレたち金剛と一緒にいれば、寄り道をする必要なんかない。金剛にいれば、最短距離を走っていけるはずだ。金剛にいれば、確実に幹の部分を太くできる。オレはそんな征矢学が見てみたい。本当にこれからが楽しみだよ。

——ところで今週号で征矢選手のインタビューをさせてもらったので、違う議題の方が…。

拳王　なにぃぃぃぃ！　それを先に言え!!

——すみません！

拳王　それなら、オレがここであらためて語るまでもないな。インタビューを読んでくれ。

——では、今週の議題は何にしましょう？

拳王　ご時世的に外出自粛中の過ごし方だな。

——それはいいですね！

拳王　一番は新しい試合のTVマッチを見るっていうのが大前提だ。外出自粛になっても、NOAHは時を止めていないからな。

——そのあたりは先週、散々語ってきました。

拳王　なんかプロレスラーの間でもツイッターで「＃お家でフルコスチュームに着替えてみた」「#10pushupchallenge」とか流行ってるみたいだな。そういうのを見るのもいいんじゃないか。

——そんな言葉が拳王さんから出てくるとは思いもよりませんでした。

拳王　正直に言えば、オレはああいうのあんまり好きじゃない。バトンを回していくっていうのが気持ち悪い。しかも、自宅でやるからちょっとプライベートも見えるだろ。だが、

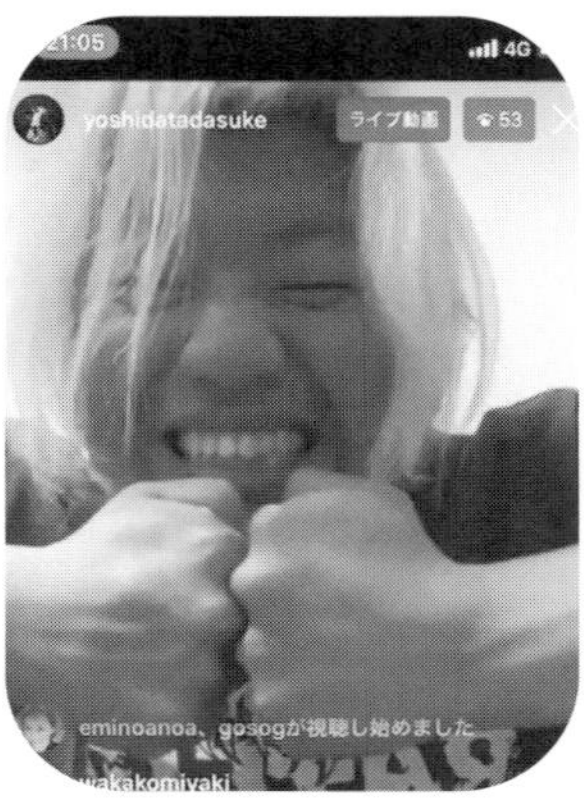

タダスケのインスタライブ

そういうのが嬉しいっていうクソヤローどもがいるから、やることはいいことだ。

――確かに拳王さんの自宅も見てみたいです。

拳王　見せるわけねぇだろ!!　オレの部屋を見たら、腰抜かすぞ。

――拳王さんぐらいのトップ選手でしたら、そろそろバトンが回ってくるでしょう。もし回って来たら、どうするのですか?

拳王　…。

――もしかして…。

拳王　オレがやるわけねぇだろ。そして**怖がって回ってくるわけもないだろ。**

――それはただ友だちが少ないだけでは…。

拳王　うるせー!

――すみません!　ところで、拳王さんは自粛中に何をやって過ごしているのですか?

拳王　練習はもちろん。あとタダスケのインスタライブだな。アイツはやばいぞ。噂では聞いてたけど、酔った時の破壊力がとんでもない。**タダスケはインスタライブのGHCチャンピオンだ。**　あんな才能があるとはな。

――どこが面白いのですか?

拳王　まずとにかく楽しそうに歌う。けっこうディズニーやジブリなど、かわいい曲も入れてきて、あたかも一人ミュージカルだ。オレの好きな劇団四季を見てるみたいだ。タダスケのインスタライブを見てると、家に一人でいるのになぜかアイツと一緒に飲んでるみたいな気持ちになる。リモート飲み会などの比じゃない。ついつい飲みすぎちゃう。

――えっ、どれぐらい飲んだのですか?

拳王　**記憶を飛ばすぐらいな。**

――本当ですか!?

拳王　冗談だよ。でも今週も早くやってほしいな。

――ほかには何をやっているのですか?

拳王　道場も行ってるけど、わざわざ海まで行ってランニングしてるぞ。これだけ世界が大変になってるけど、海の表情は変わらない。そこがいいんだよ。またいつものような日常に戻りたいよな…あの海のように。自然の表情はまったく変わらない。でも、自然の脅威で世間の時間は止まってる。いずれはこれを乗り越えて、クソヤローどもの前で試合をするからな。

――詩人みたいですね。

拳王　試合と言えば、NOAHのTVマッチだよな。ほかの団体も続々と配信していくらしいな。すごくいいことだ。今こそプロレスの力でステイホームの後押しをだな。

――NOAHが先陣を切ったからこそ、です。

拳王　そういえば、今週は試合がなかったな。週プロの巻末言で丸藤正道くん副社長も継続していくみたいなこと言ってただろ!　オレは全然、やるつもりだったぞ。NOAHは時を止めないんだろ。なんでやらねぇんだよ!

――おっしゃる通りです。

拳王　さては見えざる手が働いたのか…。

――意味深ですね…。

拳王　見えざる手はアダム・スミスだけにしてくれよ!

5月27日号の議題　小池東京都知事&吉村大阪府知事

国の方向性と違っても常に都民&府民目線だということが求心力につながってる。オレも〝クソヤローファースト〟だ

拳王　会社から「金剛の新しいTシャツを出したい」と連絡が来たぞ。

――先々週の連載で「なんでAXIZばっか新しいグッズが出てるんだよ!」と苦言を呈

小池都知事をTVで見る拳王

していましたね。

拳王　さっそく来やがったよ。今までオレが直接言っても、全然出さなかったのに。この連載という公の場で言ったら、すぐに会社は反応を示した。相変わらず、オレたち金剛を冷遇してるのがあんまりバレたくないみたいだな。いつもオレはこの連載で正論を言ってるだけなんだよ。

——短絡的な文句、妬みから発する愚痴、闇雲な批判ではなく、あくまでもプロレス界への意見を提示しています。

拳王　どうせ、会社のヤツらは先々週の連載を見て「仕方ないなぁ…」って感じで言ってきたんだろ。このままにしておくと、ファンも黙ってないだろうからな。でも、オレは会社の都合なんかに左右されない。当たり前のことを当たり前のように言って、プロレスファンを味方につけるぞ。よし、今週は政治について語るか。

——さすが明治大学政治経済学部出身！

拳王　でも、政治のことを言ってたら、友だちが減るって言われてるから、やめようかな。

——もともとこの業界にそんなに友だちいないのでは…。

拳王　うるせー！

——この連載、実は業界の各方面から文句が来ていますし…。

拳王　オレは別にNOAHだけでなく、業界やほかのプロレスラーの顔色なんかうかがってないぞ。一番大切なのはクソヤローどもだ。今の小池百合子を見てみれば、世論を味方につけるということがいかに大切かわかるだろ。そもそもアイツは自民党という大きな後ろ盾と決別してでも強い信念で都政に懸けた。世論＝ファンを味方につければ、自分たちの都合でしか物事を考えられなかった自民党という巨大組織さえも崩せるだけの力を持てるって教えてくれたよな。オレもクソヤローどもを味方につけて、NOAHの腐った部分をぶち壊していくぞ。オレは都民ファーストならぬ〝クソヤローファースト〟だ！

——昨年11月の両国国技館大会で世論が推す拳王vs会社という巨大組織が推す清宮海斗の構図を作って、見事に砕け散りました。

拳王　政治と違って、この世界は世論を味方につけても、本人の実力がなければ結果がでないよな…。そこが難しくもあり、面白いところなんだけどな。

——痛いところを突いて申し訳ありません。

拳王　っていうか、**清宮はGHCヘビー級のベルトを落としてから存在感がなさすぎる**だろ。今まで政権に守られていたけど、最近、いいカードに組み込まれても、まったく目立たないし、何をやってるかわからない。オレはタイトル戦線に絡んでいなくても常に話題は作ってるぞ。まぁ、結果に関してはこれから出してやるから見とけよ。

——楽しみにしています。

拳王　それはともかく、今こういう世の中になったから、いろんなものの本質が見えてきてるよな。本当に東京都民や大阪府民のことを考えてる小池百合子や吉村洋文はスピーディーに行動し、自分の言葉で情報を発信してる。いいことはいい、悪いことは悪いとしっかり言う。国の方向性と違っても常に都民&府民目線だということがあの求心力につながってるんだろうな。そのあたりはオレも見習って、クソヤロー目線でいきたいぞ。

——普段はNOAHへの辛口発言が目立つ拳王さんも、コロナ禍の中で生きたプロレスを提供している姿勢については称賛しています。

拳王　NOAHはいち早くTVマッチを打ち出して、この業界全体に革命を起こした。**プロレス界の自民党的な団体はまだ何かを打ち出してない**みたいだけど、今では多くの団体がNOAHと同じような形で試合をやってるだろ。5月も3日、9日、10日とすでに3回も配信してた。何度も言うが、武田（有弘NOAH執行役員）は本当によくやってる。高木三四郎社長は何やってんだ。最近、NOAHに関しては出しゃばらなくなったな。

——またそうやって火種を…。

拳王　**今の高木三四郎は安倍晋三首相みたいだな。**安倍首相は医療、経済、外交…いろんなしがらみに縛られて、各方面のことを考えすぎてるから国民目線の施策を打ち出せない。さらに自分で責任を取りたくないから、強いリーダーシップを発揮できないんだろうな。小池さん、吉村さん、ついでに武田も自分で責任を背負って、世論目線でやってる。オレも負けていられないぞ。

——具体的にどうしていきますか？

拳王　この連載でグッズについて言及したら、すぐに打診が来た。そうだな、まずはこの連載をオレのプロパガンダ連載にするぞ！　プロレス界の世論をしっかりといい方向に導いてやるから、毎週しっかり読んでおけよ!!

6月3日号の議題　グレート・ムタ

もしムタ戦が決まったら、四国八十八カ所を巡礼する。そしたら、体中にお経が浮き出てくるかもしれないぞ

拳王　前回の連載、面白かったな。プロパガンダ連載、最高だろ。

——ボクは拳王さんの大本営ではないですし、この連載はプロパガンダのためにやっているわけではありません！

拳王　でも、大きなことを成し遂げただろ。

——何ですか？

拳王　この連載で何度も指摘してきた「DDTユニバース」がついに「レッスルユニバース」に名前が変わった。オレが先頭に立って築き上げたクソヤローどもの世論をさすがに無視できなかったんだろうな。DDTという文字が抜けたのが第一歩だ。でも「レッスルユニバース」ってメチャクチャださいよな。先週の週プロの裏表紙も見たけど、**DDTがやりたいのは、DDTがNOAHより上というイメージを植えつけること。**清宮海斗と大家健を同列にさせたいんだろ。

——ものすごい視点ですね。

拳王　アイツらはいつもDDT、NOAHっていう順で表記して、暗に序列をつけてるしな。DDTユニバースの番組でオレの撮影に今成夢人が来たのもそうだ。オレは珍しく怒ってるよ。NOAHとDDTを横一列で見てもらったら困る（と机を叩く）。同じサイバーエージェントグループだけど、とりあえずNOAHとDDTのプロレスはまったく別

物だ。あんな緊張感のない団体とNOAHを同列で並べるな。どうせほかのNOAHのヤツは何も言えずにただ事務的に宣伝するしかできないんだろ。NOAHの選手&スタッフ、クソヤロー一同の思いをオレが代弁してやるぞ。

——また怒られますよ…。

拳王　オレは〝クソヤローファースト〟だ。誰に怒られても、言うべきことは言う。まぁ、「レッスルユニバース」のことはこれぐらいにしておいて、本題へ行くぞ。

——今回は何について語りますか？

拳王　グレート・ムタだ。

——とうとうプロレスのことを語ってくれるのですね！　お願いします!!

拳王　武藤敬司は天才と言われてるけど、ムタは天才を超越した天才だな。あれだけいろいろあった大会で自分の空気に持っていけるのは、プロフェッショナル中のプロフェッショナルだ。ムタの試合だけ別興行みたいな気がした。もはや異次元の存在だよ。

——確かに。

拳王　プロレスって存在感が大事なんだなって再確認した試合だったな。20年前のムタよりも動きや技とかすべて落ちてるだろ。それでもそんなこと以上に満足感を与えるっていうのは素直にすごいよ。プロレスラーとしての価値は昔以上だし、世界から引っ張りだこになるのも当然だ。

——大絶賛ですね。ちなみに、ムタのパートナーである魔流不死選手はどうでしたか？

拳王　これからオレがとんでもないことを言ってやるぞ。

——何ですか？

拳王　魔流不死は丸藤正道だ！

——…。

拳王　オレの大嫌いな正道君はプロレス少年に戻ったみたいにノリノリで楽しそうに試合やってたな。**生まれて初めて丸藤のことを可愛いと思っちゃったぞ。**アレもムタの魔力なんだろうな。でも、丸藤も丸藤でプロとしていい存在感を出していたと思うぞ。

5・10配信のTVマッチで魔流不死と組んで桜庭&望月成晃と対戦したムタ

——珍しくほめるのですね。

拳王　本当に可愛かったからな。表情に出さないようにしてたけど、指を動かすだけでも楽しそうだった。心の中でニヤニヤ笑ってただろうな。そういうのが見てるクソヤローどもにも伝わるのがプロレスの魅力だ。

——丸藤選手は魔流不死選手について別人と言っていましたが、そういった部分すらもかなり楽しんでいましたからね。

拳王　あらためて丸藤の幅の広さを見せてもらったよ。腹立つけど、やっぱりトップ中のトップだ。でも、そんな丸藤正道やあの桜庭和志でも飲まれるのがムタ。恐るべき存在だ。

——もし闘うとしたら、どうしますか？

拳王　ムタにのまれなかったプロレスラーがいるだろ。

——誰ですか？

拳王　白使に決まってるだろ！

——それは拳王選手が新崎人生選手のことを好きだから…。

拳王　白使はあのジ・アンダーテイカーとやっても互角の存在感を放ってたんだぞ。

――で、どうやって闘いますか？

拳王　素でいってもまったく勝てる気がしない。オレも化身を出すしかないだろうな。

――おおっ！

拳王　もしムタ戦が決まったら、四国八十八カ所を巡礼する。そしたら、体中にお経が浮き出てくるかもしれないぞ。名前は**拳使無双だ！**

――今回は滑りましたね…。

拳王　うるせー！

拳王　えっ!?

――山田孝之さんの沖縄旅行では？

拳王　バレたか…。自粛期間中にそういうことをやっちゃいけないって言いたかっただけだ。特に人前に出る職業のヤツらはなおさら気を引き締めていなければいけないぞ。

――そういうふうにつなげてきましたか。その点、ＮＯＡＨはＴＶマッチを積極的にやっているので、目標があってよかったですね。

拳王　ずっとこの連載で言ってるけど、そこだけは武田（有弘ＮＯＡＨ執行役員）をほめ

6月10日号の議題　外出自粛期間中の生活

コロナ禍がなければ、NOAHはこの時代にフィットしたABEMAとここまでの関係を築くことができなかった

――取材日時点で緊急事態宣言解除の日も迫ってきていますが、あらためて外出自粛期間中はどんな生活をしているのですか？

拳王　ほぼ自宅にいるよ。外出するとしたら道場だな。オレはコロナ禍がなくても人が大嫌いだから、あえて人がいない時間帯を見計らって、いつも道場に行ってるぐらいだ。もし道場に人がいっぱいいたら、車の中で少なくなるまで待ってるよ。

――おっ、拳王さんの車と言えば…。

拳王　またミライースをバカにしてるのか。まぁ、いいよ。全国のジムが休業になって、全プロレスラーはトレーニングする場所が奪われて困ってるだろ。オレもジムがダメになってからマスクをして海を走ってたんだけど、今、海だって立ち入り禁止だからな。唯一、心が休まる瞬間だったんだけど…。

――拳王さんは海好きですからね。

拳王　**オレから海を取ったら、いったい何が残るんだよ！**

――拳王さんはプロレスラーじゃないですか。

拳王　わ、忘れてたよ。自粛しすぎて、頭がこんがらがってた。沖縄、行きたいなぁ…。

――年に何回も沖縄に行って、シュノーケルを楽しんでいましたからね。

拳王　空港から車で1時間の読谷村内のヴィラを借り切って宿泊して、クルーザーで沖に行って、美ら海でシュノーケルやりたいよ。海から上がったら、沖縄そば食いてぇな！

――どこかで聞いたような…。

立ち入り禁止前には海によく行っていた拳王

てやるぞ。オレがめちゃくちゃ腹立ってる高木三四郎じゃないぞ。た・け・だに感謝だ。それと考えようによってはコロナ禍がなければ、NOAHはABEMAというこの時代にフィットしたTVコンテンツとここまでの関係を築くことができなかったかもしれない。まさにピンチはチャンスだ。オマエもABEMAで解説の仕事をもらえたしな。

——大変、ありがたく思っております。

拳王　オマエのことはどうでもいい。話をもとに戻して、団体に所属してるオレみたいなプロレスラーはまだましだ。フリーランスは本当に厳しいだろうな。TVマッチだって3密をさけるために限られた人数しか呼べない。団体の経済的にも極力、フリーを使わずに所属で試合を組みたいという考えになるしな。さらに、こういう状況になったからこそ、プロレスは個人競技でありながら団体競技でもあるという部分も垣間見ることができた。

——NOAHはTVマッチで新たなプロレスを模索し続けていますし、ほかの団体もTVマッチが日常になりつつあります。

拳王　これだけ業界が動きつつある中で、新日本だけが無観客試合をやっていないというのも、大きなポイントだよな。

——新日本のハロルド・ジョージ・メイ社長はYouTubeで見解を示しました。

拳王　もちろん見たぞ。「新日本プロレスは日本プロレス界の最大手であり、新日本プロレスには社会的責任が伴い、倫理観に基づいた判断が求められる」か…。自分たちを正当化しようとしてるんだろうな。ついでに、**TVマッチを積極的にやってるNOAHをチクリとけん制しやがったな。**でも、正直な感想を言えば、いいスピーチだったよ。収入が激減する中であれだけの巨大組織を維持するだけでも相当、大変なこともわかる。いろいろあっても頑なに試合をやらない姿勢は素直にすごいと思う。だが、〝クソヤローファースト〟のオレとしては、プロレスが存在するのはファンがいるからであって、どういう状況でも〝生きたプロレス〟を届けたいっていうのが本音だ。外出自粛で娯楽の少なくなった世の中にプロレスファンは生きたプロレスを求めているからな。チケット収益もないのに無料配信ってのは、会社的に試合をやらないよりさらにキツイかもしれない。でも、オレたちはクソヤローどものために生きたプロレスを届け続けるぜ。

——NOAHは5月24&31日とABEMAで「NEW HOPE」という新企画を…。

拳王　NOAHはさまざまなTVマッチを成功に導いてきたが、1つだけ失敗した。清宮海斗率いる「NEW HOPE」だと…。アイツ、チャンピオンでもないだろ。また清宮推しが始まっちゃった。ふざけんじゃねぇ！

——そうくると思いました。

拳王　清宮海斗の「NEW HOPE」よりも、絶対に金剛中心のABEMAのTVマッチの方がいいだろ！　**番組名は…「金剛の輝けダイヤモンド」だ!!**

——昭和に戻った感じがしますね…。

6月17日号の議題　高木三四郎

オレが「高木三四郎からNOAHを守る」と言ってるのは、アイツに本物のプロレスを壊されたくないという意味だ

——とうとう、行動に出ましたね。

拳王　今年1月末だったよな、NOAHがサイバーエージェントグループ入りしたのは。そこから高木三四郎がNOAHの社長になっ

た。約半年、ずっと苛立ってた。

――この連載でも度々…というよりも、かなり高木三四郎社長への苦言を呈していました。

拳王　アイツが社長として社内でちょこちょこ何かしてるかもしれないけど、NOAHのことを輝かせるために何かやったのか!?　もし何かをやってたとしてもDDTを輝かせるために、NOAHを使ってるだけだろ。ここ最近はそういう部分が確実に見え始めた。オレの中で苛立ちはマックスまで来て、ああいう行動に出たという感じだな。

――ビックリしました。

拳王　アイツが社長になって約半年か。リデットエンターテインメント株式会社が親会社になった後は「脱三沢」とか「鎖国」とかわかりやすい改革をした。でも、高木三四郎がNOAHの社長になって、何をわかりやすい形でやったんだって。アイツが社長になる前はリデットのビジョンがあって、それを武田（有弘NOAH執行役員）が形にしていった。今は高木に何もビジョンがなくて、武田のビジョンを武田が動いて、武田が形にしてる。**選手&スタッフも高木がNOAHに対して描いてるビジョンなんてまったく伝わってない。**武田がNOAHをこうしたいっていうことは選手&スタッフだけじゃなくて、クソヤローどもにもしっかり伝わってるんじゃないか。

5・30配信のDDTのTVマッチでコーナーに上がって「ファイアー」する三四郎

――今回はいきなり厳しい発言の連発ですね。
拳王　前回の連載でも触れたけど、ABEMAでの放送も完全に武田のおかげだ。
――そこまで言いますか…。
拳王　新型コロナウイルス禍になってから、NOAHは攻める姿勢を常に貫いてきた。オレたちは感染予防対策を徹底した上で〝生きたプロレス〟を届けるつもりでいたんだ。でも、同じサイバーエージェントグループだからと言って、攻めるNOAHにとって、NOAHのプロレスを待ってるクソヤローどもにとって、足かせになるようなことを〝神の見えざる手〟でしてきたんじゃねぇのか！　オレはこの連載でNOAHとDDTは分けて考えてくれと何度も訴えてきた。NOAHとDDTはプロレス団体として根本的に違うんだよ。同じ思考で運営しちゃいけないプロレス団体だ。NOAHはあくまでもNOAHなんだよ。もし高木三四郎が両団体の社長として、しっかりとNOAHとDDTを分けて考えるようなヤツだったら、オレはここまで言わない。でも、アイツの中に常にDDT＞NOAHという意識があって、そこについてNOAHの選手やスタッフの誰も声を上げないから、オレがこうやってここで言葉にしてるんだし、ああいう行動も起こしたんだよ。
――そもそも高木三四郎社長のどこがそこまで嫌いなのですか?
拳王　あんなおちゃらけたプロレスをするようなヤツは絶対に認めたくない。オレはDDTの会場に予告なしで乱入して、勝手にリングジャックしたんだぞ。そして、マイクで高木三四郎のことを批判した。普通ならば、絶対に怒るようなこともいっぱい言ったぞ。それなのに、アイツは何をしたと思う？　コーナーに上がって「ファイアー」ってポーズを決めやがった。そこでアイツのプロレスに対する意識、感情が完全にわかったぞ。

――どういうことですか?

拳王　**本当に怒ってるんなら、コーナーに上がって「ファイアー」なんてできないだろ。**プロレスに対して緊張感がなさすぎる。オマエは怒ってるんだろ。怒ってるのにコーナーにゆっくり上がり「ファイアー」って。プロレスは闘いだ。そこをわかっていれば、ああいうことは絶対にやらないだろ。子供のケンカでも本当に怒ってるヤツはあんなことしない。リングで本当の怒りを吐き出せないヤツにプロレスを語る資格はないぞ。

――……。

拳王　オマエは半年間、オレに言葉で徹底的に批判されたんだぞ。待望の初対面で「ファイアー」はないだろ。アレだけを見たら、高木三四郎が本当は怒ってないんだなって思うヤツもいるだろ。ああいうことが**DDTでは許されても、NOAHでは絶対に許されない。**社長のオマエ自身がNOAHのプロレスを一番ナメてるぞ。

――そこまで言いますか。

拳王　オレはボコボコにされてつまみ出されるかもしれないと思いながらDDTの会場に乗り込んだ。敵地だから何があってもいいように、全面戦争してやってもいいと思って金剛の仲間たちを引き連れて行ったんだぞ。アイツは久々にリングに上がって「ファイアー」がどうしてもやりたかったのかもしれないけど、そこは違うだろ。オレはDDTのヤツらに止められても、絶対にリングをジャックするつもりで**覚悟と緊張感を持って乗り込んだのに、完全に拍子抜けしたわ。**

――プロレス観の違いですね。

拳王とにらみ合う中でも三四郎は「ファイアー」していた

拳王　DDTのヤツらだって、他団体が乗り込んで来たのに他人事だ。アイツらは部活でプロレスをやってんのか。NOAHなら練習生でも一目散に向かっていくぞ。

――そういう心意気は非常に大切ですね。

拳王　その昔、会社…いや親会社…いや、元・親会社で現在はスポンサー様であるリデットエンターテインメント株式会社の顧問・長州力は、大仁田厚が新日本プロレスの会場に来場した際に「またぐなよ」ってすごんで鉄柵の中に入れなかっただろ。オレはあんな簡単にリングジャックできるなんて思ってなかった。ひと悶着あってもいいような心の準備をしてたし、金剛のメンバーにもそういう心構えで行くように伝えてあったぞ。元・親会社の顧問の言葉を借りて言ってやる。**DDTのリングは簡単にまたげたぞ!**

――!

拳王　あの一瞬でわかった。DDTには竹下幸之介とか遠藤哲哉とか樋口和貞とか確かにいいポテンシャルを持った選手がいる。でも、アイツらがプロレス界にいまいち響かない理由は、プロレスをおちゃらけだと思ってる高木三四郎が社長だからだ。**飯伏幸太、ケニー・オメガ、石川修司を見てみろよ。DDTを辞めてからどれだ**

け羽ばたいたんだよ。プロレスラーにとって一番大切な部分がDDTは見えていない。竹下や遠藤や樋口も埋もれたくないなら、そろそろ人生を考えて決断してもいいんじゃないのか。金剛はオマエらの強い信念をいつでも待ってるぞ。

――NOAH&DDTの社長に対して、そこまで言って大丈夫ですか?

拳王　もうオレは高木三四郎のことをNOAHの社長だなんて思ってない。社長命令だと…アイツは「このオレとDDTのリングで闘え」とか言ってたな。NOAHを守るためだったら、やってやるぞ。シングルでな。

――6人タッグが発表されましたが…。

拳王　つくづく腰抜けだな。オマエがDDTで飼い殺してるヤツらの力を借りなきゃ、オレと試合ができないのか。武田を見てみろ。コロナ禍の中、たった一人でNOAHを守ろうと闘ってたぞ。**オマエはABEMAとガッチリとスクラムを組んだNOAHに、その話をスピーディーにまとめた武田に嫉妬してたんだろ。**オレたちの足を引っ張るな。

――歯止めが利かなくなりそうですが…。

拳王　うるせー！　アイツはプロレスの敷居を下げて、自分たちだけがよければいいと思ってるんじゃねぇのか。DDTは芸能人とかがリングに上がって、試合をしてるんだろ。アイツはそれで少しでもDDTが潤えばいいとかその程度の感覚だ。プロレスというジャンル全体を考えていれば、芸能人なんか簡単にリングに上げられないだろ。

――プロレスは誰でもできると勘違いされる危険性もあります。

拳王　職人は10年でようやく一人前ってよく言うだろ。それは10年間、毎日、その職業のことを考えて、悩んで、壁にぶち当たって、それを乗り越えて、また悩んで…そういう繰り返しをして、初めて一人前になれるということだ。例えば、寿司を握るだけだったら、ちょっとやり方を覚えれば、おそらく誰でもできる。でも、そんな寿司は見かけが寿司でも本物の寿司じゃない。

――深いですね。

拳王　NOAHのプロレスは芸能人が付け焼き刃でできるものではないぞ。確かに高木三四郎はサイバーエージェントという上場会社を親会社として引っ張ってきた経営者としての能力はすごいよ。でも、**サイバーという強大な力を借りても、なぜDDTが世間に届かなかったのか。その理由は…**社長の高木三四郎がプロレスをバカにしてるからだ。なぜNOAHが届いてるのか。その理由は本物のプロレスを守ってるからだ。

――これは今週2ページの拡大版にするしかないですね…。

拳王　オレが「高木三四郎からNOAHを守る」と言ってるのは、アイツに本物のプロレスを壊されたくないという意味だ。アイツは「NOAHを改革するとしたら、拳王をファイアーする」って言ってたな。社長としてそれを本気で言ってるのか。もし本気で言ってるんなら、NOAHのことが本当に見えていない証拠だ。すぐにやってみろよ。高木三四郎が単にイヤだからという理由でオレをファイアーして、NOAHがどうなるか社長として想像できないのか。オレはただ闇雲に反発してるわけじゃない。NOAHのためを思って、すべてやってるぞ。どうせ高木三四郎もグダグダ言うんだろ。これはもうリング上で決着をつけるしかないな。6人タッグでも何でもいいよ。

――おお！

拳王　アイツがプロレスラーでよかったと思うのはそこだけだな。法に引っかからないリング上でボコボコにできるし、明確な決着をつけることができる。結局、偽物のプロレスラーが本物のプロレス団体の社長をやって、よくなるわけがないだろ。オマエの好きな言葉通りにしてやるぞ。高木三四郎はNOAHの社長をファイアーだ!

6月24日号の議題
清宮海斗vsオカダ・カズチカ

そこまでして清宮をNOAHのスターにしたいんだな。もう全部、道筋はできてるんじゃねぇのか!?

拳王 先週号の表紙はなんだよ。

——清宮海斗選手のレインメーカー発言＝オカダ・カズチカ選手との対戦要求が表紙を飾りました。

拳王 そんなの見れば、わかる。なぜ週プロの表紙になったのかって聞いてるんだ。5月31日のABEMA配信「NEW　HOPE」では稲葉大樹の登場がサプライズだっただろ。

——確かにレインメーカー発言自体はABEMAで5月24日に配信されて、1週間後の先週号で掘り下げた形です。

拳王 なんかきな臭いぞ。拳王センサーがビンビン反応してる。カネの匂いがするぞ。

——レインメーカーだけに。

拳王 全然、面白くないツッコミだな。清宮のレインメーカー発言をそこまでして表紙にしたかったのか。1週間後に掘り下げる必要があるのか。これは絶対に何かあるだろ。NOAHと週プロの癒着か?

——癒着ではありません。

拳王 オレの予想はどっちかだな。すべて裏で手を回して実現することが決まったから清宮に言わせたのか。それか、清宮にひとまず言わせて注目を浴びさせようとしてるのかだ。

——ちょっと待ってください。どちらも清宮選手が自分から言っていないことになります。

拳王 そうだろ、清宮が自分で考えて、こんなことを言えるわけねぇだろ。どうせ武田(有弘NOAH執行役員)が裏で手を引いてるんだろ。それで1週間後に週プロとの癒着で表紙を飾った。青写真通りにことが進んだな。

——だから、癒着ではありません。

拳王 最近、武田をほめすぎたかもな。コロナ禍でABEMAの放送をウチに持ってきて、いろいろ攻めてきたことだけは称賛に値する。高木三四郎も先週の週プロのインタビューで「もっと武田さんに感謝した方がいい」って言ってたけど、オマエも武田をほめてどうするんだよ。そこは「武田さんを動かしてるのはオレだ」ぐらい言うべきだろ。オマエと意見がかぶっちゃって、とてつもなく気持ち悪かったぞ。

——DDT6・6配信での対戦が終わりました。その感想も聞きたいところです。

拳王 **対高木三四郎は終わったことだ。**もう金輪際、絡まない。それよりも清宮だろ。そこまでして清宮をNOAHのスターにしたいんだな。今年に入ってベルトを失って、結果が出なくて勢いがなくなってる中でもABEMAで「NEW　HOPE」と

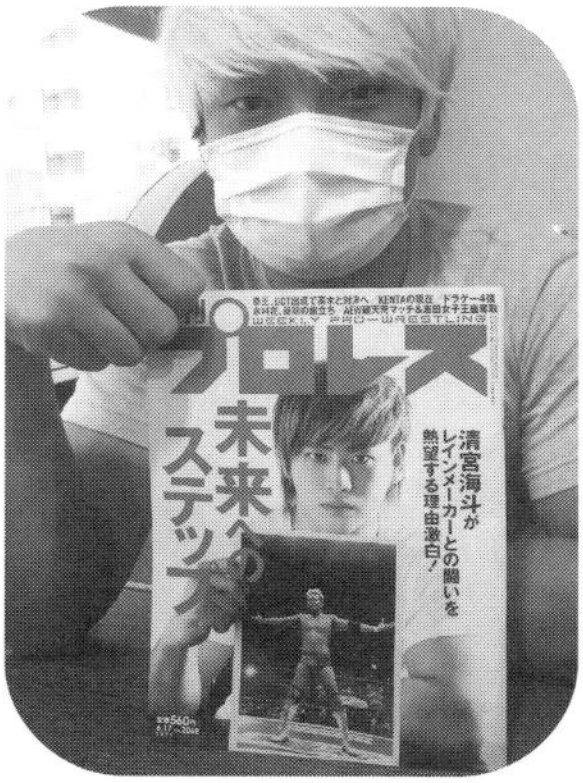

先週号の週プロ表紙をオマージュする拳王

いう新しい番組を与えて、ちゃんと手を差し伸べてるんだからな。その記念すべき第1回配信で、業界のナンバー1であるオカダ・カズチカへの対戦要求をするなんて、プロレス界に響くに決まってるだろ。それを仕向けたのも武田だろ。どこまで甘やかすんだ。

――またそう勝手に決めつけて…。

拳王　新日本は2月下旬からずっと興行を中止していて、3カ月間以上、露出が少なかった。さすが〝策士〞武田らしい絶妙のタイミングだったな。

――NOAHは新日本と現在、リング上の交流がありません。当然、清宮選手のレインメーカー発言に対する返答はありません。

拳王　ここまで何もないこと自体が怪しいけどな。なんでマスコミは新日本側にこの件を直撃しないんだよ。まぁ、それはこの後の展開を待つことにしよう。そんな中、ABEMAの6・14配信で清宮と武藤敬司との初対戦が決まった。確実に武田が動いたんだろ。もう全部、道筋はできてるんじゃねぇのか!? 昨年11月のオレの田村潔司に対する「真剣勝負」発言とはまったく違うぞ。

――そこを自分で言っちゃいますか!?

拳王　でも、断言してやるぞ。**拳王vs田村潔司も絶対に実現する。**

――それはぜひお願いします！

拳王　その話はおいおいするとして、NOAHはエースの作り方が本当に上手になったな。昔はよく失敗してたと聞くぞ。丸藤正道、KENTAはヘビー級としては団体の後押しがなかったにも関わらず、自らの長けたプロデュース能力でのし上がっていった。昔のNOAHは人間力があるヤツしかのし上がれなかったんだ。大失敗して、家出するようなヤツもいるぐらいNOAHはスターを作るのが下手だった。でも、今は違う。策士がいるからな。先週の週プロの巻末言を読んだけど、清宮が自分で語る言葉はつまらない。丸藤、KENTAみたいなスマートな頭を持ってないから、無理やりエースにしてもどこかでまたつまずいてしまうかもしれないぞ。

――いちいち毒がありますね。

拳王　アイツはまず一般教養が足りない。中高の社会科教員免許を持ってるオレが歴史、公民、道徳の授業をしてやろうか。

――道徳は拳王さんが学んだ方が…。

拳王　うるせー！　緊急事態宣言も明けたことだし、オレの本音を言ってやる。**アンチ武田の自粛は解除だ!!**

7月1日号の議題　新日本興行再開

NOAHと新日本、どちらが正解か、間違ってるかなんて、今、結論が出るわけもない。後世が決めることだ

――ついに動きましたね。

拳王　あの眠れる獅子だな。

――業界に激震が走りました。

拳王　だな。あのリデットエンターテインメント株式会社が団体を作るんだからな…。

――新日本が6・15から無観客試合を始めるということを言っていたのですが…。

拳王　先週、オマエらが〝文春砲〞みたいにスクープしただろ。プロレス業界では六本木ヒルズの多目的トイレより話題になってるぞ。

――…。では、新日本の興行再開とリデット新団体のどちらを今週の議題にしますか？

拳王　もちろんリデット新団体だろ！

――今週は新日本でお願いします。

拳王　何ぃぃぃ！　なんでだぁぁぁ!!

――リデット新団体は次週以降にするとして、

業界の時事問題が大好物なこの連載では新日本興行再開に触れない手はありません。

拳王　**確かにリデット新団体のことはいつでも言える。**業界的に旬な時事問題を掘り下げるのがこの連載の持ち味だ。今週はNOAH6・14配信のビッグマッチがあっても、どうせ週プロの表紙は新日本なんだろ?

―ノーコメントでお願いします。

拳王　じゃあ、聞くぞ。新日本の興行再開がなぜそんなに注目を集めてるんだ?

―さまざまな団体がTVマッチをおこなう中、2・26那覇から大会をおこなわず約4カ月ぶりに大会を再開させるからです。

拳王　緊急事態宣言中、一切、大会をおこなわなかったんだよな。それは間違ってることではない。新日本みたいに会社やジャンルのイメージを守るのも大切だ。でも、オレたちNOAHは自粛期間中も娯楽を絶やさぬため、常に無観客のTVマッチをやり続けてきた。オマエはどっちが正しいと思ってるんだ?

―現時点では答えを出しづらいです。

拳王　そこだよ、そこ。緊急事態宣言が出される中で新日本のようにプロレスの活動をほぼ休止させた団体、NOAHを筆頭に生きたプロレスを提供し続けた団体、どちらも正しくて、どちらにも批判があるんだよ。誰もが経験したことのないコロナ禍でクソヤローどもの評価はパックリ分かれるところだろうな。

―その通りだと思います。

拳王　そこが難しいところだ。本当なら、自粛中にプロレスの灯を消さなかったNOAHを称賛して、ずっと沈黙を守ってきた新日本を糾弾してやりたい気持ちもある。だが、どちらが正解か、間違ってるかなんて、今、結論が出るわけもない。後世が決めることだ。

―マクロ的な目線に立てば、日本のスポーツ界はプロ野球やJリーグが4&5月自粛で6月から再開を模索しています。結果的に新日本もそこに同調した形となりました。

拳王　世界的に自粛ムードの中でも、WWEはフロリダ州から「重要なビジネス」として認められただろ。プロレスはコロナ禍でエンターテインメント業界が壊滅してる中でも娯楽を自粛中のクソヤローどもに届けられる市民権を得たということだ。それを踏まえて、もし自粛中の日本プロレス界にNOAHのTVマッチがなかったら、どうなってたんだ!?

―週プロとしては考えたくないことです。NOAHは緊急事態宣言中に2週に1度のペースで表紙を飾ってきましたので…。

拳王　癒着も含めてな。

赤く染まったレインボーブリッジの前にて

―だから、違いますって。

拳王　（無視して）この3カ月、NOAHは批判もあったけど、先頭を切って、TVマッチをやってきた。それは紛れもない事実であり、短い期間でも業界をけん引してきたことも事実だ。でも、**新日本が有観客で7・11&12大阪城ホール2連戦という大博打に打って出たのは驚いたぞ。**悔しいけど、大会をやらない3カ月の中でいろいろ試行錯誤を繰り返して導き出した答えなんだろうな。

――今のNOAHにはできないことです。

拳王　どういうことだ。まあ新日本は新日本プロレスワールドという新たなる収入源を確立し、さまざまなスポンサーの支えもあったから、このコロナ禍をここまで耐え忍ぶことができて、なおかつ勝負を懸けることができた。オレたちはザ・リーヴ様、OSG様、そして新団体を作る会社…いや、親会社…いや、元・親会社のリデット様しか年間スポンサーはいない。でも、この約3カ月、プロレスファンにとって自粛中の糧になるべくしてリングで汗を流し、会社的にもABEMAさんと一緒になって身も心も削ってきた。どちらがクソヤローどもの心をつかめたのか。これから勝負だ。

――その心意気、カッコイイです。

拳王　コロナ禍で本当にいろいろ考えさせられたぞ。プロレスについていろいろ考えた。本当にすべてをNOAH色に染めたいな。いや、金剛色に染めてやるからな。

――拳王さん、期待してます。

拳王　言ったことは実現してやる。**金剛色に染めたらダメなのは、レインボーブリッジと都庁だけだからな。**

7月8日号の議題　NOAH有観客興行再開

直接出る声じゃなくても、拍手や足踏みという形の〝声〟が届けば、よりいっそう熱く、激しい試合を見ることができる

拳王　ようやく今週はリデットエンターテインメント株式会社の新団体について語れるな。

――いえ、今週はNOAH7・18有観客興行再開でお願いします。

拳王　何ぃぃ！ **オレのストップ・ザ・リデット構想を語れないのか!?**

――「ストップ」って何ですか？

拳王　今は言えない。リデット新団体がテーマになったら、ちゃんと語ってやる。

――では、次週予定にしておきましょう。

拳王　また先送りになるかもしれないけどな。

――…。で、では有観客興行再開について始めましょう。NOAHは3・22富士以来の有観客となります。どんな気持ちですか？

拳王　凡人レスラーと同じ意見になるけど、やっとこの日が来たかって。半月ぐらい試合がなくなって、久々に無観客で試合をやった時、プロレスをやったら楽しいなって思えた。そこに客のクソヤローどもの声援があったら、もっと気持ちいいんだろうなって。

――久々の有観客ですが、無観客を経験したことで意識は変わりますか？

拳王　そこまで変わらない。無観客はいくらやっても慣れることなんてない。有観客でも無観客でも目の前にいる相手を倒すってことは基本的に変わらないんだよ。客のクソヤローどもが会場にいるのか、カメラの向こうにいるのか。その違いだけだ。**有観客と無観客の大きな違いは〝声〟があるか、ないかだろ。**

――NOAHが発表した「来場者へのお願い」では「飛沫の恐れのある大声での応援は禁止します」となっています。

拳王　どういう会場の空気になるんだろうな。でも、禁止されてもやっぱり声援は送りたいだろ。プロレスを見て興奮したら、ジッと黙っていられなくなる時だってあるよな。

――試合が盛り上がってきたら、自然と声が出るでしょうし。

拳王　そのあたりはもう個人のさじ加減だよ

な。オレたちレスラーとしてはもちろん大声を出して応援してほしいよ。でも、これからはその〝声〟をほかの形に代えなきゃいけないのかもしれないよな。

——どういうことですか？

拳王　拍手や足踏み中心の観戦スタイルだ。NOAHは7・18後楽園ホールで再開だろ。後楽園は特に北、東、西がひな壇になってるから重低音ストンピングが会場に響きやすい。声援の代わりに思いっきり床を足踏みして〝声〟を届けてくれ。そういう客のクソヤローどもからの反応があるだけで、闘ってるレスラーたちの気持ち的には全然違ってくるぞ。

7・18後楽園のポスター画像を持つ拳王

プロレスは客のクソヤローどもと一緒に闘いを創り上げることができる。口からの直接出る声じゃなくても、拍手や足踏みという形の〝声〟がリングに届けば、確実によりいっそう熱く、激しい試合を見ることができるんじゃないかな。

——素晴らしい提案だと思います。ほかに気になるところはありますか？

拳王　選手への差し入れ、プレゼントなどもお受けできませんのでご了承ください…だと。金剛メンバーなんかコロナ禍前から何ももらってねぇぞ！　サイン会も撮影会とかもしばらくはできそうもないだろうな。NOAHは全員が金剛スタイルということだな。客に媚び売ってるレスラーたちは、ようやくオレたち金剛の気持ちがわかるんじゃねぇのか。これで同じ土俵で闘えることになるな。

——皮肉にしか聞こえません。

拳王　そういえば、もうほかの団体は有観客興行が始まってるだろ。みちのくプロレスの道場マッチを見たんだけど、声援とかも上がってたよ。無観客ばかり見てたから、久々にプロレスを見たなって感覚がしたな。無観客っていう非日常が日常になってた部分もあるけど、オレたちにも日常が戻ってくるのかなって考えるとドキドキが止められないよ。

ただ新規感染者がいつまた増加するかわからないからな。もし体調が悪い時は、チケットを持っていても、勇気を持って観戦をあきらめてほしい。それが大好きなプロレスの灯を消さないことにつながるぞ。これからはオレたちとクソヤローどもが一緒になって、プロレスというジャンルを守る闘いをしていくことになるんだからな。

——その通りです。

拳王　今後はコロナと共存していかなきゃいけない。野球とかサッカーはまだしばらく無観客なんだろ。プロレスがプロスポーツの有観客興行を引っ張っていくぐらいのつもりで、やる側も見る側もともに取り組んでいくしかないな。いろんな制限がある中でどうやって楽しんでいけるか。**新しい生活様式ならぬ〝新しい観戦様式〟を創り上げていくぞ。**

——いいことを言いますね。

拳王　日本は何度も戦争や災害でメチャクチャになりながらも、そのたびに自分たちの力と知恵を振り絞って立ち上がって、前よりも強い国になってきた。今回のコロナ禍もそうだ。日本の強さ…いや、**日本列島という島人の強さを世界に見せつけるぞ！**

新団体はやめろ。このままNOAHをV字回復させた功労者でいてほしい

――ついに、今週のテーマはリデットエンターテインメント株式会社の新団体です！

拳王　2週寝かせて、ようやく言えるな。

――よろしくお願いいたします！

拳王　まずNOAHとリデットをつないでくれたのは、〝あのお方〟だったな。

――2年前の'18年7月、森嶋猛さんの復帰戦がリデット主催で発表されて、中止となり、その後、紆余曲折あって、リデットはNOAHの親会社になりました。昨年、NOAHはリデット体制で団体として飛躍し、今年1月からサイバーエージェント傘下に入りました。

拳王　本当にいろいろあったよな。週プロに掲載されていたけど、リデットの鈴木裕之元オーナーは新団体を作る構想があるみたいだな。元オーナーのプロレスに対する情熱や愛はNOAHの選手みんなに伝わってるし、今でも全選手が感謝してるぞ。

――昨年、NOAHが飛躍したのはリデットのおかげでもあります。

拳王　プロレス団体と親会社って表ではうまくやってるようでも、裏ではどうしても確執が生まれるものだ。でも、去年のNOAHは選手、スタッフ、親会社が一丸となり、業界2位を目指して駆け抜けてきた。**元オーナーは人心掌握力、統率力が高い。**面倒臭いヤツばっかのNOAHの選手たちに道筋を示して、力強く導いてくれたんだ。経営者としてあれだけ長けてる人はそういないぞ。

――昨年11月の両国国技館大会はリデット体制の集大成と言える大会になりました。

拳王　たった1年であれだけの高揚感を生み出せたのは、元オーナーのプロレスに対する情熱があったからだ。リデットが清宮海斗をあそこまで推しまくったから、オレの反骨精神が刺激されて、金剛という軍団が生まれた。

――ある意味で、金剛の生みの親ですね。

拳王　そうかもな。両国大会を大成功させたNOAHはこれからって時に、プロレス業界って不思議なもので、内田雅之（通称ウッチー）の仕掛けた時限爆弾が爆発しやがった

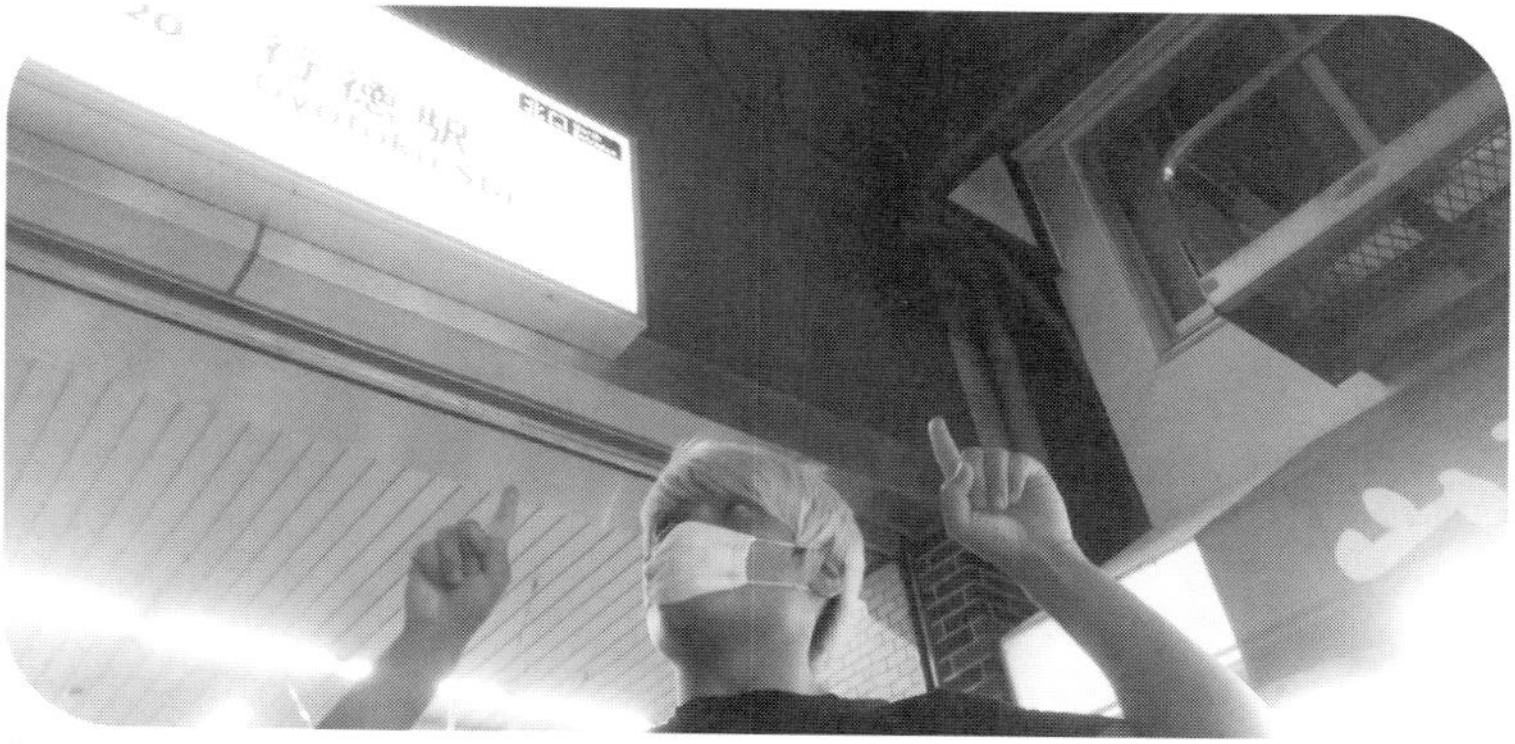

今回の連載は〝あのお方〟が住んでいた千葉県市川市の行徳にて収録

んだ。リデットは旧体制の負債をすべてしっかりと整理したはずだったけど、内田のどんぶり勘定は誰も見抜けない部分にも及んでいた。そういう中でもリデットと元オーナーはリング内外でNOAHを支えてくれた。これから確実に利益を生み出せるプロレス団体になるって時に、手放さなきゃいけなくなったのは、本当に悔しかっただろうな。

――リデットが親会社でなくなってからも、団体としての勢いは維持しています。

拳王　そうだよな。ずっと右肩下がりだったNOAHをV字回復させてくれたのは、間違いなく鈴木裕之元オーナーだ。リデットが自分たちの身を削りながらNOAHを守り抜いて、結果としてサイバーへといい形で引き継いでくれた。鈴木裕之元オーナーはプロレス界的にも近年、屈指の功労者だ。

――NOAHを再生させて、なおかつ現在もスポンサーとして支えてくれていますからね。

拳王　だからこそ、言いたいことがある。

――なんですか？

拳王　新団体はやめろ。NOAHをV字回復させた手腕は認めるけど、それもNOAHという看板があったからだ。新団体となればまったくの別問題。アナタの輝かしい功績に泥を塗ることになるぞ。

――！

拳王　今年10月に旗揚げして、来年は東京大会を4～6回予定してるらしいけど、その程度の規模なら、**単発のイベントでいいだろ。**長州力の「POWER HALL」、腹立たしい杉浦軍のNOSAWA論外率いる東京愚連隊、一番ムカつく田村潔司が創り上げようとするスタイル…。単発でそれぞれの色を出して、リデットがバックアップするならば成功するはずだ。リデットが失敗したのは〝あのお方〟の復帰戦だけだろ。

――まさかここで冒頭の伏線回収…。

拳王　あの一件に関しては、オレがあのお方に代わって謝るぞ。すみませんでした！

――いい後輩ですね…。

拳王　あの復帰戦もNOAHとリデットをつないでくれたという部分では失敗じゃなくて、成功だ。まさに「GENESIS」。でも、リデットがプロレスへの情熱だけで、わざわざ新団体を旗揚げする大義がどこにあるんだ。この業界で成功する人なんてひと握り。腹黒いヤツばかりだ。鈴木元オーナーみたいに真っすぐでキレイな心の人が成功するとは思えない。オレとしては、このままNOAHをV字回復させた功労者でいてほしいし、汚名を背負ってほしくない。

――拳王さんらしい意見ですね。

拳王　そこで1つ提案がある。

――何ですか？

拳王　新団体をあきらめて「金剛興行」のメインスポンサーになってくれ。リデットエンターテインメント株式会社プレゼンツ金剛興行だ。**元オーナーの鈴木裕之様、エグゼクティブディレクターの田村潔司様、「金剛興行DIAMOND 2」7・24後楽園、本部席をご用意してお待ちしております！**

7月22日号の議題　秋山準、DDTレンタル移籍

これから必死で上がっていこうとしてる全日本の連中の足かせになるようなことを言うな

拳王　最近、業界がやけに騒がしいな。

――そうですね。何が気になりますか？

拳王　……誌面で言えないことばかりじゃねぇか!?　だから、騒がしいんだよな!!

——ごもっともです!　表立っているところでは、ZERO1から高岩竜一選手、日高郁人選手、佐藤耕平選手が退団しました。

拳王　ZERO1は20年の歴史がある。3人とも創世記から支えてきた選手たち。コロナ禍で苦しむプロレス界が形になったニュースだな。特に佐藤耕平はエース。オレも火祭りでシングルやったけど、間違いなく業界トップの実力者だった。そんなトップどころが一挙に退団するのはなかなかない…いや、NOAHから5選手が退団したことがあったな。

——'12年末に秋山準選手らが退団しました。

秋山DDTレンタル移籍発表会見を報じた週プロ

拳王　よし!　今回のテーマは「秋山準、DDTレンタル移籍」だ!!

——待っていました!

拳王　NOAHを退団して、全日本に行って、社長まで務めた秋山がDDTにレンタル移籍か。衝撃的なニュースだったよ。

——率直にどう思いましたか?

拳王　秋山のことは今年に入ってWWEのゲストコーチ就任が報道されて、気になってた。その話がコロナ禍の影響で宙に浮いて、これからどうするのかなって思ってたら、急にDDTのゲストコーチに就任した。オレとしては明るいニュースではないなと感じた。会見まで開いて、今回の件で一人だけ得したよな。

——誰ですか?

拳王　高木三四郎だ。エンタメ要素の強いDDTに一番ほしかったのは秋山のような怖い存在だろ。**高木三四郎は全日本を蹴落とすと同時にDDTにこれ以上ない補強をした。**だいたい高木は、自分のこと、DDTのことしか考えてないんだよ。NOAHなんて二の次。アイツの話を聞いててもわかるだろ。一人称はDDT。NOAHは二人称だ。そしてNOAHの手柄は自分の手柄にす…。

——ちょ、ちょっと待ってください!

拳王　なんだ。せっかく調子が出てきたのに。

——もう高木三四郎社長とは金輪際絡まないと言っていましたが…。

拳王　そうだった!　熱くなって、ついうっかり忘れてた!!　今回は秋山のことだったな。

——そうですよ。あらためまして、拳王さんから見て、秋山選手はどんな存在ですか?

拳王　現役であれだけの緊張感を出せるプロレスラーはそういない。オレの中で3本の指に入るぐらいだ。チャンピオン・カーニバルの丸藤正道戦は、なおみち君との長年の物語もあり、めちゃくちゃゾクゾクしたぞ。

——'18年4月ですね。

拳王　あんな殺伐とした雰囲気を出せるのはトップ中のトップだ。発言も説得力があって、刺激的。闘いを生み出せるプロのレスラーだ。オレのイメージでは王道。そんな秋山に鍛え上げられた宮原健斗や諏訪魔が今の全日本を引っ張ってるのも納得だ。拳王ネットワークによると、試合前にオレと同世代ぐらいの選手を若手よりも厳しく指導してきたという話も聞いたぞ。それだけ王道に対する熱意があったんだろうし、王道を後進たちに伝えようとしてきた。にも関わらず「全日本プロレスも変わる時なのだと思います。王道に囚われることなく新しい全日本プロレスを作り上げてもらいたい」とツイートしてたよな。

——よく一字一句覚えていますね。

拳王 アレにはすごくガッカリしたからな。全日本内部で何があったのかわからないし、揉めたのかもしれないが、あのツイートはマジで全日本の人間にとってはキツかったと思う。オレみたいなNOAHの末端にいる選手から言わせてもらうと…。

——け、拳王さん末端だったのですか?

拳王 そうだろ。現に役職だけ社長に「オマエがファイアーだ」って言われてるからな。それはともかく、秋山はこれから必死で上がっていこうとしてる全日本の連中の足かせになるようなことを言うなってことだ。NOAHの上のヤツらも同じ。自分に嫌なことがあったら狂ったように会社の不満を言うな。下の連中の気持ちになってみろ。

——その通りです。

拳王 **秋山はいいお手本になる選手だと思ってた。一目置いてたから落胆も大きかった。**オレがこれだけショックを受けたんだから、全日本の選手たちは相当だろうな。この前、全日本プロレスTVで試合を見たけど、大きな選手がなぜかルチャっぽい動きをしてた。アレも秋山がいなくなった余波だ。でも、オレはこういう時だからこそ秋山の教えを頑なに守り抜く選手がいてほしいぞ。それがプロレスラーだ。その強い信念が新しいドラマを生むものだ。

——素晴らしい提言です。

拳王 まぁ、それだけ秋山の存在感は大きいってことだ。オレもそうだけど、対戦したい選手もいっぱいいるだろ。ここからは太字にしておけよ。7月24日、祝日の金曜日、午前11時30分試合開始の金剛興行に向けて、仁王が「やりたい選手がいる」って言ったよな。もしかして…。

——いえ、絶対に違います。拳王さん、結局、ただ金剛興行を宣伝したいだけですよね?

拳王 うるせーっ! オマエ、オレのこと、**バカにしてんだろ!?**

7月29日号の議題

覇王、オマエはこのNOAHで何がやりたいんだ? 何かしら明確な形でクソヤローどもに伝えてみろ

金剛興行7・24後楽園

拳王 先週号は秋山準について語ったけど、あらためて誌面で読んだら、全日本プロレスの選手の立場に立って「全日本、がんばれ!」みたいになってて気持ち悪かったな。オレたちNOAHはまず確固たる業界2位を目指してる。全日本なんか蹴落としたいし、秋山がレンタル移籍したDDTとか特にどうでもいい。そこだけははっきりとさせておくぞ。

——素直じゃないですね。

拳王 あと先週は最後に仁王の「やりたい選手」絡みで少しだけ宣伝したけど、今週は思いっきり金剛興行を宣伝してやる。

——先週号ですが仁王選手の「やりたい選手」は発売時に獅龍選手と発表されていました。

拳王 バレたか…。

——わかっていて、あえてやりましたよね…。

拳王 …。

——まぁ、いいですよ。金剛興行7・24後楽園では拳王vs覇王、仁王vs獅龍に加え、マサ北宮vs稲葉大樹、征矢学vs谷口周平、稲村愛輝vs望月成晃も追加されました。

拳王 **超豪華シングルマッチ5試合だ!**

——何から語っていきましょうか?

拳王　全部語り尽くしたいし、特に北宮vs稲葉なんて面白そうだな。でも、まずはオレのカードだ。対戦相手は覇王だな。

──6・21配信で覇王選手が直談判して、対戦が決まりました。

拳王　アイツは「覚悟も思いも全部ぶつけます」とか言ってたけど、なんか漠然としてるよな。そもそもなんでNOAHに来たんだよ。

──NOAH初登場時には「すべてを捨てて、ここに来た。あとは試合を見てもらえれば」と語っていました。

拳王　それもなんかあいまいな言葉だよな。あれから半年以上が経って、NOAHのリングにアジャストして、まあがんばってるように見えるけど、じゃあ、アイツ個人としての目標って何なんだよ？

──…。

拳王　アイツは明確な目標を立ててないだろ。**オレのNOAH初戦を覚えてるか？**

──'11年7月16日、秋田・湯沢市体育センター大会ですよね。拳王選手はまだみちのくプロレス所属でした。

拳王　そうだ。カードと結果は？

──「第5回日テレG＋杯争奪ジュニアヘビー級タッグリーグ戦」公式戦で剣舞選手と組んでKENTA＆金丸義信組と対戦し、拳王さんがKENTA選手から勝利を収めました。

拳王　オレは戦前に「KENTAの首を取る！」と宣言して、有言実行した。あの試合でインパクトを残したことはでかかったぞ。

──当時のKENTA選手はとてつもない勢いでしたからね。

拳王　あの試合からオレとNOAHのストーリーは始まった。KENTA、金丸はもうNOAHにいないけど、今でも業界のトップだ。そういや、オレのパートナーだった剣舞もいなくなっちゃったな…。

拳王はNOAH初戦でKENTAから勝利。まだ黒い長髪だった

──!?

拳王　それから紆余曲折があって、オレは所属になって、GHCヘビー級王者にもなって、金剛を結成した。で、覇王はどうだ。オマエはこのNOAHで何がやりたいんだ？　その答えを金剛興行の前に発言するのか、これからリング上の闘いで見せるのか。何かしら明確な形でクソヤローどもに伝えてみろよ。

──確かにこの半年間で覇王選手が自己主張したかと聞かれたら…。

拳王　だろ。ただただクソヤローどもに「がんばってる」っていう印象しか与えてない。NOAHに来て、ちょっとチヤホヤされて、鼻が伸びてるんじゃねぇのか。

──厳しいですね。

拳王　チームとしては有観客3戦目で金剛興行を開催するぐらいNOAHで存在が大きくなってる。杉浦軍、M'sアライアンス、AXIZ、スティンガー、フルスロットルじゃなくて、金剛が選ばれたんだ。しかも、昨年12月は新木場1stRINGだったけど、今回は後楽園ホール。確実にユニットとしてステップアップしてるぞ。でも、覇王、オマエはどうなんだよ。NOAHの後楽園ホール大会のメインでシングルだぞ。**ここでどんな試合するかで、オマエのプロレス人**

生を左右することになるぞ。それをわかった上で金剛興行のリングに来い。

—重いテーマになりましたね。

拳王　オレのシングルは昨年11月、両国大会のメインでGHCヘビー級選手権以来だからな。

—昨年12月に力選手、今年5月にNOSAWA論外選手とシングルで対戦しています。

拳王　あっ、忘れてたわ。

—では、そろそろ残りの行数もなくなってきましたし、金剛興行について最後に言いたいことはありますか？

拳王　元オーナー・リデットエンターテインメント株式会社・鈴木裕之様、エグゼクティブディレクターの田村潔司様、「金剛興行DIAMOND2」7・24後楽園、本部席をご用意してお待ちしております！

—結局、それでしたか…。

8月5日号の議題　PCR検査

有観客興行を再開するにあたって、コロナへの不安を払しょくすることは、社会的責任を果たす上で必要不可欠

拳王　よし、今週も先週に続いて、金剛興行「DIAMOND2」7・24後楽園（試合開始午前11時30分）の宣伝にするぞ！

—今回はやめて、ほかのテーマに…。

拳王　なに！

—事実上3週連続になるので。

拳王　（少し寂しそうに）そうか…。確かにこの連載はNOAHファンだけじゃなく、プロレス界すべてに届けるというのがコンセプトだからな。本来ならば7・18&19後楽園の総括でもいいかなと思ったけど、オマエらの〆切の都合でできないし、じゃあ、今週のテーマは何にするんだよ。

—PCR検査でどうですか？

拳王　そうするか。

—ありがとうございます！　あらためて、7月13日、NOAHがPCR検査を実施したことについてどう思いますか？

拳王　会社一丸となってコロナに立ち向かうという心意気を示したよな。PCR検査を受けたのは、選手&スタッフ&リングサイド関連の報道陣総勢56名。コロナ禍でも時を止めなかった…いや、プロレス界の先頭に立って時を動かし続けてきたNOAHが有観客興行を再開するにあたって、コロナへの不安を払しょくすることは、社会的責任を果たす上で必要不可欠だった。これでもしも誰か一人でも陽性になってたら、NOAHがコロナ禍で率先して無観客TVマッチをやってきたことがすべて無駄になっただろう。

—プロレス界ではまだ一人も陽性が出ていませんからね。

拳王　そうだ。プロレス界初の陽性者がNOAHから出たら、これからずっといろいろと批判されるし、業界のイメージも失墜させることになってしまう。それでもNOAHはリスクよりもクソヤローどもが安心して観戦できる環境を整えるために、PCR検査に踏み切った。約4カ月間、オレたちは目の前の対戦相手だけじゃなく、コロナとも闘いながら、世の中に足りなかったエンターテインメントを提供してきた。万全な対策に努めながらTVマッチを続けてきた結晶だな。

—実際にPCR検査を受けてみて、どうでしたか？

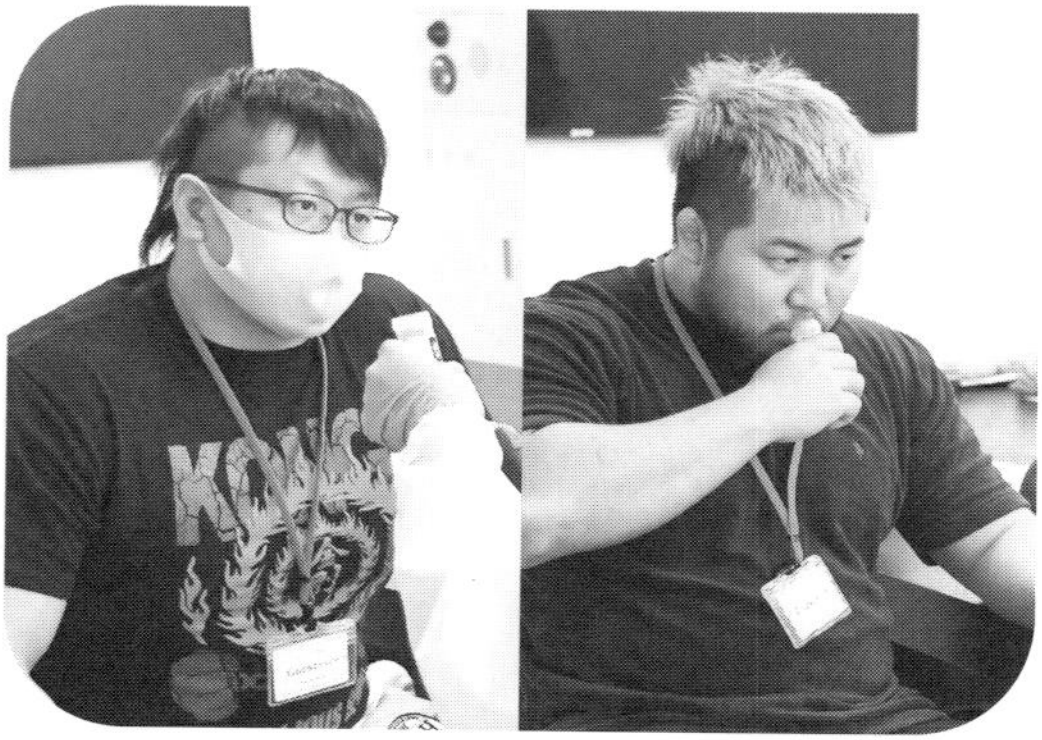

PCR検査の様子

拳王　鼻の奥に綿棒を突っ込まれてグリグリされるとか聞いてたけど、オレたちは唾液採取形式だった。30分前から水分補給ができずに唾液をかなりの量出すのはしんどかったよ。

――確かに。

拳王　検査した後だよな。プライベートでもコロナ対策に徹底して、危険とされてる夜の街にも行かず、全然、体調も悪くなかったけど、まれに陰性の人が陽性になることもあるんだろ。結果が出るまでドキドキしたよ。オレたちがＰＣＲ検査を受けるちょっと前に、新宿でおこなわれた舞台でクラスターが発生して、大きな話題となっただろ。

――舞台「ＴＨＥ★ＪＩＮＲＯ―イケメン人狼アイドルは誰だ！」で俳優の山本裕典さんらが感染し、観客&出演者&スタッフ合計約８５０名が濃厚接触者に指定されました。

拳王　あのニュースはジャンルが違えども、同じエンターテインメント業界の者としてかなりショックだった。一定のコロナ対策はやってたようだけど、少しでも隙や落ち度があったならば、すべて水の泡になる。しかも、小劇場の出来事が演劇業界すべてに悪影響を及ぼしてるだろ。プロレス界も大きな団体から小さな団体まで有観客興行を再開させてるけど、**あの劇場クラスターは決して対岸の火事ではないぞ。**

――後楽園ホール規模は別として、この小劇場に似た密になりやすい環境のプロレス会場もありますからね。

拳王　オレたち選手&スタッフはもちろん、客のクソヤローどもも細心の注意が必要だよな。今回話題になってる舞台のクラスターでも、公演期間中に出演者の１人が体調不良を訴えて、抗体検査を受けて、陰性だったらしいな。プロレス界でも抗体検査をやってる団体がけっこうあるけど、**抗体検査はあくまでも過去に感染したことがあるかどうかを調べるもの**で、現時点で感染していないと証明するわけじゃない。確かに抗体検査や抗原検査は安価で手軽だし、結果もすぐに出るという利点もある。ＰＣＲ検査ははっきり言って費用だって相当かかるし、検査機関を通すから結果が出るまで１～２日程度かかる。ＮＯＡＨもどちらか悩んだと思う。でも、クソヤローどもに本当の安全を提供できるのかと考えた結果は、もちろん、ＰＣＲ検査だろ。

――我々は医学的な専門家ではないですが、一般的にはそう言われていますね。

拳王　あの劇場クラスターが発覚して、ライブエンターテインメントを見るのが怖くなったヤツらも少なくないだろ。最近、感染者数も増えてきてる。ＮＯＡＨはＰＣＲ検査を受けて全員陰性だった。ただその結果に慢心することなくオレたちはもちろん、観戦予定のクソヤローどもはしっかりと日頃から細心の注意を払った上で、当日はルールを守って、プロレスを生で楽しんでくれ。

8月12日号の議題　GHCナショナル挑戦

AXIZはNOAH（会社）の利益よりも己の利益が優先。選手1人、2人のブランドを上げてもたかが知れてる

——8・4後楽園で中嶋勝彦選手のGHCナショナル王座への挑戦が決まりました。昨年11月、両国大会のメインイベント以来のタイトルマッチです。ようやくこの連載でNOAH最前線の闘いについて語れますね！

拳王　なんだ、その皮肉たっぷりの言い方は。

——NOAHのトップ選手としてプロレス専門誌で連載を持っているのですから。

拳王　うるせーっ！　シングルのチャンピオンが〝AXIZ〟だから動くの忘れてたわ…。

——相変わらず中嶋勝彦選手&潮崎豪選手には厳しいですね。ただ現実は現在、それぞれGHCナショナル、GHCヘビー級王者です。

拳王　でも、結局、NOAHは会社が推してる清宮海斗ばかり話題になってるぞ。AXIZはそこに何か不満はないのか？　オマエらが目立てるのはタイトルマッチの時ぐらい。メディア露出的な部分でもほとんどの仕事を清宮に持っていかれてるんじゃないのか。武藤敬司という美味しいエサが与えられたのも、オマエらじゃなくて、清宮だ。

——ABEMAで「NEW HOPE」も始まりましたし、元WRESTLE-1のエースである稲葉大樹選手も清宮選手を狙って、NOAHに現れました。

拳王　清宮が希望したことを次々と実現し、清宮をスターにするための案件を用意する会社をほめてやりたいな…。それにまったく気づいていない〝自己満〟のAXIZはダメだ。ベルトを持って満足して、会社のために何も動かないアイツらは、オレからしたら、逆にくすぶってるように見えるぞ。

GHCヘビー級王者の潮崎とGHCナショナル王者の中嶋

——では、拳王さんは昨年11月の両国大会以降、何をやっていたのですか!?

拳王　会社が強烈に推す清宮に立ち向かうために、強い地盤を作ってた。裏で密かにいろいろ動いてたし、タイトルマッチをやっていなくても、ある程度の話題を提供してただろ。

——週プロの表紙で言えば、ここ最近だとDDTでの対高木三四郎社長、征矢学選手加入の金剛で2回なっています。あと5・3配信では桜庭和志選手に勝ちました。

拳王　清宮みたいな会社の後ろ盾もなく、オレの考えや不満で地道に種を撒いた結果の表紙だろ。そしてイリミネーションマッチとはいえ、最終的には1対1の状況であの桜庭から3カウントを取ったんだぞ。グレイシーハンターを倒した。よし、8月4日は**〝自己満ハンター〟になっちゃおうかな。**

——いいですね。

拳王　そろそろAXIZの自己満にも釘を刺しておかないといけないからな。アイツらはNOAH（会社）の利益よりも己の利益が優先。どこの会社にもそういうヤツがいたらダ

メだ。そこは順番が逆。まず会社の利益を上げない限り、自分の利益なんて上がるわけがないだろ。よっぽどのことをしないと、いくら選手1人、2人のブランドを上げてもたかが知れてる。だから、**今はNOAHのブランド力を高めて、会社としての利益を上げるために底上げをしないといけない**んだ。チャンピオンだったら、そういう広い視野を持ってくれ。もう若手じゃあるまいし、そこの意識改革がまだされていないヤツらにベルトを持たせておくわけにはいかない。オレたち金剛はただ闇雲に会社にたてついてるんじゃないからな。NOAHが団体としてしっかりした道を歩んでるのかというチェック機能も果たしてるんだ。

——なるほど。

拳王 AXIZのヤツらはそういうことまで考えていないだろ…いや、考えられるだけの頭が最初からなかったな。オレたち、金剛はそういうの考えて行動してるんだ。

——よくそこまでの嫌味が言えますね。

拳王 特に中嶋だな。それに潮崎も釣られてる感じがするな。せっかく緑を背負ってGHCヘビー級王者として突き抜けようとしてるのに、**潮崎はAXIZが足かせになってるんじゃないのか。**コスチュームもどっちつかずだし、それによって若干ブレてる印象を与えてる。表向きは仲良さそうだけど、芯の部分では殺し合ってるだろ。でも、自分だけが大事っていう潜在的な意識が一緒だから、あれだけ気持ち悪いグッズ展開をできるんだろうな。

——ボロクソですね…。

拳王 言葉では圧勝だろ。**AXIZに顔面偏差値だけは絶対にかなわないからな。**

——そ、そんなことないですよ！

拳王 じゃあ、オレとAXIZ、どっちがカッコイイと思ってんだよ？

——あ、いえ、その…。

拳王 テメー！

——すみません！

拳王 とにかくGHCナショナルのベルトが悲しそうだから、オレが奪って笑顔にさせてやるよ。今の赤色は東京アラート中のレインボーブリッジや都庁のような禍々しい赤色だ。オレが本来の神々しい赤色に戻してやるからな。

8月19日号の議題 サイバーファイト

あの会見は腹黒目之下隈野郎のエゴ。秋山準、丸藤正道、潮崎豪を従えてるという画を描きたかっただけ

拳王 "腹黒目之下隈野郎(はらぐろめのしたくまやろう)"の青写真通りにドンドンとことが進んでいくな。

——ということは今回のテーマは？

拳王 7月27日の株式会社CyberFight（サイバーファイト）に関する会見だ。

——やっぱり…。

拳王 はっきり言って、すべてをコロナのせいにする風潮は好きじゃない。

——NOAHとDDTグループ2社の運営会社が経営統合されて、9月1日よりサイバーファイトが始動します。そのきっかけはコロナ禍だと高木三四郎社長が説明していました。

拳王 まず言っておきたいのは、その会見がまったく面白くなかったということだな。

——大前提として記者会見は面白さを求めているものではないですが…。

拳王 （無視して）AXIZの2人なんか特にだろ。空気に飲まれてたな。自分の色を出

してこそプロレスラーだ。あの会見で大家健だけは自分の色を出せてよかったんじゃねぇのか。でも、ちゃんとした会見であんなことをやったら、すべてが安っぽく見えちゃうし、そんなヤツとNOAHが一緒にされることに嫌悪感みたいな感情が沸いてきたぞ。まぁ、そんなことどうでもいい。あの会見でNOAHとDDTが経営統合するきっかけがコロナだとか言ってたよな。NOAHの親会社がサイバーになった1月末時点で事務所の新宿移転、経営統合は頭にあったんじゃねぇのか。

——会見で高木社長は経営統合を考えた時期を「4月後半ぐらい」と言っていました。

拳王　それがすべてをコロナのせいにしてるってことだよ。最初からNOAHとDDTを経営統合しようとしてたのに、説得力ある理由が見つからなかったんだろうな。で、コロナを利用してやろうと思ったんだろ。

——そんなことを言うとまた怒られますよ。

拳王　会見で遠藤哲哉がいいことを言ってたよな。オマエならわかるだろ?

——まさか「高木社長はことあるごとに『これはチャンスだ』と言っています」ですか。

拳王　正解だ。アレで腹黒目之下隈野郎の思考回路が完全にわかった。

——どういうことですか?

拳王　武田（有弘・現サイバーファイト取締役）からNOAHのことを相談された時に親身になって話を聞いて、同じサイバーエージェントグループになることを提案した。でも、裏では「これはNOAHを吸収するチャンスだ」とか思ってたに違いない。だから、腹黒目之下隈野郎だ。この数カ月でどんどんと悪人面になってるぞ。

——火に油を注がないでください。

拳王　悪いことを考えていれば、顔に出るとよく言われてるけど、本当にその通りだ。

——そういえば、6月に高木社長と対戦後に「金輪際、絡まない」と言っていましたよね?

拳王　オレはアイツの名前を出してないぞ。

——そうですけど…。

拳王　腹黒目之下隈野郎の心の声を今からオレが言ってやるよ。NOAHが経営に困ってる? よし、これはチャンスだ! コロナでピンチ? よし、これはチャンスだ!! 経営統合の会見を開ける? よし、チャンスだ! 秋山準を呼ぶぞ!!…って、なんで秋山があの会見にいたんだよ。

——まさかのノリツッコミ!?

拳王　出席者は役員か王者、代表だろ。秋山はただの全日本からのレンタル移籍選手。しかも、なんでGHCヘビー級王者・潮崎豪と同格の位置…つまり、役員の彰人を除いたDDTで一番格上のポジションにいるんだ? 普通ならあの位置はKO—D無差別級王者の遠藤だろ。引いたわぁ。あの会見は腹黒目之下隈野郎のエゴ。秋山準、丸藤正道、潮崎豪を従えてるという画を描きたかっただけだろ。

7月27日の会見の様子

——またまた極端な…。

拳王　DDTでは最高峰王座のチャンピオン

よりもレンタル移籍中のビッグネームの方が上ってことか？　アレでKO－D無差別級王座の価値が完全に下がったな。さらに、秋山と潮崎をここでシレッと遭遇させるプロデュース能力もダメだな。ゆくゆくはレンタル移籍期間を終了して、全日本に戻った秋山が、NOAHの潮崎と相対したらどうなるか考えてみろよ。プロレス界屈指の刺激的なカードが生まれるだろ。それをぶち壊した。

――確かに。

拳王　そういうところを軽視してるからDDTは闘いに深みが生まれないんだよ。自分の名前をプロレス史に残すためだけに、あんな画を描くようなヤツにNOAHのトップが務まるのか。「新日本プロレスを追い抜く」って、考え方おかしいだろ。向こうは団体。こっちは複数団体まとめての話だろ。カッコ悪すぎるだろ。NOAH事業部は、オレたちの団体で立ち向かう気持ちでいるからな。なんせNOAHはプロレスの最も大切な部分を守り続けてる団体だぞ。

――プロレス業界保守本流ですからね。

拳王　現在、業界ナンバー1の団体は反則絡みばかりで、プロレスファンのフラストレーションがたまりにたまってるんだ。このタイミングでNOAHが本物のプロレスを丁寧に見せていけば、必ずやプロレスファンの心をつかめるだろ。よし、これはチャンスだ！　みんなが〝そっち〟に走るので、NOAHがプロレスを独占させてもらいます。

8月26日号の議題　横浜文化体育館

人生はそう甘くないと感じさせてくれたのが文体だよ

拳王　ようやくベルトを取ったぞ。

――おめでとうございます。

拳王　あまりにも嬉しすぎて、GHCナショナルのベルトを作ってくれたリデットエンターテインメント株式会社に報告しに行っちゃったぞ。まぁ、このベルトについてはいずれ語るとして今週の議題は何にする？

――8月10日、NOAHで最後の大会開催となる横浜文化体育館にしましょう。

拳王　じゃあ〝文体〟にするか。にしても「ブンタイ」っていつから言うようになったんだ。プロレス界では常識だけど、普通の人はブンタイ＝横浜文化体育館ってならないぞ。

――言われてみれば、そうですね。

拳王　そんなことはどうでもいいな。

――では、どんなイメージがありますか？

拳王　とてつもなく歴史があるよな。

――62年5月23日に日本プロレスが最初に使用してから58年以上の歴史があります。

拳王　64年の東京オリンピックのために造られたらしいな。2階席の席が狭いのは当時の日本人が小さかったからと聞いたぞ。

――よく知っていますね。拳王選手もさまざまな激闘を繰り広げてきました。文体の思い出としてパッと浮かぶのは何でしょうか？

拳王　ザ・リーヴ様のおひざ元だ。

――！

拳王　佐藤社長、いつも本当にありがとうございます（拳王史上最高の土下座）。ザ・リーヴ様はな、NOAHがいい時も悪い時もどんな状態の時も温かい目で支えてくれて…。

――ちょ、ちょっと拳王さん、いくら横浜とはいえ、ザ・リーヴ様だけ持ち上げると、ほかのスポンサーが怒りますよ！

拳王　そうだな。リデットエンターテインメント様並びにOSG様に申し訳ないな。GH

GHCナショナルのベルトを持ってリデットを訪れた拳王は鈴木裕之・元オーナーと記念撮影

Cナショナル第3代王者・拳王は、スポンサー3社様に分け隔てなく感謝している。この連載で何回も触れてきたけど…。

—で、できれば、試合の思い出を語っていただけないでしょうか。

拳王 なんだよ、せっかく人が誌面を使ってスポンサー様への忖度キメてたのにな。まぁ、いい。思い出と言えば、去年の3月だ。

—えっ!?

拳王 第1試合に出て、試合の権利を得て実労働6秒で勝った一戦だ。あの時の悔しさは忘れていないぞ。

—'14年10月にNOAHで初めてベルト＝GHCジュニアタッグ王座を取った試合じゃないのですか?

拳王 そんな試合もあったな。忘れて…たわけじゃないぞ。ほんのりと覚えてる。でも、やっぱり杉浦貴に負けてGHCヘビー級のベルトを失った試合だよな。

—'18年3月ですね。

拳王 前年12月にオレがGHCヘビー級王者になって、あの杉浦戦を超えれば、NOAHの顔になれたって時だった。

—確かに。

拳王 あの時は時代が確実にオレの方に来てたんだけどなぁ…。でも、あの時、杉浦に負けて悔しい思いをしたから今があるんだよ。もしあの試合で勝ってNOAHの絶対的エースになってたら、AXIZ（中嶋勝彦&潮崎豪）みたいに天狗になってたかもしれないな。

—あの試合で負けてから2年5カ月が経過して、ようやくベルトを再び巻くことができました。

拳王 本当に長かった。あの時はすぐに這い上がれるかなって思ってたけど、人生はそう甘くないと感じさせてくれたのが文体だよ。

—それは感慨深いですね。

拳王 会場としては文体ってお客さんの声援がなぜか響きにくいってイメージがあるな。

—何となく言いたいことはわかります。

拳王 あと2階席後方からライトでリングを照らしてる時があって、**試合中、なんか目がチカチカするって記憶もある。**

—そうですね。あと、プロレス界で文体と言えば、1988年8月8日のアントニオ猪木vs藤波辰巳が有名です。

拳王 オレはあんまり詳しくないけど、週プロ読者のクソヤローども的には文体のプロレスを語る上では外せないんじゃないのか。最近だと横浜を拠点に置いている大日本プロレスのビッグマッチってイメージもあるよな。

—大日本にとっては旗揚げの会場で、8月30日にプロレス界ラスト大会を開催します。

拳王 NOAHもそうだけど、多くの団体がビッグマッチ会場として使ってたから、これからはどうするだろうな。あっ、文体と言えば、第1試合に出た後、**シャワーを浴びてたら、お湯が全然出なかったんだよ。**アレはビックリした。最初に使う人は事務室まで行ってガスのスイッチを入れてもらわなきゃいけないんだ。仕方ないから自ら事務室まで行ったのを思い出したぞ。

――いろいろ思い出がありますね。

拳王　まだまだ思い出もあるけどな。

――思い出は尽きないですね。最後になりますが、文体に何か言うことは？

拳王　文体ありがとう！　文体ありがとう!!

9月2日号の議題　8・10横浜のGHC2冠戦

あの60分フルタイムドローはNOAHから全世界のプロレス界への挑戦状だ

――8・10横浜文体では60分フルタイムドローの熱戦を繰り広げました。試合後はノーコメントでしたが、率直にいかがでした？

拳王　まずは試合に向けての過程だよな。思い描いてたものを提供できた。賛否を生んでこその拳王だ。試合に臨むまで1週間もない中で凝縮した話題を発信できたと思ってる。

――8・4後楽園で中嶋勝彦選手を破って、GHCナショナル王者になりました。いつからダブル選手権のプランはありましたか？

拳王　前王者みたいに挑戦者を待ってるとか指名するとかじゃなくて、取った勢いで一番刺激のある行動に出ようと考えてた結果が、8・5後楽園のGHCヘビー級選手権の勝者の前に立つことだった。ちょうど8・10横浜のカードが決まってなかったしな。

――GHCナショナル王座は去年11月に設立されているので、まだダブル選手権の機運が高まっているとは言えない中でした。

拳王　批判も承知の上だ。改革には批判が必ず伴うからな。逆に機運が高まってからやるのは、AXIZ（潮崎&中嶋）とか会社が猛烈にプッシュしてる清宮海斗とか、だ。よく「気運を高める」って言うヤツがいるだろ。それはただ会社が敷いたレールの上に乗ってるだけ。**オレはそこにレールがなくても、無理やり自分で設置工事をするぞ。**

――想像通りに批判的な声もありました。

拳王　挑戦表明後に「2冠戦はパクリ」っていう反応を見て、あらためて気づかされた。そこの部分はまったく意識してなかったぞ。オレが意識してたのはビッグマッチのメインとかで消化不良決着が続いてるだろ。その部分だよ。だから、NOAHは試合内容で勝負してやろうって気持ちだった。オレたちはサイバーファイトとしてではなく、**NOAHだけで業界ナンバーワンを狙ってるんだ。そのためにはクソヤローどもの潜在的な需要を的確かつ即座につかむ必要があるからな。**

――業界の大局も読んでいたのですね。

拳王　当然だ。具体的なプランもなしに口だけで「業界ナンバーワン」って言うのは簡単。それは誰でもできる。でも、オレは違う。この千載一遇のチャンスを見逃さずに、ここで本物のプロレスを供給すれば、絶対に業界の流れを変えられると確信して、このダブル選手権を提案した。「2冠戦はパクリ」って意図していなくて言われたのは心外だけど、そこにも立ち向かわないといけない。その部分で比較対照されたのは、あくまで結果的だな。にしても、現・業界ナンバーワンの影響力はすごいと再確認させられたよ。まぁ、それによって賛否がさらに分かれたんだから、オレにとって好都合だったけどな。

――となれば、絶好のタイミングでした。

拳王　肯定ばかりされてたら、上昇スピードはある一定でとどまる。でも、批判の中にこそ潜在的な需要が隠れていて、それを覆した時に爆発的な加速度が生まれるんだ。**今のNOAHは「攻めてる」と言われてるけど、その急先鋒は常に批判覚悟で動いてるオレだろ。**そして、常に一番槍だ。

――まさに風雲児ですね。

拳王　ここ最近のタイトルマッチを見てても、波風が立ったのは、去年11月2日の両国国技館前に清宮がオレのPFSで首を負傷した時ぐらいだろ。あの時は時間がけっこうあったけど、たった5日間でここまで賛否を巻き起こして、逆に気持ちが高ぶったぞ。絶対に試合で批判を覆してやろうって思った。あと8・4&5後楽園&8・10横浜の3大会が生中継だったこともでかかったよな。日テレG+さん、ABEMAさんに感謝だ。今の時代はSNSもあるし、生中継じゃないと心を揺さぶることができないよな。

――決戦2日前には調印式もありました。

拳王　調印式も生中継だったしな。そう考えると、リデットエンターテインメント体制になってからすぐは変わらなかったけど、徐々に改善していって、サイバーグループ入りしてABEMAさんとも強固な関係を築いたことで、ようやく形になってきたなって感じたかな。地上波がない中でリアルタイム、しかも無料だ。**よりいっそう多くの人にNOAHの試合や会見を提供できる環境が整備されてたのは大きいよ。**

――調印式も普段はあまりやらないからこそ特別感があってよかったです。

拳王　週プロは見出しにしてくれたけど、オレとしては「時代の流れをぶち壊す」っていうのがメインテーマだった。コロナ禍でも時を止めなかったNOAHの流れをスピードアップしていくというメッセージだったんだけど、例え話で使った「特急列車」の方がいろんなメディアでフィーチャーされて、なんかダサく見えちゃったな。

決戦2日前の調印式で潮崎とにらみ合う拳王

――字面だけ見ると…。

拳王　**オレは鉄ヲタじゃないぞ！**そんなことはどうでもよくて「ラスト文体」で「杉浦に負けた悔しさを晴らすラストチャンス」っていうキャッチなワードを言えたのもよかった。そのラストチャンスを逃したけどな…。

――'18年3月に杉浦貴選手に敗れ、GHCヘビー級から陥落した文体へのリベンジでもありました。調印式も前哨戦ですからね。

拳王　アイツに調印式で圧勝するのはやる前から決まってたようなもんだ。言葉でオレと潮崎が同じフィールドに立ってるわけねぇだろ。唯一心配だったのはアイツがこの一戦の雰囲気をぶち壊すような失言をしないかどうかだった。変なこと言わないでくれと祈ることに必死だったよ。

――拳王さんは皮肉を言う天才ですね。

拳王　会社が思いつかないような刺激のあるレールをオレが敷いて、すべて理想的な流れを創り上げてきた。アイツはそこに乗っかっ

凜々しい表情で潮崎と手四つの攻防を繰り広げた

てきただけ。何も言わなくてもいいぐらいだったし、むしろ、あんまりしゃべんなと思ってた。話が飛んで申し訳ないけど、60分フルタイムドローの後にも余韻をぶち壊すように長々とマイクしやがって…。あそこは「これがGHCだ。これがNOAHの闘いだ。アイ・アム・NOAH」だけでよかったぞ。何度も言ってるけど、アイツに負けてるのは顔面偏差値だけだ。

――あっ、だから、横顔ならごまかせると思って、撮影の時ににらみ合ったのですね。

拳王 そうそう、**正面で撮影したら、オレのおかげでアイツのカッコよさが際立っちゃ…って、うるせーぞ!** 今回の連載に笑いはまったく必要ない。試合内容に触れず、これだけのボリュームになったから、今週は久々の拡大版でいくぞ!

――ありがとうございます! では、当日、決戦にどんな気持ちで臨みましたか?

拳王 たった5日間でここまで期待感を高めることができたんだから、勝って2冠王になることができれば、今までにないとんでもないNOAHを見せられると思った。潮崎とは2年9カ月前の「グローバル・リーグ戦」決勝以来のシングル。あの頃のアイツは迷いや葛藤にケジメをつけられずどうしようもないヤツだったけど、今年から緑を背負ってGHCヘビー級王者となり、プロレスラーとして大きな軸ができてきた。本当に強いチャンピオンだと思ったよ。

――試合開始当初から真っ向勝負でした。

拳王 オレはアイツよりも体が小さいけど、ハートが違うからな。通常通りに正面からやり合ったら勝負にならない。でも、どんなに体格差があろうとも気持ちの強さでカバーするつもりだった。

――キーポイントになったのは花道から場外へのブレーンバスターです。

拳王 花道があるとビッグマッチ感が出るからな。試合への期待感はオレが高めてきたけど、会場の演出を見れば会社が力を入れてることがわかった。コロナ禍で大変な時期だし、当然、相当な経費もかかる。にも関わらず、あんな豪華な花道を用意してくれたのなら、演出効果以上に試合で活用するのもプレーヤーの役目だろ。

――どのあたりから長期戦になると感じましたか?

拳王 やる前は30分以内に決着がつくかなと思ってた。でも、**今の潮崎には何も考えてないよさみたいなのがあるん**

激闘翌日の8月11日に収録。60分闘い続けたので、アゴのラインがほっそりとしていた

だよ。3年前はいろいろ余計なことを考えて微妙な感じで変な間とかあったけど、今は攻めも受けもすべて直線的。それがアイツの本来持つファイトスタイルにフィットしてきたなと思いながら闘ってた。すべてが真っすぐになって、バランスがよくなってたのがオレの誤算だったな。もっとバカだと思ってた。

——最後のひと言は確実に余計ですね…。

拳王　あそこまで潮崎豪というプロレスラーが完成されていたと思わなかったってことだ。それとあの試合では金剛のありがたみもあらためてわかった。セコンドの声援とクソヤローどもの拍手がなければ、60分は闘い抜けなかった。ハイキックで何度もKOしたんじゃねぇかって手応えがあったけど、潮崎は立ち上がってきた。あれもクソヤローどもの拍手のおかげだ。**もし無観客だったら、60分はできなかったかもな。**

——声援が制限されている中でも観客の拍手は大きな力になります。

拳王　あの日、横浜文体にいたヤツらはクソヤローども含め、コロナ禍とも闘ってたんだ。外の気温は35℃。古い体育館だから空調もそこまで効いてないし、換気もしてる。リング上はライトの熱もあるしな。

——2階客席4方向からに加え、老朽化した横浜文体で限界の重さのライトを天井から吊るしていたそうです。

拳王　オレの試合はメインということで熱気もたまってる。クソヤローどもはマスクの着用が義務づけられた中での観戦だ。実際に入場した時点で暑いなと思ったし。

——セミに出場した武藤敬司選手は試合中に「暑い！」と言っていました。

拳王　セミでそれぐらいだからメインはもっと暑かったぞ。その中で60分だ。

——脱水症状みたいな状態にはならなかったのですか？

拳王　金剛のセコンドが途中で水を飲ませてくれたから大丈夫だった。

——本当に語りがいのある一戦でした。

拳王　大前提として勝敗がつかなかったことは悔しい。そこだけは勘違いしてほしくないけど、NOAHとしては新たな挑戦の幕開けになったんじゃねぇのか。旗揚げから20年経過して、21年目のスタートの大会。今現在、プロレスは多様化してるし、いろいろなスタイルがある。しかも、コロナ禍で時代が大きな変化も余儀なくされてる。クソヤローどももプロレスに何を求めていいのか忘れかけてるんじゃねぇのか。はっきり言ってやる。あの60分フルタイムドローはオレたちNOAHから全世界のプロレス界への挑戦状だ。これからもNOAHは本物の闘いを見せ続けてやるからな。

9月9日号の議題　8・30カルッツかわさき

破天荒なことをするのが武藤敬司だろ。もし宮原健斗が今回の〝M〟だったら、マサ北宮は嫌だろうな

拳王　今週の議題は何にする？

——8・30カルッツかわさきのビッグマッチが迫ってきました。拳王さんはマサ北宮&征矢学&稲村愛輝と組んで、丸藤正道&武藤敬司&望月成晃&Mと対戦します。ちなみに、拳王さんと武藤選手の初対戦です。

拳王　っていうか〝M〟って誰？

——通常ならば〝X〟ですが、M'sアライアンスはイニシャルが〝M〟のユニットなので〝M〟となっているのです。基本的に業界の

トップ選手しか入ることができず、今回のヒントは「武藤選手が連れて来る」です。

拳王　〝M〟と言えば、NOAHの大会も中継してるABEMAさんでちょっと前まで放送してた「M　愛すべき人がいて」だろ。

——非常に話題になりましたからね。

拳王　ABEMAさん、いつも本当にありがとうございます。これからも何卒よろしくお願い申し上げます。

——また忖度ですか…。

拳王　まさか〝M〟ってエイベックスの敏腕プロデューサー、松浦勝人か!?

——M'sアライアンスはプロレスラー以外も

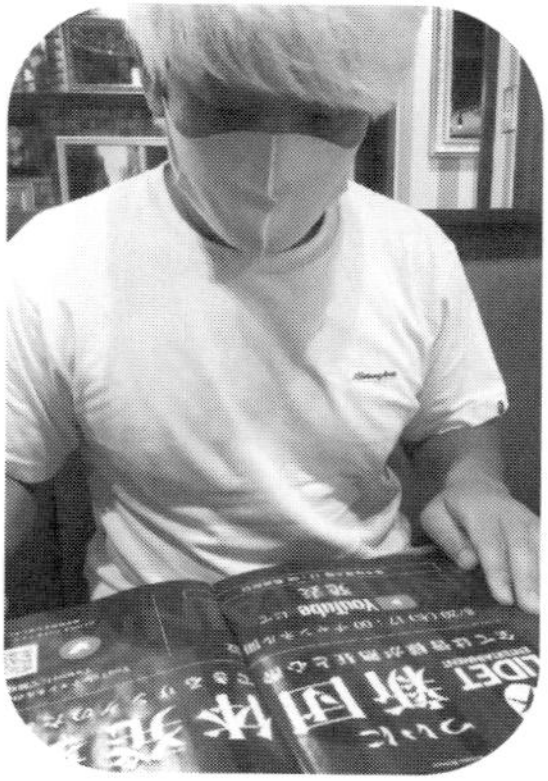

先週号の本誌を読む拳王。リデット新団体「GLEAT」についてはあえて今週は触れず…

入ることができますからね。

拳王　紛れもなく超大物だ。入場曲は「M」に決まりだろ。

——それは面白いですけど、プロレスラーだとしたら、率直に誰だと思いますか?

拳王　〝M〟でトップ選手と言えば、NOAHのOB・百田光雄じゃないのか。

——力道山ジュニア!

拳王　それか百田力。

——リングネームは力ですが、本名は確かに〝M〟ですね。

拳王　アイツは全然、大物じゃないか…。

——軽くディスらないでください。

拳王　あっ、百田玲美だな!

——NOAHスタッフで選手ではありません。

拳王　そうか。NOAHのリングに登場したこともある〝M〟でパッと思いついたのは、めんそ～れ親父だな。

——'18年12・24後楽園に参戦していますが、アレは拳王さんがめんそ～れ親父のコスチュームを着ていたはずでは?

拳王　あっ、そうだったな。ちょっと選手名鑑のま行を見せてみろ。

——はい、どうぞ。

拳王　さっそくいたぞ。マイキー・ニコルスだ。ついにNOAHのリングに帰ってくるのか。クソヤローどもも喜ぶな。

——確かに嬉しいですが、武藤選手が連れて来るということを考えれば、今回は違うかもしれません。

拳王　じゃあ、マイケル・エルガンだ。

——それも楽しみですが、やはり武藤選手との関わりはありませんし、このコロナ禍では外国人選手は外した方がいいかもしれません。

拳王　言われてみれば、そうだな。にしても、ま行のプロレスラーはけっこういるな。あっ、見つけたぞ。宮原健斗だ!

——それは最高ですね。

拳王　アイツ、昔、NOAHに上がってたし、最近、全日本プロレスでそんなに目立ってないみたいだし、これはもしかして当てちゃったんじゃねぇのか。

——全日本のエースである宮原選手がNOAHに来たら、すごいことになりますね。

拳王　そこを呼ぶぐらい破天荒なことをするのが武藤敬司だろ。もし宮原健斗が今回の〝M〟だったら、マサ北宮は嫌だろうな。中嶋勝彦のことを大嫌いって言ってたけど、どうせ宮原のことも大嫌いだろ。

——また勝手に決めつけて…。

拳王　もし宮原が本当に来たら、北宮の精神的なダメージは大きいな。そこまで考えてきやがったか。これはかなりやばいぞ。

―あくまでも仮定の話ですけどね。

拳王 ここまで〝M〟について語ってきたけど、**8・30川崎で一番ホットな話題はGHCタッグ王座決定戦だ。**

―メインで組まれていますしね。

拳王 なんで潮崎&中嶋勝彦vs杉浦貴&桜庭和志が決定戦なんだよ。

―前王者の指名です。

拳王 そんなの認めないぞ。なんで会社はすんなり前王者の希望を通すんだよ。また、オレたち金剛を冷遇したいだけだろ。今、北宮、稲村、征矢はチャンスに飢えてるぞ。

―8・20後楽園でも言っていましたね。

拳王 本当はそっちを連載で厚めに語りたいところだったけど、リング上とバックステージでけっこう言っちゃったからな。

―週プロ的に試合リポートと同じようなことを連載で語っても…。

拳王 それはわかってる。オレに求められてるのはNOAHだけじゃなく、業界全体を語ること。でも、絶対にサイバーファイトの思い通りにはさせないっていうことだけはあらためて強調しておくぞ。CFとはな、激しく幕が開けていく。それでもすべてには必ずいつの日にか終わりがやって来るものだ…。

―ちょっと、それは「M」の歌詞じゃないですか！

9月16日号の議題 ウィズコロナ

守るためにも攻めることが必要。大会中止は極力なくしていかなきゃいけない

拳王 今週はコロナ禍の大会中止を語るぞ。
―ここであらためて挙げませんが、プロレス界にもかなり影響が出てきていますからね。
拳王 各団体で続々とコロナ陽性者が出て、大会が中止になってる。非常にデリケートな話題で何を言及しても賛否両論あるだろうし、難しい問題だよな。でも、8月23日、パンクラスで選手に陽性反応が出て、急きょ試合中止を発表したことについて、橋下徹さんがツイッターで「試合を中止にするのではなく、陽性になった選手を除いて試合を開催する方向性で政治がメッセージを発すべき。そのように検査を活用すべき」と言ってたよな。それを見て、的を射てるなと思ったし、オレも自分の考えを語ろうと思ったぞ。大前提として、あくまでオレ個人の考えであって、NOAH…いや、サイバーファイトの見解ではないからな。
―なかなか発信しづらい話題ですからね。
拳王 **今、日本プロレス界はコロナ陽性が出たら、大会を中止にしないと悪みたいな風潮になってるよな。** 8月13日、地方大会に出場予定だった選手1名が会場入り後の検温で発熱症状が確認されて、開場後の大会開始直前に中止を発表しただろ。それが業界的なモデルケースに

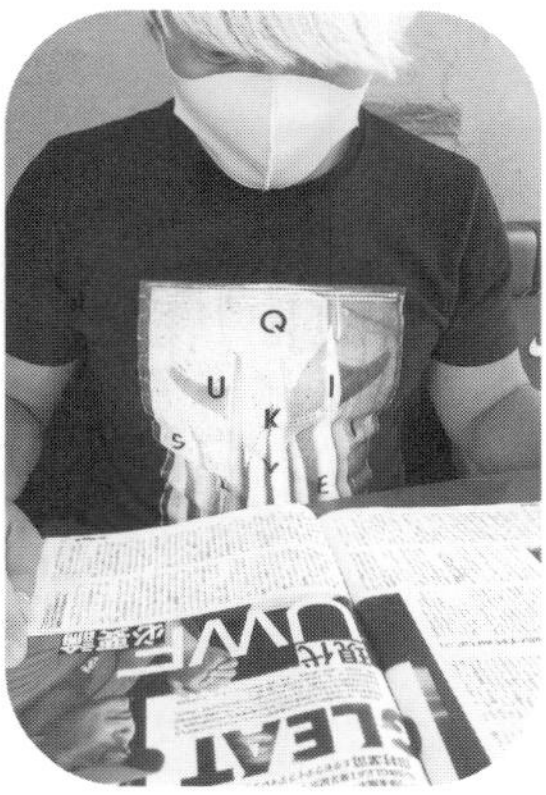
先週号の本誌を読む拳王。田村潔司インタビューについてはあえて今週は触れず…

なってるよな。

——確かにそうかもしれません。

拳王　まず地方大会についてだけど、コロナ禍になってからというもの、田舎って東京の人が来ること自体嫌がってるだろ。オレもお盆に徳島に帰ったけど、コロナ陽性患者みたいに扱われたぞ。そういう世の中で地方大会を開催するのは勇気がいることだし、同時に団体としては移動や宿泊の費用を考えると、リスクのあることになってしまった。

——プロレス団体の地方巡業という文化も考え直さないといけません。

拳王　もちろんこれは地方大会だけでなく、すべての大会について言えることだけど、橋下さんが言うように陽性になった選手、もしくは発熱した選手を除いて試合を開催すべきだとオレは思う。そのためにも、ソーシャルディスタンス、検温、消毒、観戦マナーは当然徹底するとして、さらに、事前に「こうなったら大会を中止します」とか「検温で発熱が確認された場合、こうします」とかある程度のルールなどを提示しておくべきじゃないのか。このままだとクソヤローどもはずっといつ中止になるかわからないって不安の中で会場に足を運ぶことになるぞ。すでにチケットを買うのすらもためらうようになってるだろ。これは**ライブエンターテインメント業界にとって根幹が揺らぐ危機的な状況だ。**

——では、どうすればいいと思いますか？

拳王　日本のプロレス界は大会中止や無観客を経て、有観客を再開させたんだろ。陽性や発熱で大会を中止にしてたら、自粛期間に逆戻りだ。コロナ陽性＝悪じゃない。今はウィズコロナ時代だ。もちろん発熱や陽性が出ないのが一番だけど、もし出ても大会を中止にするんじゃなくて、何とかして開催できる仕組み作りが求められてるんじゃないのか。そのために抗体検査、抗原検査、ＰＣＲ検査の効果的な活用が必要だよな。

——検査費用はかかりますが、大会中止にするリスクを減らせますね。

拳王　このコロナ禍でオレたちはプロレス、自分たちの団体を守らなくてはいけない。今の日本プロレス界は守ろうとして、大会中止という究極の判断をして、さらに首を絞めてる状態だ。ここは守るためにも攻めることが必要だと思う。ＷＷＥを見てみろ、守るためにメチャクチャ攻めてるだろ。

——ＷＷＥは8月21日よりサンダードームという最先端技術を駆使したバーチャル観戦を導入し、新しい観戦方法を提供しています。

拳王　ＵＦＣだってコロナ陽性が出ても、大会を開催してＰＰＶで収益を伸ばしてるだろ。無観客だから日本と状況は違うけど、世界のライブエンターテインメント業界は、ウィズコロナでいかにして生き残るかをしっかり考え、形になり始めてきたんだぞ。そろそろ日本のプロレス界も**ウィズコロナ時代に合わせて変化していかなければならないのではないのか。**

——その通りだと思います。

拳王　安心＆安全も大切だけど、そこから一歩踏み込んでいかないと経済は回らない。ＧｏＴｏキャンペーンだってそうだろ。岩手県知事は「失敗」、宮城県知事は「成功」って隣の県なのに見解が正反対だ。正解なんてわからないし、本当に非常に難しい問題だけど、安心＆安全と経済の両立こそがウィズコロナ。はっきり言えば、大会中止は極力なくしていかなきゃいけないと思ってる。

——ズバリと言いますね。

拳王　コロナ禍のプロレス界でＮＯＡＨは攻めてきた。だからこそ、コロナ陽性に対する対策も一歩踏み込んだものを期待してるぞ。守るために攻める、その精神だ。まぁ、冷遇されているオレの見解なんてサイバーファイトは無視するだろうけどな…。

9月23日号の議題　N-1 VICTORY

オレはなおみち君の気持ち、すんーごくわかるよ。そりゃ、昼からテキーラやビールを飲みたくなるよな

拳王　ついに、この時が来たな。

——おっ、今週の議題は決まっている雰囲気ですね。もちろん金剛の…。

拳王　今週は安倍晋三総理辞任についてだ！

——ちょ、ちょっと待ってください！　明治大学政治経済学部卒業で中高の社会科の教職免許を持っている拳王さんにとっては、見逃せない話題だとは思いますが、まずは金剛に中嶋勝彦選手、タダスケ選手が電撃加入しましたことについて聞きたいです。

拳王　リング上を見ればわかるだろ。それより日本国民が今、一番関心を寄せてる次期総理の予想をするべきだろ。自民党は党員投票を省略して、両院議員総会で決めるんだろ。党員投票があれば、人気のある石破茂さんも有利だったかもな。それを阻止して派閥で票固めして、現・内閣官房長官の菅義偉さんを次期総理にしたいんだろ。自民党ってオレを冷遇するサイバーファイトみたいだな。石破さんの気持ち、すごくわかるぞ。

——それも確かなんですが、プロレス専門誌としては激動のNOAHを語ってほしいですし、その中心にいる金剛を率いる拳王さんの言葉が聞きたいです。

拳王　っていうか、今週の週プロは「N-1 VICTORY2020」特集だよな。前年度覇者のオレになんでインタビューしねぇんだよ。まさか去年は自分から出ませんと言いながら、今年ノコノコと出てきやがった清宮とかクローズアップしてんじゃねぇだろうな。

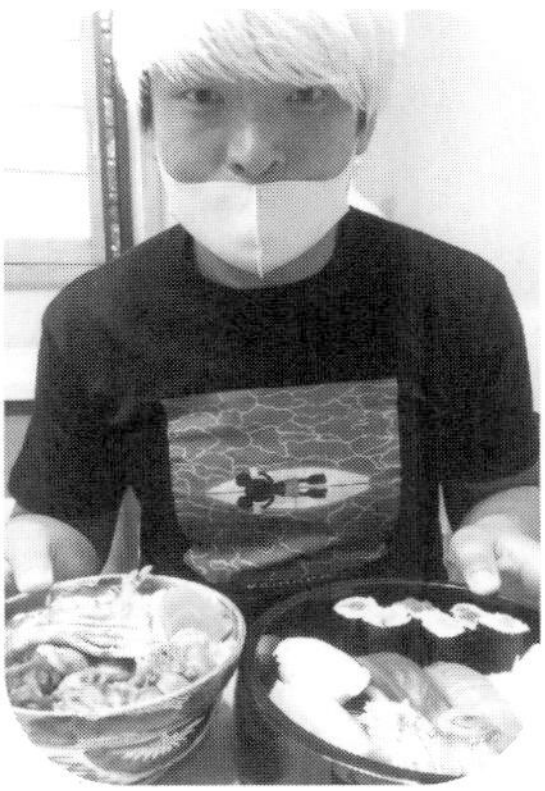

拳王は温かいお茶を飲みながら昼間に連載の取材を終えるとすぐに帰宅。夜は外出しなかった

——…。

拳王　週プロも忖度が好きだからな。まぁ、いいよ。今週はN-1について語ってやる。「グローバル・リーグ戦」からの歴史を見ても、連覇を成し遂げた人間は一人もいない。今年、オレがやってやるぞ。最初にやったヤツが歴史に名前が残るからな。去年9月の大阪府立、11月の両国、今年8月の横浜文体とNOAHのビッグマッチは必ずオレがメインに立ってきた。10・11大阪のメインもオレが務めるしかないだろ。そこで勝って、11・22横浜武道館のメインも務めてやる。

——それは説得力がありますね。

拳王　オレは日本武道館を目指してるんだぞ。これまで広い会場でも伝わる闘い方をしてる自負がある。後楽園クラスの広さ以上の武道館みたいに2&3階がある会場をイメージして、闘ってるんだ。ビッグマッチに向けたアオリだってスケール感の大きいものを発信してきた。見ただろ、8・10横浜文体の60分を。

——プロレス史に残る激闘でした。

拳王　そのへんの意識が今年のN-1にエントリーしてるほかのヤツらと違うんだよ。

——開幕戦9・18名古屋の中嶋勝彦戦はこれまでと大きく意味合いが変わり、いきなりの金剛としての同門対決になります。

拳王　8・4後楽園でやってわかった部分もあるし、確実にいいものを提供できる自信があるぞ。それよりも丸藤正道だろ。

――9・23後楽園で公式戦が組まれています。

拳王　アイツはやっぱりとんでもないプロレスラーだったな。

――何かあったのですか？

拳王　9月1日…わかっただろ。

――まさかあのツイートですか？

拳王　そうだ。丸藤は株式会社サイバーファイトの取締役副社長に就任した日に「昼からテキーラ5杯ビール4杯飲んで、ちょっと昼寝して夜はまた飲み」ってツイートしたんだぞ。今の時期、もちろん不要じゃないと思うけど、外食のツイートは控えるべきなのにも関わらず、どうしても発信したくて抑えられなかっただろうな。これで本心がすべてわかった。なぜ丸藤があえてこんなことをツイートしたか考えてみろ。

――どういうことですか？

拳王　外面は「サイバーファイトで業界1位を目指す」とか言ってるけど、アイツは20年前に三沢光晴さんたちと一緒にNOAH旗揚げに参画して、業界の先頭を走ってきたんだろ。潮崎がよく、アイ・アム・NOAHと言ってるのは、理解できないけど、丸藤がアイ・アム・リアル・NOAHと言ってるだろ。本当にその通りだと思う。ずっと本物のプロレスをしてきた丸藤は内心、NOAHの血が流れていない社長の下で働くのがイヤなんだよ。そりゃ、昼からテキーラやビールを飲みたくなるよな。「#たまには午前中から飲んでもいいよね」ともツイートしてたけど、9月1日だからな。お気持ち、理解できるよ、なおみち君。いっぱい飲んでくれ。オレはなおみち君の気持ち、すんーごくわかるよ。

――どうやったら、そういうひねくれた解釈ができるんですか？

拳王　丸藤正道もこっち側の人間だ。このN-1をきっかけにオレと一緒に強い信念を持って、NOAHをダイヤモンドのように輝かせようぜ。NOAHのヤツらは外面がいいけど、中嶋勝彦やタダスケみたいに腹に一物抱えたヤツがいっぱいいるんだよ。なんで最近、金剛のメンバーが増えてるのか。それはサイバーファイトが確実に影響してるぞ。

――Bブロックは6人中3人が金剛です。

拳王　まず9月1日になおみち君が強い信念を見せた。ほかにも強い信念を示してくるヤツがいるんじゃねぇのか。

――そんな意味深な締めはやめてください。

拳王　じゃあ、これでどうだ。丸藤正道様、株式会社サイバーファイト副社長就任、おめでとうございます！

9月30日号の議題　3大シングルリーグ戦同時期開催

オレが史上初の連覇を達成すれば、N-1っていうリーグ戦自体にもハクがつく

拳王　先週号の表紙は何なんだよ！

――清宮海斗選手と松井珠理奈さんの対談のことですか？

拳王　なんであの2人なんだよ。

――松井さんは今年5月からABEMAさんのNOAH中継で特別ゲストを務めているのは知っていますよね？

拳王　もちろん。テメーも解説やってるよな。

――せん越ながら務めさせていただいております。そこで松井さんのプロレス愛に胸を打たれて、いつかは週刊プロレスに登場を…とずっと思っていたのですが、NOAH8・10

昨年のN-1を優勝した拳王

横浜の特別ゲストを務めた後に感動している姿を見て、これはすぐお願いしなければと。

拳王　それはNOAHにとってはとてもありがたいことだけどな。問題は隣に立ってるヤツだ。

――…。

拳王　なんで本当に会いたくもないのに、毎週顔を合わせてるオレじゃないんだ。

――すみません!

拳王　オレは「N-1 VICTORY」のディフェンディングチャンピオンかつ、現GHCナショナル王者だぞ。プライオリティーが一番高いのは明らかにオレだろ!

――先週の連載でN-1を語ってもらっ…。

拳王　確かに議題は「N-1 VICTORY」だったけど、内容はなおみち君の強い信念のツイートを大絶賛しただけだろ! 特集ページにも載ってないし。なんで清宮なのか、まだ説明してないよな?

――気づきましたか…。清宮選手は松井さんと同学年で松井さんからABEMAさんの番組内で〝推し選手〟に選ばれていたので…。

拳王　オマエも清宮派か? それともオレを冷遇する会社派なんだな。じゃあ、なんだ。**オレと松井珠理奈だったら不満なのかよ。**

――い、いえ、そういうわけでは…。

拳王　まぁ、いいよ。去年のN-1負けるのが怖くて逃げた清宮が選ばれたのはムカつくけど、3大シングルリーグ戦開幕直前でN-1特集が週プロの表紙を飾ったことはいいことだからな。

――今回の議題は新日本「G1 CLIMAX」、全日本「チャンピオン・カーニバル」、NOAH「N-1」がほぼ同時期に開催されることにしましょう。

拳王　N-1は去年「グローバル・リーグ戦」から改称されて、秋開催になった。G1、チャンカンと比べて、ネームバリューはまったく劣るよな。なんか個人的にシングルリーグ戦と言えば、やっぱチャンカンなんだよ。

――第1回は1973年と歴史があります。

拳王　そう、何となく歴史や重みがあるってイメージはある。でも、パッとキャッチーな言葉とか優勝者が思い浮かばないんだよ。

――確かに言われてみれば。

拳王　でも、G1だったら〝夏男〟とか蝶野さんとかの印象が強い。そこはけっこう大きいと思うんだよ。

――何か言いたいことがありそうですね。

拳王　「グローバル・リーグ戦」がいまいち業界に浸透しなかったのも、同じ理由だと思ってる。いろんな選手が優勝してきて、誰かが強いイメージを持ってるわけでもない。とにかくキャッチな何かを残せずにいる。

――鋭いご指摘です。

拳王　前回の連載でも軽く言ったけど、今年、オレが史上初の連覇を達成すれば、N-1っていうリーグ戦自体にもハクがつくと思うんだよ。偏屈なプロレスファンはどうせ「連覇はない」だとか「GHCナショナルのベルトを持ってるから優勝しない」だとかうがった見方をしてるんだろ。

――リーグ戦あるあるですね。

拳王　そんな**マニアどもの凝り固まった予想を覆すのが楽しみで仕方ないぞ。**

——第2回G1で蝶野選手が連覇した時はいい意味でファンの期待を裏切りました。

拳王　だからこそ、インパクトがあっただろ。今年はG1とチャンカンと同時期開催で注目も集まってる。当然、両方とも意識させてもらうぞ。じゃないと、N-1がよりいっそう高いステージに行けないだろ。ほかのヤツらは優勝することしか考えてないだろうけど、オレは違う。3つのリーグ戦が終わった後、N-1が一番輝いて、一番刺激のあるリーグ戦だって言われるようにしてやる。

——頼もしいですね。

拳王　今年のプロレス界、NOAHはコロナ禍でも止まらずに走り続けてきただろ。まず8・10横浜文体で大きなものを業界に残した。この3大リーグ戦興行戦争でも新日本、全日本に負けるわけにいかないんだ。コロナ禍でもずっと闘ってきた経験値を見せてやる。この2020年は絶対にNOAHの年にする。N-1のNが何のNか知ってるか?

——NOAH、ニュー（新しい）、ニッポン、ナウ（今）、ネイション（国民）、ナビゲーション（航海）、ノーベル（崇高な）です。

拳王　違うわ。あと1つ重要なのがある。

——ま、まさか…。

拳王　**N-1のNは中栄のN!**

——それ去年も、同じです…。

10月7日号の議題　GLEAT

10月15日はリデットにとって運命的な日だ。よくそんな日付に後楽園を押さえることができたよな

拳王　先週の週プロ、NOAHの試合リポートの後にGLEATの広告、その後にオレの連載。あの並び順はオマエらのクライアントのリデットエンターテインメント株式会社様からの指定?

——ノーコメントでお願いします。

拳王　絶妙な場所だよな。普通はNOAHの試合リポートの後にオレの連載なのに、その間に挟むって。確実に仕掛けたよな。今週、本当はついに始まった「N-1 VICTORY」について語りたかったけど、週プロのクライアント様の期待に応えて、議題はそのGLEATにするぞ!

——拳王さんも参戦しますしね。

拳王　まずは日付だろ。GLEATは10月15日に後楽園で初めて大会を開催する。

——意味深いですね。

拳王　**一昨年の10月15日、リデットは後楽園で大会を予定していたよな。**

——'18年10月15日、元NOAHの森嶋猛選手の復帰戦がリデット主催でおこなわれる予定でしたが、大会前に中止に…。

拳王　おい、それ以上は言うな。

ヘビー級になって肉体が大きくなった拳王には5年前から愛用しているスーツはピチピチだ

——はい。

拳王　10月15日はリデットにとって運命的な日だ。よくそんな日付に後楽園を押さえることができたよな。まさにGENESIS！

——創世記を意味する言葉で'18年10・15後楽園の大会名でした。

拳王　あの日、大会は中止になったけど、リデットはNOAHとの出会いが生まれて、その後、親会社になった。そして、団体としての基盤を再構築して、NOAHを上昇気流に乗せてくれた。

——その後、リデットはNOAHの親会社ではなくなり、現在はスポンサーです。以前、この連載でリデット新団体について否定的な見解を述べていましたよね？

拳王　その考えは今でも変わっていない。じゃあ、聞くぞ。プロレス団体の定義とは？

——日本のプロレス業界には協会などがないので、明確な定義はありません。誰でも旗揚げすれば、プロレス団体になるのが現状です。

拳王　GLEATは団体としてどれぐらいのペースで大会を開催していくんだ？

——今年は10・15後楽園だけのようです。

拳王　それってプロレス団体じゃなくて、プロモーションじゃないのか。

——現在のプロレス業界は誰も把握できないぐらいの団体がありますし、そのあたりの線引きは議論の余地がありすぎます。

拳王　**GLEATは名前だけ団体で実質はプロモーションみたいな感じだろ。**まぁ、それについてはいずれ語るとして、あの広告はインパクトあったよ。普通、オブザーバーの長州力やエグゼクティブディレクターの田村潔司を大きく載せたいところだけど、所属選手の伊藤貴則と渡辺壮馬だけだっただろ。あの2人に期待してるんだなって伝わってきた。

——斬新なアイデアでした。

拳王　**さすが鈴木裕之・元オーナーはプロレスラーに愛があるよな。**オレは毎週木曜日午後7時配信のGLEATのYouTubeも毎週、ちゃんと見てるぞ。

——宣伝を挟んできましたね。じゃあ、今までの動画で何が印象に残っていますか？

拳王　伊藤と渡辺のスーツだ。

——えっ⁉

拳王　最初の動画でアイツらが着てたスーツ姿、すごくカッコよかったぞ。

——それは意外な着眼点です。

拳王　貴族が着るような品のある素材、SPみたいに鍛え上げた肉体にジャストサイズのスーツだったな。

——拳王さんはここ5年ぐらいスーツが変わってないような…。

拳王　うるせーっ！

——す、すみません！　ここまで話してきましたが、やはり気になるのは拳王さん自身と田村潔司選手の…。

拳王　またそれか。**田村潔司についてこれからはもう一切語らない。**とにかく伊藤と渡辺がここまで期待を懸けられて、何を見せられるのか。それが一番重要なことだ。オマエらにとって人生の分岐点になる一日だぞ。オレは渡辺とシングルで対戦するけど、もし中途半端な気持ちで来たら、すぐに試合を終わらせるつもりだ。試合で負けて、気持ちで負けたら、オマエが勝ってるのはスーツの質だけだ。

——どういう意味ですか？

拳王　見かけ倒しで終わらせるなってことだ。リングに立てば、己の力だけしか頼るものがない。鈴木・元オーナーがいくら大金と愛を積んでも、どうしようもない聖域がプロレスのリングにはある。

——それを確かめるには…。

拳王　10月15日、リデット主催GLEAT後楽園大会、ご来場、お待ちしております！ご来場、お待ちしております!!

10月14日号の議題 地方巡業

映像を通しての観戦という新機軸が確立されてきた中、地方巡業という伝統といかにして向き合っていくか

—NOAHも9・6富士大会から地方大会が始まりました。

拳王 NOAHはコロナ禍によって、3～8月まで約半年間、首都圏だけで大会をおこなってきた。ようやくプロレスラーの日常に一歩近づいたかなって感じだよな。

—NOAH以外の団体は7月からすでに地方大会や巡業を復活させています。

拳王 コロナ禍がきっかけで今まであったすべての常識が変わり始めてる。コロナ禍前のように地方を回って、なかなか首都圏に足を運べない地方在住の人たちに生のプロレスを届けたいって気持ちももちろんある。実際、9月から巡業バスに乗って、富士、金沢、名古屋、高崎って行って、プロレスラーやってるなっていう懐かしさもあった。しかし、はっきり言って、**コロナ禍前に戻すことだけが正しいとは限らない。**

—どういうことですか？

拳王 オレたちNOAHは緊急事態宣言の自粛中に時を止めず無観客のTVマッチを積極的にやってきただろ。そこで培ったノウハウを今後、最大限生かしていくっていう選択肢もある。現在開催中の「N-1 VICTORY」もABEMAやサムライTVの生中継が充実してるだろ。9・22後楽園はABEMAで過去最高となる視聴数48万超えを記録した。さらに9・23後楽園で平日の昼大会をおこなったよな。あれは欧米時間の夜に合わせて、FITE TVで英語実況ありのリアルタイムPPV配信をするためだった。

—レッスルユニバースは…。

拳王 レッスルユニバース!? あっ、そんなのもあったな。完全に忘れてたわ。とにかく言いたいのは以前のような地方巡業スタイルに戻していくのか、映像を通して、全国、全世界にプロレスを提供していくのか。現在のNOAHはその岐路に立って勝負してるということだ。

—世の中はGoToトラベルキャンペーンも始まっていますが…。

拳王 前にもこの連載で話したけど、お盆に徳島の実家に帰った時にはコロナ陽性患者みたいに扱われた。まだ田舎は東京の人が来ること自体を嫌がってる現実もある。そういう側面もあって、NOAHはほかの団体と違って、7月から地方大会を再開させるのではなく、9月まで様子を見てたんじゃないのかな。

—なるほど。

拳王 しかも、再開したからって、今までのような宿泊はなしだ。おそらく金沢や名古屋はこれまでだったら泊まってたはずだ。

—泊まりと日帰りは違いますか？

拳王 確かに肉体的に泊まった方が楽だ。あと人によっては地方の美味しい食事を楽しみにしてる選手もいる。オレ個人としては地方のファンに生でプロレスを届けられればいいかなってだけだな。全然、日帰りでもいい。

—それは意外です。拳王さんなら地方大会の試合後に飲みに行って大暴れするまでが巡業の一部かと思っていました。

拳王 おい、どういうイメージなんだよ！

—居酒屋で隣の席になった人に「兄貴」って乾杯しに行って、仲良くなって…。

拳王 それは10月15日生まれの人だろ！

—すみません！

拳王 ただ日帰りで行ける限界もある。

—境界線はどのあたりですか？

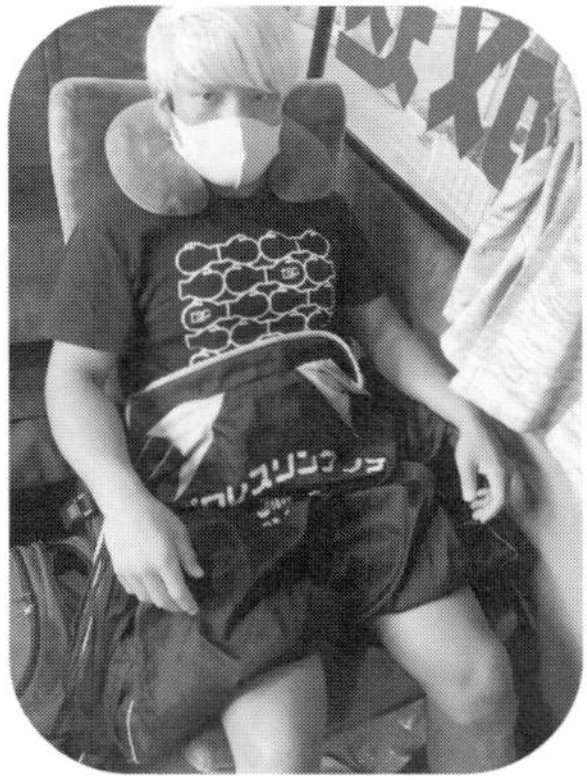
巡業バスに揺られて地方に遠征する拳王

拳王　片道6時間を超えるときつい。試合前にずっと巡業バスのイスに座って同じ体勢でリラックスもできないからな。大阪は7〜8時間だからきついな。**天下分け目の関ケ原って言われるけど、プロレスラーにとっても日帰り移動の分け目だな。**

——！

拳王　今年のNOAHの日程を見ても、地方での連戦、巡業は組まれていない。一番遠くても10・11大阪だ。

——これまでNOAHはずっと巡業スタイルでしたが、コロナ禍をきっかけに大転換です。

拳王　ただ7、8月と首都圏ばかりで大会をやって、首都圏のファンだって毎回見に来ることもできない。ABEMAだったら家じゃなくても、外出先でもスマホがあれば無料でリアルタイム観戦できる。そういう環境が整備されたことで、生観戦しなくてもNOAHのプロレスを楽しめるようになった反面、ソーシャルディスタンスで客席減もあってチケット収入は厳しくなってる。改革には当然、痛みが伴うからな。でも、**過去と同じことを、他団体と同じことをやっても、時代の流れはぶち壊せない。**何が正しいかはまだわからないけど、オレとしてはNOAHが業界ナンバーワンを目指すために、これからもドンドンと新しいことにチャレンジしていくべきだと思ってるぞ。

——試行錯誤の連続ですね。

拳王　いきなり正解なんて見つかるわけがないからな。**プロレスを一番楽しめるのは生観戦であることに変わりはない。**映像を通しての観戦という新機軸が確立されてきた中、地方巡業という伝統といかにして向き合っていくか。その答えを見つけた団体が近い将来のプロレス界を制するんじゃないのか。

10月21日号の議題　N-1 VICTORY総括

清宮に優勝されたら、唯一無二の「N-1」2タイムス・チャンピオンがオレだけじゃなくなるなんてまったく考えてないぞ

——今回の連載は10・4後楽園後に収録しています。N-1全公式戦終了。杉浦貴戦で勝てば、決勝進出の可能性もあったのですが…。

拳王　**オレはギブアップしてない。**

——明らかに動きが止まっていたので、レフェリーに試合を止められてしまいました。

拳王　うるせーっ！　でも、動ける状況ではなかったからな。負けたかもな…。

——では、あらためて、ディフェンディング・チャンピオンとして臨んだ今年のN-1はどうでしたか？

拳王　まずは初戦だ。

——中嶋勝彦選手との金剛対決ですね。

拳王　あの日に関しては、金剛入りしたばか

りで、明確な結果を残さなきゃいけない中嶋の強い信念にやられた。結果的にあの試合の勝敗がBブロック1位を左右したということになったよな。もしあの試合でオレが勝っていればオレが決勝進出だった。

――そうなりますね。

拳王　勝負に〝たられば〟は厳禁だけどな。

――拳王選手は中嶋選手、杉浦選手に敗れて、3勝2敗で全日程終了。優勝決定戦に進むことはできませんでした。

拳王　つまり、これで10・11大阪のメインイベントに立てなくなった。昨年9月のエディオンアリーナ大阪、11月の両国国技館、今年8月の横浜文体とずっとNOAHのビッグマッチでメインに出てきたけど、ついにストップしてしまったな。そこが一番悔しい。

――清宮海斗選手から「決勝に上がってこい」と言われていましたよね？

拳王　うるせーっ！

――まさかの本日2回目!?　杉浦選手に敗れて、史上初の連覇という夢が断たれたばかりですからね。

拳王　テメー、何、オレの気持ちをわかったように言ってんだよ。史上初の連覇はできなかったけど、まだ「グローバル・リーグ戦」含めて2度優勝してるのはオレだけだ。

今週の写真は拳王選手の強い希望によって、'17年と'19年を制した時の週プロ表紙

――そこを強調してきますか。

拳王　それはおいといて、さっそく10・11大阪の全カードが発表されたな。オレは第3試合だ。もしも**オレの入場が遅れたら、気持ちはメインだったと思ってくれ。**

――え、えーっ!?

拳王　もうビッグマッチではメインで闘うことに慣れてるから第3試合じゃコスチュームさえ着ていないかもしれないぞ。両国なんて4時間…映画2本分ぐらい待ったからな。試合が徐々に終わっていって、メインが近づいてくるにつれて緊張感を高めていってたから。

――カッコイイこと言っていますが、決勝に進出していれば…。

拳王　うるせーっ！

――ほ、本日3回目!?　よほど苛立っているんですね。まだ決勝が残っていますが、今年のN-1全体についてどう思いましたか？

拳王　今年のN-1には裏テーマがあった。

――なんですか？

拳王　オレと潮崎豪は8・10NOAH横浜文体ラストのダブルタイトルマッチで、60分闘って決着がつかなかったよな。その流れを踏まえると、今年のN-1はGHCヘビー級王者がいるAブロックとGHCナショナル王者がいるBブロックの間接的な闘いでもあった。

――それは興味深い視点です。

拳王　オレと潮崎どちらも決勝に進むことができなかったけど、**試合内容としてはBブロックの勝ちだろ。**今日のメインの潮崎vs清宮はいまいちだったな。潮崎はコンディションが悪そうだし、清宮のバックスピンキックはプロレスファンがやってるみたいだったぞ。

―さすが元・日本拳法世界王者。でも、清宮選手は決勝進出しています。

拳王　だから、うるせーっんだよ！　まぁ、何も反論できないけどな。総括という意味で今年のN－1であらためて感じたのは、前回の連載でも触れたけど、NOAHの生中継が格段に増えたってことだな。リアルタイムでリーグ戦を追っていくっていうのは、見てるクソヤローどもも一緒に闘ってるみたいで気持ちが入ったんじゃねぇのか。コロナ禍で生観戦にさまざまな制約がある中でも、今のNOAHの熱さを届けられたと思ってるぞ。去年以上の反響があって、N－1のグレードが確実に上がってることを実感できた。あとは決勝で中嶋が清宮に勝って、優勝するだけだな。**中嶋勝彦、全力応援をここに宣言する！**

―まさか、それって清宮選手が優勝すると「グローバル・リーグ戦」時代を含めて、2度目の優勝になるからじゃないですか？

拳王　それは違う。同じ金剛として中嶋に優勝してもらいたいだけだ。今年、清宮に優勝されたら、唯一無二の「N－1 VICTORY」2タイムス・チャンピオンがオレだけじゃなくなるなんてまったく考えてないぞ。

―考えてるじゃないですか!?

拳王　**う、うるせーっ！**

10月28日号の議題　**プロレスとリーグ戦**

ベルト争いは時の流れや機運も重要だけど、リーグ戦は勝てばいい。逆境に立ってるヤツほど力を発揮する

拳王　アイ・アム・2タイムス・チャンピオン！

―……。

拳王　おい！　なんで無反応なんだよ!!

―この連載は10月8日に収録していますが、この号が出る頃には「N－1」の覇者が決まっています。もちろん決勝に進出できなかった拳王さんではありません。もし、清宮海斗選手が勝てば、拳王さんと同じ2タイムス・チャンピオンになります。

拳王　でも、オレが現時点で2タイムス・チャンピオンってことは事実だろ。

―まぁ、そうなのですが、よく今年のN―1を優勝できずにそんなことを言えますね…。

拳王　うるせーっ！

―もしかして、単にそのフレーズが気に入ったんじゃないですか？

拳王　**アーネスト・ホーストがよく4タイムス・チャンピオン！って言ってたのに影響なんて全然されてないからな。**

―メチャクチャされてるじゃないですか…。日本では浸透していませんが、「～タイムス・チャンピオン」は業界の常套句ですしね。

拳王　（満足気な笑みで）だろ。ベルトはいつでも挑戦できるけど、ヘビー級のシングルリーグ戦はどこの団体でも1年に一度だけだろ。オレはNOAHのリーグ戦を唯一無二の2回も制覇してるんだ。2タイムス・チャンピオンとして、前回の「N－1」総括に続いて、今回の議題は「プロレスとリーグ戦」で行くぞ。

―それはタイムリーでいいですね。今年、日本プロレス界は新日本、全日本、NOAHと3大シングルリーグ戦が同時期開催でした。実際にプレーヤーとしてどうでしたか？

拳王　正直、まったく気にならなかった。
――！
拳王　開幕前はものすごく気になってた。けど、公式戦が始まったら、驚くほど自分の試合だけに集中してたよ。潮崎豪、杉浦貴、清宮海斗とかは「他団体のリーグ戦に負けない」みたいなことを言ってたけど、周りを見てる余裕なんてまったくなかったぞ。
――それは意外です。
拳王　他団体のことを考えて優勝できるほどN―1は甘くないからな。
――ですね。

今週の写真も拳王選手の強い希望によって、'17年と'19年のN-1を制した時の週プロ表紙

拳王　そもそもプロレスのリーグ戦の起源ってなんだよ。オレ的にはチャンピオン・カーニバルなんだけど。
――その前に日本プロレスの「ワールド・リーグ戦」がありますね。
拳王　そんなのあったんだな。プロ野球、Jリーグとか他のプロスポーツは、年間を通して常にリーグ戦をやってるだろ。でも、プロレスは各団体年数回。特殊だよな。
――確かに。
拳王　ボクシングや総合格闘技とかコンタクト系のプロスポーツって、リーグ戦がほとんどなくて、ワンマッチ主体でたまにトーナメントやるぐらいだ。**プロレスはリーグ戦もあって、トーナメント、普通の試合もあって欲張りだよな。**
――欲張りだなんて…。私たちから見ると、どう考えても過酷なことをやり遂げるプロレスラーに魅力を感じます。拳王さんはリーグ戦のよさとは何ですか？
拳王　ファンのクソヤローどもからしたら、開幕前から星取りの予想して楽しめるだろ。この試合は取りこぼしちゃいけないとか、コイツはここで勝って、ここで負けて…とか。
――見る側は楽しいですよね。
拳王　やってる方もいつも以上に頭を使うよ。だから、今年のリーグ戦では胴締めスリーパーっていう新境地も開拓できた。あとは勝敗についての考え方も重要だ。N-1やチャンカンは出場選手が少ないけど、G1なんか人が多いから1敗、2敗は仕方がないって気持ちでいないと乗り越えられないかもしれないよな。今年のチャンカンでは5冠王者の諏訪魔が黒潮〝イケメン〟二郎に敗れてから歯車がかみ合わずに、3連敗で1勝3敗という結果だったらしいな。オレも初戦の中嶋勝彦戦で敗れた1敗が響いて、Bブロックを突破できなかった。**リーグ戦はどこに照準を合わせるかっていうのを読み間違えると一気に崩れる危険性もある。**あとベルトを持ってリーグ戦に臨む難しさは想像以上だったよ。
――「N-1」2タイムス・チャンピオン的にリーグ戦を勝ち抜く秘訣は何でしょうか？
拳王　逆境に立ち向かうってことだ。去年のオレも会社から弾圧を受けて、そこに反発してた。今年のチャンカンだとゼウス、去年のG1だと飯伏幸太は現状打破という大きなテーマがあっただろ。ベルト争いは時の流れや機運も重要だけど、リーグ戦はそういうのを抜きにして勝てばいいからな。逆境に立ってるヤツほど力を発揮するのがリーグ戦だ。

だから、チャンピオンは優勝できないというジンクスも生まれるんだろうな。

—それで強い信念を持つ拳王さんは'17年と'19年と2回も優勝しているのですね。

拳王 アイ・アム・2タイムス・チャンピオン！

—よほど、そのフレーズが気に入ったのですね…。

11月4日号の議題 NOAH10・11大阪総括

アレが中嶋勝彦の"ナチュラル"だ。AXIZ時代はすべてが偽りだった

—今週はGLEAT10・15後楽園終わりで連載の収録をしています。

拳王 今回も長州さんをにらんでみたぞ。

—昨年のNOAH11・2両国で物議をかもしましたが、なぜ今回もにらんだのですか？

拳王 そこらへんは想像に任せるとして、**オレがにらんだら、長州さんは素敵な笑顔で返してきたんだ。**さすがプロレスをわかってるよな。

—GLEATでほかに気になったのは？

拳王 開場後のリングで渡辺壮馬が誰かとスパーリングしてただろ。アレはよかったぞ。まぁ、GLEATについてはこれぐらいにして、今週の議題は何にするんだよ？

—中嶋勝彦N－1初優勝でどうですか？

拳王 じゃあ、それも含めて、NOAH10・11大阪ビッグマッチの総括でいくか！

—ありがとうございます！

拳王 オレは1年ぶりにビッグマッチでメインイベントに立てなかった。悔しかったな…。でも、**オレもメインに"参加"してただろ。**

—拳王選手は10・11大阪のメイン前にABEMAの放送席に来て、N－1優勝決定戦をリングサイドで見ていました。

拳王 同じ金剛の中嶋勝彦の雄姿を近くで見たかったからな。

—小橋建太さんの隣でした。

拳王 AXIZ時代、潮崎豪は中嶋勝彦の大舞台でああいう行動をしたことがあるか？

—よく考えてみたら、なかったような…。

拳王 だろ。AXIZが言う"愛"は偽物だったんだよ。普通、男同士で"愛"とか気持ち悪いことなんて言わないだろ。オレたち金剛は言葉に出さずとも通じ合ってるんだよ。軍団結成から1年かかったけど、そういうのがNOAHに浸透してきたから、ドンドンと強い信念を持ったヤツらが集うようになってきたんだろうな。これからも強い信念を持ったヤツが行動を起こすかもしれないぞ。

—それは楽しみです。実際に目の当たりにしたN－1決勝の中嶋選手はどうでしたか？

拳王 中嶋勝彦は完全に覚醒した。清宮に何もさせなかっただろ。

—確かに清宮海斗選手の輝きを消すようなサディスティックさは、これまでのNOAH

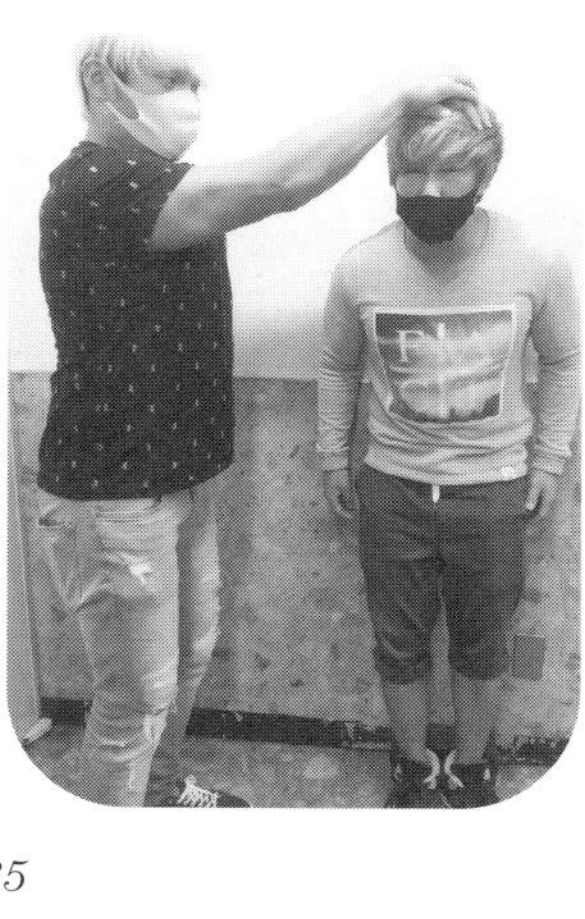

さっそく覇王の頭をポンポンと叩く拳王

では考えられないファイトでした。

拳王　アレが中嶋勝彦の〝ナチュラル〟だ。中嶋の自然体、本質がようやくリング上で出てくるようになった。AXIZ時代はすべてが偽りだったんじゃねぇのか。

――結果的にそうかもしれないですね。

拳王　〝ナチュラル〟の中嶋勝彦はただ相手をぶっ壊すだけだ。

――そのあたりをもう少し詳しく…。

拳王　いや、中嶋勝彦について、今回はこれぐらいで終わりだ。ほかに聞きたいことは？

――試合後、なぜABEMAの放送席をジャックして、視聴者に「中嶋勝彦は覚醒した」とメッセージを送ったのですか？

拳王　オレたち**金剛はあらゆる伝達手段を使って、クソヤローどもにプロレスを届けてる**んだ。あの日、中嶋勝彦がN－1初優勝を果たした。同じ金剛としてオレがリアルタイムで視聴者に語る…こんなこと今までのNOAHであったか？　なかっただろ。NOAHの先頭に立って、新しいことをやろうという強い信念を持ってるのは金剛だけだ。

――そこまで考えていたのですね。金剛と言えば、同大会で覇王選手も鈴木鼓太郎選手のGHCジュニア王座に挑戦しました。

拳王　金剛は普段、会社から冷遇されてるからタイトルマッチになかなか絡めないだろ。でも、舞台さえつかみ取れば、ちゃんと結果を残せるんだよ。

――覇王選手は敗れましたが…。

拳王　タイガードライバーを切り返した時、確実に3カウント入ってただろ。レフェリーのミスジャッジで負けたけど、覇王はクソヤローどもも納得する強い信念を見せただろ。

――今までに見たこともない試合展開でした。やはり覇王選手のGHCジュニア王座をつかみたいという熱い気持ちがあったからですね。

拳王　いや、それは違う。

――え、えっ！　では、なぜでしょうか？

拳王　覇王がチビだからだよ。

――せっかくいい試合したのに、なんてひどいことを言うのですか⁉

拳王　覇王は自分の小さい体を生かして、ジュニアで絶対王者のようになりつつある鈴木鼓太郎相手に、今までのNOAHジュニアにない試合をやった。人間的な強さだったら鈴木鼓太郎に分がある。でも、プロレスは3カウントを取れば勝ちというルールがあって、それを今のNOAHジュニアで体現できる唯一の選手が覇王だ。

――結局はいいことを言いますね。

拳王　だから、もっと覇王の個の力を強いものにするために、金剛のリーダーとして、今後、やろうと思ってることがある。

――それは何ですか？

拳王　**会うたびに覇王の頭をポンポン叩いて、身長を2、3㎝は縮めてやる。**そしたらアイツはもっといい選手になるぞ！

11月11日号の議題　生え抜きと移籍組

生え抜きのチャンスの多さに苛立って、そこに反骨心が生まれるから今年の3大リーグ戦を移籍組が制したんだ

拳王　**週プロは中嶋勝彦にインタビュー拒否されたんだってな。**普通のレスラーなら誌面に載ったら嬉しいからすぐ受けるだろ。

――そうなのですが…。

拳王　アレが中嶋勝彦の〝ナチュラル〟だ。

――N－1優勝者のインタビューを読者に届けられなかったので担当者として責任を感じています。正直、週プロ的には困っています！

拳王　いいざまだ！

――そ、そんな…。

拳王　まぁ、オレも週プロで連載をやっているから頭に入れておいてやるよ。ところで、今週の議題は何にするんだ？

――秋の3大リーグ戦が終わりました。全日本「チャンピオン・カーニバル」はゼウス選手、NOAH「N－1 VICTORY」は中嶋選手、新日本「G1 CLIMAX」は飯伏幸太選手が優勝しました。

拳王　その3人とも他団体から移籍してきた選手だな。

――いいところに気づきましたね。

拳王　生え抜きと移籍組の違いがわかるか？

――何でしょうか？

拳王　チャンスが与えられやすいってこと。そして、クソヤローどもの思い入れが強いことだ。10・28後楽園でデビューするウチの矢野安崇を例に出せば、新弟子として入ってきた時からずっと見てきて、坊主姿でセコンド業務をがんばってたヤツがようやくデビューするんだ。箱推しにとっては感慨深いだろうな。NOAHでは潮崎豪、鈴木鼓太郎の2人も一度は退団したけど、戻ってきたら、生え抜きは生え抜きだよな。

3大シングルリーグ戦の覇者が3週連続で表紙になった週プロと拳王

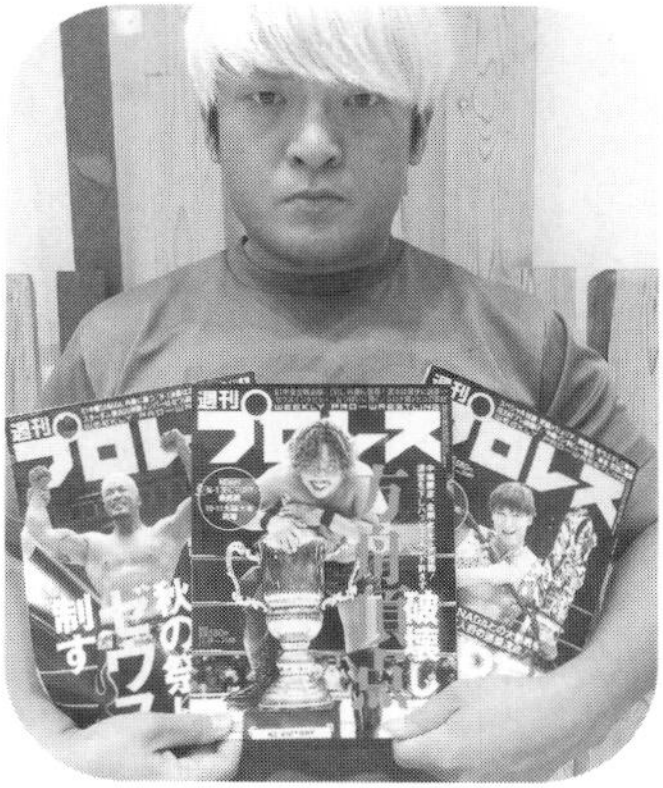

――確かに。

拳王　中嶋勝彦があれだけ潮崎豪の過去をえぐってるのも、NOAHの箱推しは生え抜きに対する愛情が強いからだ。

――それは興味深い見解ですね。移籍組はファンの思い入れがない状態からの勝負です。

拳王　見てみろ、オレなんかメチャクチャ嫌われてるだろ！

――そんなことはないと思います。

拳王　移籍組は自分たちでチャンスをつかみ取らなきゃいけないけど、生え抜きは定期的においしいシチュエーションが回ってくる。移籍組だって団体に対する気持ちは生え抜きと変わらないにも関わらず、だ。**N－1で何も残せなかった谷口周平が11・22横浜で武藤敬司とシングルやるんだろ。**

――10・11大阪で谷口選手が武藤選手に激しく向かっていったこともありますが、拳王さんにはそういうふうに見えたのですね。

拳王　そうか。コロナ禍になって、ただでさえチャンスは少ない。そんな中でおこなわれた今年の3大リーグ戦をすべて移籍組が優勝したっていうのも、生え抜きのヤツらのように敷かれたレールがないからだろうな。リング上で結果を残し続けないと移籍組はただ埋もれていくだけだ。生え抜きのチャンスの多さに苛立って、そこに反骨心が生まれるから今年の3大リーグ戦を移籍組が制したんだ。そんな移籍組に対して生え抜きが敵対心を燃やして、相乗効果でよくなっていくのが最高なんだけどな。

――どちらが欠けても…。

拳王　ダメだ。生え抜きだけに頼ってたら団体は成長しない。それこそ今の中嶋勝彦みたいにインタビューを拒否するようなヤツは生え抜きから出てこないだろ。いつも生え抜きは移籍組よりも何かと優遇されてる。オレたちは常にリスクを背負ってるんだよ。新日本で言えば、移籍組の飯伏やSANADAが生え抜きの内藤哲也を必死に追いかけてるから面白いんだろ。全日本みたいに宮原健斗やゼウスとか移籍組ばかりが活躍してたら、団体としての個性が薄いと感じてしまうこともあるけどな。

――生え抜きの諏訪魔選手が5冠王ですけど…。ともかく人間ドラマが詰まっていますね。

拳王 今のNOAHは過去の栄光や看板に頼らずに勝負してるけど、大黒柱の小川良成、丸藤正道、杉浦貴がいるっていう安心感があるのも事実だ。そんな過去のいい部分を残しつつ、生え抜きと移籍組がリング上の勝敗を含めイニシアチブを競い合ってる状況が団体をよりいっそう高みへと連れていくんだよ。**プロレスは目の前の勝敗だけでなく、過去やクソヤローどもの思い入れとも闘ってるんだ。**だから、心に残る…あっ、今になって、大事なことに気がついたぞ。

――何ですか？

拳王 オレがGHCヘビー級王者になった時のこと覚えてるか？

――2017年12月ですね。

拳王 オレがベルトを取った試合後、リングに誰が出てきた？

――海外武者修行を終えた清宮海斗選手です。

拳王 あの日、NOAHは生え抜きで将来のエース候補のサプライズ凱旋をぶち込んできたんだよ。それはオレのGHCヘビー級初戴冠のインパクトを消すためだ。もし負けていても、オレのGHCヘビー初挑戦っていう話題を消すために出てきただろうな。あの時から闘いは始まってたんだよ。オレは絶対に負けないからな！

11月18日号の議題　スポーツ観戦

クソヤローどもはいつもこんな気持ちで試合を楽しんで、生観戦してるんだなって思ったら、なんか気が引き締まったよ

――議題は何にしましょうか？

拳王 秋と言えば、スポーツだ。ウィズ・コロナが日常になってきてる昨今、スポーツ観戦をしやすくなってきてるよな。というわけで、今回の議題はスポーツ観戦だ。

――プロレスも7月に有観客が解禁されてから制限はありますが、やはり無観客と比べると会場の雰囲気は違いますよね。

拳王 ちゃんとしたモデルケースがない中でスポーツ界もよくやってると思う。

――コロナ禍になって以降、何かほかのスポーツを見たのですか？

拳王 プロ野球3回、バスケットボール1回、ボクシング1回かな。

――けっこう見てますね。プロ野球はどこのファンですか？

拳王 特定の球団はない。

――スタジアムはどこに行ったのですか？

拳王 神宮球場2回、千葉マリン1回だ。実はバックスクリーンのビジョンにも映っちゃったぞ。その時の写真を今回の連載で特別に提供してやる。**拳王を探せ！だ。**

――これは難しいけど、楽しいですね。ビジョンに映るのも生観戦の醍醐味です。しかも、夜空というのも気持ちいいですね。

拳王 野外って開放的で楽しいし、換気とか

拳王を探せ!

気にしなくていいからな。

―それもコロナ禍ならではですね。

拳王　家のTVで野球が流れてても、マジマジ見るほど好きじゃないけど、いざ球場に行けば、ずっと見てても面白いんだよな。今は歓声や鳴り物の応援がないけど、生観戦だと迫力がさらに伝わってくるよ。コロナ禍だからこそ、ボールがバットに当たる音や選手たちの声がいつも以上に聞こえてきたぞ。こういうのはプロレスでも通じるところあるよな。

―打撃の衝撃音、受け身の音、選手たちの呼吸まで聞こえてきますね。

拳王　新しい楽しみ方があると言われてたけど、実際にほかのスポーツを観戦したら、あらためてそういうのがわかったよ。

―普段はプレーヤーですしね。

拳王　迫力って部分でTVと生は段違いだ。これまで観声や鳴り物で会場が盛り上がってたからあまり気づかなかったけど、やっぱりプロスポーツはそのものでも面白いよな。球場でビール片手に楽しかったぞ!

―何をつまみに飲んでいたのですか?

拳王　いろんな種類があって選ぶのも楽しかった。特に**神宮球場の養老牛丼は美味かった**。味が濃かったからビールにもピッタリだ。普段なら牛丼をつまみにしないけど、野外って雰囲気がそうさせるんだよな。

―野外のスポーツ観戦はどこかお祭りみたいな雰囲気がありますからね。

拳王　そうなんだよ。オレは何も予備知識もなく、ほかのスポーツを見たんだよ。もちろん優勝争いとかその試合の意味合いとかいろいろあっただろうけど、そういうのなしにしても生観戦では、より楽しめるぞ。

―どんなところが印象に残っていますか?

拳王　外野席で見たこともあったけど、選手やプレーとかよりも、熱いファンが印象に残ったな。一生懸命拍手したり、タオルを掲げて応援したり、ついつい声を出しちゃう人もいたよ。それだけ熱くなれていいなと思った。

―普段は熱くさせている側ですからね。

拳王　プロレスを見てるクソヤローどもはいつもこんな気持ちで試合を楽しんで、生観戦してるんだなって思ったら、なんか気が引き締まったよ。

―コロナ対策はどうでしたか?

拳王　どこもやることは一緒だった。消毒、検温、マスク着用、チケットの裏に名前&住所とかを書いて提出する。プロレスと変わらない。あと、ほかのスポーツを観戦してわかったのは、プロレスファンはマナーいいな。

―どういうことですか?

拳王　ほかのスポーツではけっこう声援が飛んでた。オレの周りにもいたし。大学の後輩、尾川堅一の応援に後楽園ホールに行った時、先輩が声を出して応援をしてたんだよ。しかも、思わず出ちゃった声じゃなくて、はち切れんばかりの大声で…。

―ええっ!

拳王　ほかのお客さんにメチャクチャ怒られてたけどな。どれぐらい大声だったかあとで日テレG+で確認したらかなりやばかったぞ。

―それは完全にアウトです。

拳王　**みんなけっこう飲んでたから**

な。

——け、拳王さん…後楽園ホールでは水分補給を目的とした飲食以外も基本はダメです！

拳王　えーーーー！　それは知らなかった…。申し訳ないな…。この場を借りて、後楽園ホール様、いつも大変お世話になっております。今回の一件はお詫びさせていただきます。引き続き何卒よろしくお願い申し上げます。クソヤローどもはこの一件を反面教師にして、ルールを事前に確認して守った上で、迫力があって本当に刺激的な生観戦を楽しんでくれ!!

11月25日号の議題　女子プロレス

“強い”から“美しい”にシフトチェンジしたことが大きい

拳王　先週の連載に掲載した「拳王を探せ！」はわかったヤツいるか？

——ボクはわかりました。

拳王　わかったヤツには金剛Tシャツをプレゼントだ！　同じ号の週プロで金剛Tシャツがプレゼントで出てただろ。

——確かに出ていますが、当選者は抽選です。

拳王　どうせ雑誌のプレゼント抽選なんてまともにやってねぇんだろ？

——ちゃんとやっています！

拳王　じゃあ、応募の際に「拳王を探せ！」の答えを書いてたら、少し当たりやすいようになるかもしれないってことで。そんな余談は置いといて、ところで、先週号の表紙、先々週号に続いて、また女子プロレスだったな。最近、女子プロレスがキてるのか？　なんでここまで盛り上がってるんだ？

——逆になぜだと思いますか？

拳王　そこまで女子プロレスに詳しくないけど、あくまで外から見たイメージだけど、“強い”から“美しい”にシフトチェンジしたことが大きいと思うぞ。

——鋭い視点ですね。

拳王　**少し前までは人間離れしたいかつい女子が小林幸子みたいなきらびやかなコスチュームを着て、試合をしてるのが女子プロレス**だった。

——ちょっと、その言い方は…。

拳王　これでもオブラートに包んだつもりだ。オレがデビューした’10年頃までプロレスラー＝超人っていうのが女子にもあったような気がするぞ。それからキレイな選手が強い女子プロレスラーに向かっていく時代を経て、現在ではキレイな選手同士の闘いになりつつある。なんなら超人的な能力や素質を持った選手たちもビジュアルを美しくしようとしてるよな。週プロ名鑑を見たけど、昔だったら、**世志琥とか有田ひめかとかまなせゆうなとかなんて確実に超人要員**だった。

——超人要員って…。

拳王　わかりやすく言えば、ダンプ松本、ブル中野、アジャコング路線だよな。それが現

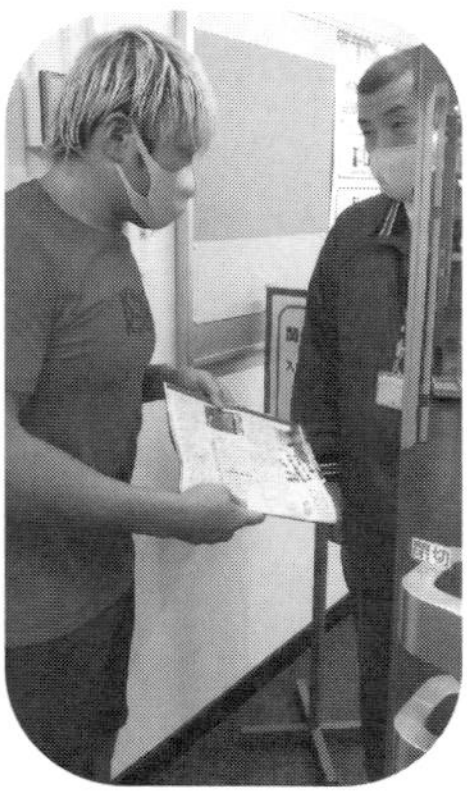

飲酒観戦について後楽園ホールに謝罪する拳王

在ではビジュアルも兼ね備える方向性になってるだろ。だから、全体的に美しさのアベレージが上がってるような気がする。先々週号の表紙の世志琥も可愛かっただろ。街で歩いてるような女性がリングで激しい闘いを見せるっていうのが、現在の女子プロレスのトレンドじゃねぇのか。

――確かにそうだと思います。

拳王　女子プロレスのトレンドという意味では移籍だよな。しかも、男子以上に伸び盛りの選手が移籍してる。「拳王的プロレス大賞2019」のMVPを受賞したジュリアを見てみろよ。あれだけ衝撃的な移籍劇をやってのけて、わずか1年後には週プロの表紙を飾るまで駆け上がったんだろ。夢のある話だ。

――拳王さんもみちのくからNOAHに移籍をしていますしね。

拳王　女子プロの移籍ってなんかギスギスして、モメちゃう傾向にあるよな。でも、選手的にはそれで幸せになれる可能性が高まってる気がするよ。井の中の蛙大海を知らずじゃないけど、ギャラの面でも雑務の面でも一度外を見ないと、自分がどういう環境なのかわからない。オレもNOAHに来たら、よりいっそうリング上の闘いに集中できる環境になったことは確かだ…まぁ、今現在は会社と闘っていかなきゃいけないって新しい苦労も生まれたけどな（苦笑）。

――移籍は団体、選手ともにかなりのパワーを使いますからね。

拳王　WWFとWCW、最近でもWWEとAEWとか見てわかるように、移籍をしてもしなくても金銭面では幸せになった選手が多いと聞くぞ。争いやモメごとがあった方が業界は面白いし、選手が必要とされてる…要は商品価値が上がってるということだろ。そう考えると、日本男子の一強時代はよくないよな。早くオレたちが揺るがす存在にならないとな。そういう意味では移籍が活発な現在の女子プロレス界は、**移籍する選手、団体に残留する選手、どちらにとってもいい方向に向かってるんじゃないか。**Sareee、世志琥、ジュリアと週プロの表紙を2週連続で飾った3人も移籍をして飛躍を果たした選手たちだ。逆にちょっと前にこれまた週プロの表紙になったアイスリボンの鈴季すずなんか、ジュリア騒動をバネにして飛躍したんだろ。もちろん裏ではいろいろあるだろうけど、結果的には待遇はよくなってるんじゃないのか。

――かもしれませんね。ちなみに、いろんな名前が出ましたが、現在、拳王さんが気になっている女子プロレス団体はどこですか？

拳王　**センダイガールズだ。**

――なぜですか？

拳王　エースで大黒柱の里村明衣子が限定出場になるんだろ。団体としてはピンチだ。でも、ピンチはチャンス。センダイガールズはオレがみちのくにいて、新崎人生さんが社長を務めてる時は同じ会社だったしな。これを逆にいいきっかけにしてほしいよ。

――サイバーファイトグループでNOAHと同じ会社の東京女子はどうですか？

拳王　…。

12月2日号の議題　合コン

松井珠理奈、那須川天心、弘中綾香アナ、指原莉乃 みんなあざといんだよ。清宮はバカだから気づいてない

――11・8後楽園のマイク、すごかったですね。清宮海斗選手が弘中綾香・テレビ朝日ア

ナウンサーと合コンした「ヒロミ・指原の恋のお世話始めました」は見たのですか？
拳王　ＡＢＥＭＡで見たぞ。腹立つな。なんでこのタイミングで合コンしてんだよ。オレはコロナ禍後は合コン自粛してるのに…。
――えっ、拳王さん、合コン行くのですか？
拳王　コロナ禍になるまでメチャクチャ行ってたぞ。でも、今年3月からは一度もやってない。なのに、清宮は気楽なもんだな。
――コロナへの警戒心は素晴らしいですね。
拳王　収録日は知らないけど、オレのＧＨＣナショナル王座挑戦が決まってから放送されたんだから、黙っていられるわけねぇだろ！
――合コンができないフラストレーションが清宮選手への怒りに変換されたのですね。
拳王　だって、オレはずっと合コン我慢してるんだぞ。清宮は見た目はいいけど、マイクでも何言ってるかわからないし、話がまったく面白くない。合コンでは第一印象だけのヤツだ。生まれてから24年間、ずっと彼女がいないっていうのも納得できるよな。
――拳王さんは面白いですからね。
拳王　だろ。**オレの顔をずっと見ててみろ。**
――…。
拳王　どうだ、面白いだろ！

11・22横浜のビジュアル

――はい！　清宮選手の顔はカッコよくて惚れ惚れしますが、拳王さんの顔はおも…。
拳王　おい、テメー、バカにしてんだろ!?
――す、すみません！
拳王　つい自虐ネタを挟んじゃったよ…。
――もしかして、清宮選手が弘中アナと合コンしたことを嫉妬しているだけなんじゃ…。
拳王　そんなこと、全然ない。
――嫉妬しているだけのように見えてきますが。弘中アナのような女性はどうですか？
拳王　あんなあざといヤツはタイプじゃねぇよ。どうせテレビ朝日の汚い大人が人工的に創って、台本通りにやってるだけの女だろ。清宮とＬＩＮＥの連絡先を交換したみたいだけど、確実に台本通りだ。ＡＢＥＭＡの汚い大人たちがあらゆる手を使って、清宮をＮＯＡＨのエースにしようとしてるんだろ。ＡＢＥＭＡとテレビ朝日はズブズブだ。嗅覚の鋭い弘中はそれを察知して、汚い大人たちが望んでるであろう清宮を狙いに定めた。もし台本がなくても、絶対に忖度を決めてる。ＡＢＥＭＡのＮＯＡＨ中継で特別ゲストやってる松井珠理奈が清宮のことを推してるっていうのもそうだ。最近、清宮と親交が深いキックボクサーの那須川天心だって、サイゲームス所属選手。**すべてが裏で通じてるだろ。**すべて汚い大人たちが清宮海斗の「絶景」を創り上げようとしてるぞ。絶景や愛は自然に生まれるのに。
――舌鋒鋭いですね。
拳王　清宮のことを絶賛してる松井珠理奈、那須川天心、弘中、ついでに指原莉乃もみんなあざといんだよ。まあ、清宮はバカだから気づいてないと思うけどな。オレはアイツのポテンシャルを認めてる。でも汚い大人たちの陰謀に動かされてばかりだったら、中身のない薄っぺらいプロレスラーになっちゃうだろ。今現在、アイツの試合が面白くないのも、人間としての深みがないからなんじゃねぇのか。魂がこもってないんだよ。11・8後楽園の前哨戦、清宮は何もできなかっただろ?

——序盤の場外戦で額から流血して、どうにも歯車が狂っていました。

拳王　メチャクチャ弱かったぞ。あんなちょっと血が出たぐらいでそんなにダメージもないのに、想像以上に動揺してたよな。リング外で調子に乗ってるけど、リング上ではちゃんとオレが厳しいプロの世界を教えてやるよ。

——昨年11月の両国前にも同じようなことを言っていましたが、負けちゃい…。

拳王　去年とは違うぞ。そういえば、清宮はツイッターで「その汚い口調で、どうやって女性を落とすんだ?」って言ってただろ。だから、モテないんだよ。汚い口調はただのつかみだ。そのままオラオラで押すことも、時に優しく甘い言葉を使ってギャップを使うこともできる。汚い口調をしてたヤツが、ちょっとせきをした女に「寒くない?　大丈夫?」って言ったら、どうなるか考えてみろよ。合コンでは汚い口調のヤツがすごくマメだったら、女はどう感じるんだよ?

——そういうテクニックがあるのですね。

拳王　オレのマイクやこの連載を見ていればわかるだろ。求めてる人に求めてるであろう言葉を的確に届ける。清宮みたいにただ自分が気持ちよくなるだけの会話を楽しむだけのヤツとは違う。アイツを「カッコイイ」って言ってるヤツは金の匂いしかしないぞ。

——怒り心頭ですね…。

拳王　**オレは合コンでもあくまで自然に愛を育むことができるぞ。人工的な愛にまみれたアイツとは違う。**アイツは大切なタイトルマッチ前に人工的な合コンやって優雅に楽しんでるんだろ。この悔しさは11月22日、横浜武道館のGHCナショナル選手権で絶対に晴らしてやるからな。

——ベルトを防衛したら、どうしますか?

拳王　もちろん合コンだ。**11・22横浜は清宮を倒して、美女達と最高の美酒を飲んでやるぞ!**

12月9日号の議題　アメリカ大統領選挙

トランプからは強い信念を感じるぞ。ネクタイの色、見てみろよ

拳王　最近、アメリカでものすごいプロレスのビッグマッチあったよな?

——えっ、何かありましたか。

拳王　全米が大熱狂しただろ。

——最近だとWWEでは、PPV「ヘル・イン・ア・セル」がおこなわれ…。

拳王　違う。それ以上にビッグマッチだ。

——何でしょうか?

拳王　**ドナルド・トランプVSジョー・バイデンのシングルマッチに決まってんだろ!**

——それはアメリカ大統領選挙ですよ!?

拳王　えっ、選挙だったのか?

——はい。面白いので今週の議題にしましょう。いつから注目していたのですか?

拳王　と、冗談はさておき、本当に面白かっ

たからな。注目してきたのは、今年に入ったあたりからかな。それからアオリを1年近くもやってたんだろ。日本でもちょこちょこニュースになってたし、相当なビッグマッチみたいな感じだよな。

――アオリという表現が適切かどうかは無視して、全世界が注目していました。

拳王　夏にトランプの対戦相手がバイデンに決まったよな。いくたの強豪候補を蹴散らして、民主党の大統領候補になったのもプロレスで言えば、挑戦者決定リーグ戦を勝ち抜いたみたいだったよ。でも、正直、バイデンに対して「こんなに覇気のないおじいちゃんでトランプに勝てるの?」って思った。

07年4月の「レッスルマニア23」でビンスを丸坊主にしたトランプ。確かにネクタイの色は赤だ

――しかし…。

拳王　決戦前から「トランプ劣勢」ってニュースが数々出てきた。驚いたよ。それからはもう目が離せなくなった。**人は予想を裏切られると興味に変わると学んだ。**

――どうしてですか?

拳王　トランプは4年前の大統領選でヒラリー・クリントンを撃破して、大統領になった。トランプなんて破天荒だし、素行も悪いし、あんなクレイジーなヤツは日本人だったら絶対に応援したくないだろ。でも、トランプはカリスマ的な演説で戦前の予想を覆して民意を勝ち取った。オレも勉強させてもらったよ。

――どちらかと言えば、拳王さんはトランプ・キャラですからね。

拳王　トランプ・キャラって何だよ!

――カリスマ性があるということで…。

拳王　なら、いいよ。

――公約を守っていないところも似ています。

拳王　オレは昨年11月の両国大会に向けたマニフェスト、N-1優勝ってだけは守っただろ。トランプはメキシコとの国境に壁を作る!とか言ってできなかったのに。

――ぶっ飛んでるところも一緒です!

拳王　ディスってるのか、ほめてるのか、まったくわからないぞ。まぁ、そんなことは置いといて、トランプがバイデンに劣勢を強いられてると聞いて、ここからどうやって巻き返すのかなって思わざるを得ないだろ。しかも、コロナ禍なのに、マスクもしないで、濃厚接触しまくりだろ。やっぱこの人は頭のネジが何本も外れてるなって。

――そして、自身がコロナに感染しました。

拳王　コロナに感染してからの情報発信も見事だった。入院中にサプライズ外出で支持者に手を振ったり、退院後もコロナに感染したことを逆手に取ったムービーを作ったりしてただろ。あのドラマで劣勢からけっこう巻き返したとオレは思ってる。特に終盤の言霊はすごかった。アドルフ・ヒトラー級だ。**プロレスラーだったら超一流だ。**

――よく、プロレスに例えますが、トランプはプロレスラーではないです。

拳王　えっ、リングに上がって、ビンス・マクマホンの髪切ってただろ!

――まぁ、そうですが…。話を元に戻して、結果的にトランプ陣営は敗北しました。

拳王　トランプは敗北を認めずにホワイトハ

ウスを明け渡す気もないらしいな。松井一郎大阪市長が大阪都構想の住民投票で敗れて、任期全う後に潔く政界引退を表明したのと正反対だよ。トランプをプロレスで例えると、試合の勝負どころで猛攻して大見得切って、あたかも自分が勝ったような絵面を作った直後に、フロント・ネックロックで失神してレフェリーストップ負けしたような感じだ。それで試合後、記憶が飛んで「オレはギブアップしてない」って言ったオレみたいだな。

――10・4後楽園でのN-1最終公式戦で杉浦貴選手に敗れた試合ですね。

拳王 トランプは絞められて、落ちそうになってる前にレフェリーに「もう勝敗は決してる。さっきまでオレが勝ってたから、オレの勝ちでいいじゃん」ってアピールしたようなもんだ。挙句の果てには試合後に「不正だ！」って訴訟まで起こすんだろ。どれだけ往生際が悪いんだよ。そうやって、今後の展開にも余韻を残すというのもプロレスラーっぽいぞ。

――結局、トランプの話ばかりですね。

拳王 今回の大統領選も常にトランプが主語で進んだだろ。アイツからは強い信念を感じるぞ。ネクタイの色、見てみろよ。

――あっ、だいたい赤ですね。

拳王 金剛カラーだ！

――まさか…。

拳王 ドナルド・トランプ金剛最高顧問、12月26日（土）後楽園ホール、「金剛興行DIAMOND3」御来場お待ちしております！

12月16日号の議題 桜庭和志

12・6代々木は11・22横浜以上の大会にしてやる。NOAHは顧客満足度も業界1位を目指します！

――2週前の連載で宣言していた通りに11・22横浜武道館後、合コンで美女達と最高の美酒を飲んだのですか？

拳王 行きたかったけど、今の状況を考えて、小池百合子都知事が主張する「5つの小」を守りながら飯だけ食って帰った。

――面白エピソードが聞けるかと思ったら、けっこう真面目ですね…。

拳王 大会1週間前まで最高の合コンをセッティングしてたのに、コロナの感染拡大を見てリスケしちゃったよ。

――せっかくあれだけいい試合してGHCナショナル王座を防衛したから、パーッと楽しみたいところでしたが残念ですね。

拳王 大会全体を通しても、いい興行だったし、客席も9割以上埋まってたしな。あの3連休はコロナ感染拡大を受けて、不要不急の外出を自粛するように呼びかけられてた。その中でソーシャルディスタンス仕様とはいえ、横浜武道館を超満員にすることができたんだ。蝶野（正洋）さんも言ってたけど、プロレスファンにとってプロレス観戦は不要不急ではない外出かもな。あの日、クソヤローどもがNOAHのプロレスを楽しんでおそらく真面目に直帰してるのに、オレだけ合コンで楽しむことなんてできなかったぞ。

――非常に素晴らしい心がけです！

拳王 感染対策を徹底して家に帰るまでがコロナ禍のNOAH観戦だからな。

――さて、メイン後には12・6代々木におけるGHCナショナルV3戦が決まりました。挑戦者はなんとあの桜庭和志選手です。現在の桜庭選手に言いたいことがありそうですね。

拳王　今のアイツ、杉浦軍で緊張感ないだろ。5月に無観客TVマッチで初めてやった時は昔の桜庭和志を取り戻せる手応えがあった。あの時、最終的に1対1で向かい合ったけど、イリミネーションで40分以上闘った後だったからな。お互いに体力全開の状態でやったら、もっと殺伐とした試合ができるなとずっと思ってた。オレがPRIDEで〝グレイシーハンター〟と呼ばれてた全盛期の姿を引き出してやるぞ。

――なぜ緊張感がないと思いますか？

拳王　**すべて杉浦貴とNOSAWA論外が悪い。**あの2人がファニーな空気を生み出してるんじゃねぇのか。桜庭和志自体はいつも自然体だろ。でも、周りに流されてるというか、杉浦軍にいると、どうしてもガード下の大衆酒場でワイワイしてるオッサンに成り下がっちゃうんだよ。

――これまで5回対戦していますが、リングの上の桜庭選手はいかがでしたか？

拳王　格闘技少年の中栄大輔からしたら、桜庭和志なんてスーパースターだよ。ホイス・グレイシーを倒した試合は本当に興奮した。

――中栄少年にとってヒーローですね。

拳王　いや、**中栄少年にとってのPRIDEのヒーローはアレクサンダー大塚だ。**

'00年5月1日、PRIDE東京ドーム大会でホイス・グレイシーに勝利した桜庭

――！

拳王　文句あるのか？

――同じ徳島県徳島市出身のプロレスラーですからね…。で、では、桜庭選手に話を戻して、実際に肌を合わせてどうでしたか？

拳王　桜庭和志は桜庭和志だったよ。格闘技少年だった頃を思い出して感慨深い気持ちもあったよ。普段は立ち技をそこまで出さないんだけど、アイツが相手なら、また違った拳王も出せるなって思った。

――どのあたりに強さを感じましたか？

拳王　やっぱグラウンドだよな。テイクダウンをとって動けなくするのが普通のプロレスラーだけど、桜庭和志は**相手を動かしながら虎視眈々と決めどころを狙うんだよ。**試合中は逃げるので必死でわからなかったけど、自然と動かされてる感覚だな。アイツはわざと逃げ道を1つ作って、そっちに相手を誘い込んでるんだ。おそらく10手以上先を読んで動かしてるんじゃねぇのか。プロレスの基本通りに逃げてたら危ないから、それ以上の手を考えておかないといけないな。

――小川良成選手とは違うのですか？

拳王　小川良成はプロレスの究極だ。オレもジュニア時代に何度もやって、けっこう踊らされたよ。でも、MMAの究極である桜庭とは基礎が違うから単純な比較は難しいかな。

――そのあたりを掘り下げ…。

拳王　いや、なんで今、掘り下げないといけないんだよ。とにかく11・22横浜が満足度の高い大会だったから12・6代々木も続きたいよな。オレ自身も清宮海斗戦同様、GHCヘビー級とは違う世界観のGHCナショナル防衛戦をやるつもりだ。プロレスは長い時間、試合をやればいいってもんじゃない。この赤いベルトのように今までのNOAHになかった〝色〟を出してやるからな。

——それは楽しみです。

拳王　12・6代々木は11・22横浜以上の大会にオレがしてやる。プロレスリングNOAHは顧客満足度も業界1位を目指します！

12月23日号の議題　金剛興行12・26後楽園

今、新崎さんと組めば、拳王というプロレスラーがもう1つ上のステージに行くための何かが見つかる

——今週の議題は金剛興行12・26後楽園にしましょう。

拳王　その前になんで3日後の杉浦軍興行12・29後楽園に金剛が全員駆り出されるんだよ！　まぁ、正規軍やM'sアライアンスとやるよりもオレらとやった方が面白くなるってことだな。中2日の後楽園大会でぶつけてくるなんて完全に金剛興行を潰しに来てんだろ。

——団体内興行戦争ですね。

拳王　金剛興行は杉浦軍の手を一切借りてないぞ。っていうか、杉浦軍興行はどれだけギャラがかかってんだよ！　金剛興行は新崎さんと稲葉大樹と井上雅央しか所属以外の選手を出していない。オレたちはあえてほかの力を借りずに、オレたちの力で興行を創り上げようとしてるんだ。でも、杉浦軍興行はちょっとしたビッグマッチだろ。NOAHの総力を使った上で、桜庭和志、ケンドー・カシン、カズ・ハヤシ、藤田和之、鈴木秀樹っていう高そうなメンバーを勢ぞろいだ。軍団興行としてどっちの方が色を出せるか一目瞭然だろ。

——杉浦軍はバラエティーに富んだメンバーが特色という面もありますが…。

拳王　自分たちの力で勝負できないから経費を使って、大物フリーをメンバーに引き入れてるんだろ。それで飽きたら、すぐに解雇したり、一時雇用したり…どんだけブラック企業なんだよ！　杉浦軍興行のメインのイリミネーションにも新メンバーの元DEEPライト級王者の中村大介が入ってるし。さらに、Xって誰なんだよ。

——本連載得意のX予想いきますか？

拳王　そうだな。杉浦軍の特徴は…第一に面倒臭い。そして、プロレス界で名前が通ってる超大物で、ほかの団体じゃ使いこなせない、ならず者のロートルだ。あと悪ノリが大好きで、ガード下の居酒屋で飲んでそうなオッサン。オマエは誰だと思う？

——11・22横浜で登場した最高顧問の蝶野正洋選手とか…。

拳王　とうとう蝶野が復帰か。それはそれで面白いかもしれない。杉浦貴、NOSAWA論外が考えそうなことだ。じゃあ、オレの予想を教えてやろうか。

——お願いします！

拳王　ガード下の居酒屋でたまたま出会ったただのオッサン。

——えっー。杉浦軍でしたらぶっ飛んだ考えをする傾向があるのでありえそうですね。ち

12月4日、ABEMAタワーの会見前に収録。新崎人生のDVD「じんせい体操」をアピールする拳王は、金髪と赤いネクタイとスーツ…ドナルド・トランプアメリカ大統領みたいだ

なみに、リングネームは？

拳王　確かそのオッサンの名前が**松田納**だったから、名前じゃないか。

――それはエル・サムライ選手では…。

拳王　杉浦軍にいそうだからな。今年の週プロ名鑑にエル・サムライがなぜか掲載されてたのも、杉浦軍からの圧力があったからじゃねぇのか。そんな冗談はさておいて、オレの本当の予想は…**2代目NOAH社長の田上明だ！**

――え、えっ！

拳王　杉浦は今年デビュー20周年だろ。杉浦の師匠である田上明が労いに来たら、これ以上感動的なことはないぞ。

――田上さんは'13年12月に引退しました。

拳王　**じゃあ、大仁田厚だ。**最近、爆破で杉浦と絡んでただろ。

――爆破甲子園11・29鶴見で対戦しました。そういえば、杉浦軍CEOとして新庄剛志さんの名前も出し…。

拳王　おい、今回の議題は金剛興行だ。杉浦軍興行のことなんかはもう終わりだ。

――と言いつつ、かなり語っていますが…。

拳王　杉浦軍興行なんて絶対に宣伝しない。ここから本題に入るぞ。金剛興行のセミを見てみろよ。軍団入り1周年の覇王と仁王のシングルだ。期待を込めてセミに抜てきしたぞ。NOAHの興行だったら、まず実現しないし、もし実現したとしても地方の第2試合ぐらいだろ。**覇王vs仁王を後楽園のセミでできるのが軍団興行だ。**

――確かに。

拳王　金剛はジュニアの流れに乗り切れてないからな。12・19名古屋ではタダスケがGHCジュニアを取ってくれるだろうし、この覇王vs仁王でさらに勢いがつくはずだ。仁王にいたっては、覇王が後から入ってきたけど、覇王の方が先を走っている感じがあるよな。ここに仁王は危機感持って巻き返してもらいたい。セミに持ってきた期待を超えるものを見せてもらいたい。そして、メインではオレが新崎さんと組むぞ。

――2人だけのタッグはみちのく'15年5・6仙台以来です。

拳王　今、新崎さんと組めば、拳王というプロレスラーがもう1つ上のステージに行くための何かが見つかると思ってる。

――それを具体的に教えてください！

拳王　具体的にわからないから組んで試合するんだよ。試合中に何かを得られればと。

――なるほど。では、どうやって金剛興行を迎えますか？

拳王　まずは「じんせい体操」からだ。

――そこ来ましたか!?

拳王　当たり前だろ。「じんせい体操」のDVDを見て、柔軟な体を。そして生卵無料で入れ放題の「徳島ラーメン人生」食べて、良質な栄養を。体調万全で金剛興行に臨むぞ！

12月30日号の議題　2021年2・12日本武道館決定

潮崎vs武藤に負けないカードをGHCナショナル選手権でやる

拳王　ペンフレンドの二人の恋は、つのるほどに、悲しくなるのが宿命♪

――上機嫌ですね！

拳王　なんだよ、人が気持ちよく「大きな玉ねぎの下で」を歌ってたのに。

――ついに、武道館大会が決まりました！

拳王　ここからは真面目に語ると、3年前、みんな夢を忘れかけてた。でも、あの日、クソヤローどもはNOAHが本来向かうべき場所を思い出したんじゃねぇのか。

―'17年11月、「グローバル・リーグ戦」を制し「テメーらクソヤローどもを武道館まで連れて行ってやるからな」と宣言しました。

拳王 当時、自転車操業みたいな感じだったNOAHは日々生きていくだけで精一杯だったよな。あえて夢から目をそらして現実ばかり見てただろ。でも、あの一言はそんな団体やクソヤローどもの姿勢自体にも問題提起をした。目的を日本武道館と明確に設定したことでみんなが同じ方向を向いたんじゃねぇのか。よく考えてみろ、3年前、オレがリング上で言わなかったら、NOAHの夢＝日本武道館とここまでならなかったんじゃねぇのか。

―おっしゃる通りです。

拳王 会社も新しくなって、昔、年間最大7回やってた頃の首脳陣もいなくなった。NOAHにとって一番大切な会場が東京ドームとかじゃなくて、日本武道館だとわからせることができたかなって思ってるよ。

―拳王さんはいつ以来の武道館ですか？

拳王 **忘れもしない2007年3月26日大学の卒業式以来だ！**

―約14年ぶり！

拳王 本当はライブとかで行きたかった。でも、ことあるごとにその気持ちを我慢してたぞ。オレが次、武道館に行くのはプロレスラーとして試合をするためだと決めてたからな。いつも靖国通りを車で通る時も靖国神社の方を向いて通ってたぞ。

―そこまでの思いがあったのですね。

拳王 当たり前だろ。12・6代々木でオレは新しい夢を設定した。日本武道館、超満員、オレがメインで勝利。最後の花道を歩く。

―その約1時間後、潮崎豪vs武藤敬司のGHCヘビー級選手権が決まり、この試合が2・12武道館大会のメインでおこなわれ…。

拳王 まだ決まったわけじゃねぇだろ！「夢はあきらめるな。夢を追いかけ続けろ。必ず実現する。それが夢だ」と言った約1時間後に夢が崩れる…わけねぇだろ!!

―だといいのですが…。

拳王 にしても、武藤敬司の嗅覚は鋭いよ。オレはGHCヘビー級選手権の次期防衛戦が1月にあるかと思ってた。でも、12月6日の時点で2月12日のタイトルマッチを決めちゃうんだから、やっぱ武藤敬司は違うよな。行動を起こすのは1月の防衛戦終わりにしようと考えてたオレが甘かったな。

―潮崎選手に8・10横浜文体に続いて再び2冠戦を要求しようとしていたのですか？

2006年度明治大学卒業式の風景（写真提供・拳王）

拳王 決着はまだついてないからな。**60分の続きを誰もが見たいだろ。**でも、すべてを武藤敬司にもっていかれた。こうなったら、潮崎vs武藤に負けないカードをGHCナショナル選手権でやるってのも面白いな。

―どういうカードか教えてください！

拳王　杉浦軍興行12・29後楽園で杉浦軍と金剛がイリミネーションで雌雄を決するだろ。まずそこに杉浦軍の最高顧問を連れて来い。金剛が勝ったら言いたいことがある。

―まさか〝黒のカリスマ〟復帰戦⁉

拳王　**拳王vs蝶野正洋のGHCナショナル選手権だ！**

―黒のカリスマvs赤のカリスマ！

拳王　オレのセコンドはたぶんひまになってるドナルド・トランプ氏だ。

―また勝手なことを…。

拳王　8月の2冠戦で引き分けたことによって、GHCヘビー級王座とGHCナショナル王座の価値は同等になった。つまり、**日本武道館のメインもまだ可能性あるだろ。**

―それは夢がありますね。

拳王　まぁ、そんなの夢の話だ。メインかどうかはひとまず置いといて、武道館に行けることがとにかく嬉しいよ。これもクソヤローどものおかげだ。ようやくこれでオレも靖国通りを通る時に武道館の方を向けるよ。千鳥ヶ淵での花見もずっと行きたかったけど、あえてさけてたからな。

―明治大学卒業式から長い道のりでした。

拳王　ＮＯＡＨはコロナ禍で緊急事態宣言中も歩みを止めずに世の中に生きたプロレスを発信し続けた。今だから言えるけど、その政策が失敗する可能性だってあったはずだ。でも、リスクを背負ってでも勝負に出た。オレたちはクソヤローどもと一緒にコロナ禍の中で闘い、その勝負に勝ったんだ。

―今年、団体として飛躍しましたね。

拳王　苦しい時もずっと支え続けてくれたザ・リーヴ様、うまく回らなくなった後に立て直してくれたリデットエンターテインメント様、日本武道館大会も冠、コロナ禍でも生きたプロレスを発信し続けてくれたＡＢＥＭＡ様、ＯＳＧ様、そして、クソヤローども、いつも本当にありがとうございます。これからも何卒よろしくお願い申し上げます。**ここからが新たなスタートだ。**


1月6日・13日合併号の議題　拳王的プロレス大賞２０２０

レンタル移籍期間が終了して、秋山準が全日本に帰ったらまたプロレス的に面白くなりそうだな

―今週が'20年最後の号です。
拳王　ちょっと遅くなったけど、'20年ももちろん拳王的プロレス大賞２０２０発表だ！
―おお！
拳王　'19年の拳王的プロレス大賞２０１９、覚えてるか？　オレはジュリアをＭＶＰに選んだ。'19年の時点では移籍劇で話題を作っただけの選手、単なるお騒がせ野郎とだいたいのヤツは思っていただろうが、オレはその中にある強い信念を見抜いて、ＭＶＰに選出した。'20年、ジュリアがどれだけの活躍をしたかはあらためて言うまでもないだろ。
―1年前にジュリア選手が'20年ここまで活躍すると予期していたのですか？
拳王　もちろんだ。'20年のプロレス大賞で女子プロレス大賞も取ったし、オレの目に狂いはなかったということだ。
―1年前に金剛に加入した覇王選手&仁王選手が先週号の杉浦軍座談会で「失敗作」「１００均レスラー」と罵倒されていましたが…。
拳王　金剛興行12・26後楽園のセミで組まれ

'20年6月にDDTへのレンタル移籍を発表した秋山

ている覇王vs仁王を見たら、オレの目に狂いがないと思い知ることだろう。

——それは楽しみです！

拳王　じゃあ、さっそく拳王的プロレス大賞2020やるか。自選なんかするのは面白くないから自分の団体は省くのは前提で、**MVPを発表するぞ。デレレレレレレレレ…秋山準だ！**

——そこ来ましたか!?　選考理由を教えてください。

拳王　今まで全日本＝秋山準だったよな。ジャイアント馬場さんから受け継いだ全日本の伝統を守って、名伯楽として後進の指導にも積極的だった。拳王情報網によれば、オレと同じぐらいのキャリアの選手でも若手同様、厳しく〝王道〟を叩き込まれてきたと聞く。秋山準の目が光っているから全日本が全日本であり続けてきた。

——なるほど。

拳王　ところが、今の全日本はどうだ。全日本らしさがなく見えるよな。それもすべて秋山準がいなくなったからだ。昔、あるお方が言っていたけど、やっぱ馬場さんに接した選手と接していない選手は違う。

——あるお方…森嶋猛さんですね。

拳王　（無視して）秋山準がいなくなった時点で、全日本プロレスの王道は死んだも同然だ。'20年のプロレス大賞でも全日本の選手は選ばれなかったようだしな。

——確かに。

拳王　秋山準はレンタル移籍中だろ。レンタル移籍期間が終了して、秋山準が全日本に帰ったらまたプロレス的に面白くなりそうだな。

——秋山選手はレンタル移籍先のDDTでもエース級の活躍を見せていますからね。DDTでの活躍についてはどう思いますか？

拳王　それは語らない。ただ秋山準を得たレンタル移籍先はステータスを格段に向上させたのではないか。じゃあ、次の発表だ。**殊勲賞は…諏訪魔だ！**

——おお！

拳王　選考理由は、さっき全日本プロレスの王道は死んだも同然って言ったけど、秋山準がいなくなった全日本を引っ張ってきた。諏訪魔が全日本最後の砦かもな。本来のダイナミックな全日本を貫いて、なぜかルチャっぽくなっちゃった団体の空気を引き締めてる感じがあるし。NOAHもオレ含め移籍組が多いけど、やっぱ小川良成、丸藤正道、杉浦貴が大黒柱としてしっかりNOAHらしさを守ってる。そのカラーっていうのがプロレス団体として重要なんだ。全日本らしさを守るのは生え抜きの諏訪魔しかいないだろ。

——いいこと、言いますね。

拳王　行数もなくなってきたし、次はベストバウトの発表だ。

——よろしくお願いします。

拳王　ベストバウトと言えば、日本武道館だ。

——となれば…。

拳王　新日本12・11日本武道館の「ベスト・オブ・ザ・スーパージュニア27」優勝決定戦、**ベストバウトは高橋ヒロムvsエル・デスペラードだ！**

——その心は？

拳王　デスペラードは昔、鈴木軍としてNOAHに乗り込んできてオレたちと抗争してただろ。本当に憎い存在だけど、当時からポテンシャルの高さは買ってた。アイツがいつ頭角を現すのか、気にはなるよな。だから、スーパージュニア決勝に勝ち上がったことにオレは特別な感情を抱いた。

――これまた、いい話ですね。

拳王　しかも、デスペラードは武道館のメインというオレの夢を先に実現しやがって…。その上で〝同期〟というドラマ、試合内容も抜群。文句なしだけど、オレはジェラシーを感じたぞ。'21年のＮＯＡＨ２・12武道館を見てろよ。

――楽しみにしています。

拳王　最後に'19年同様、受賞者の秋山準、諏訪魔、高橋ヒロム、エル・デスペラードには**副賞として拳王との特別対談権を贈呈します！**　希望者は週刊プロレスの各担当者を通じて、日程調整するように!!

2021年～夏

引き続きコロナ問題が続き、拳王自身も
感染に見舞われるなか、週プロ連載は100回に達した
2021年前半。NOAHは2月に約10年ぶりの
日本武道館大会を開催。GHCナショナル王者として
拳王は長年「夢」と語ってきた舞台に臨んだ。

1月20日号の議題 対談

上っ面なものは絶対に伝わらない。プロレスでも言葉でもいつも本音だけで勝負

拳王 拳王的プロレス2020の副賞としてMVPの秋山準、殊勲賞の諏訪魔、ベストバウトの高橋ヒロムとエル・デスペラードにオレとの対談権を与えたけど、誰かから連絡は来たのか?

――…。

拳王 まさか今年もまた誰も来てないのか?

――は、はい。

拳王が2・12武道館来場を心待ちにしている藤田晋サイバーエージェント社長

拳王 なんで誰も来ないんだよ！ 今回は新春対談を予定してたのに…。これこそがプロレスなんだよ。結局、みんな敷かれたレールの上をただ走ってるだけか。オレがとんでもない美味しい剛速球投げたのに誰も打ち返さないようだな。

――ちなみに、誰と対談したかったですか?

拳王 あまり言いたくないけど、**秋山準とNOAHの過去と現在をぶつけ合いたかった**という気持ちはあった。最近、週プロの対談で度肝を抜かされたのってあるのか?

――対談と言えば、昨年9月には清宮海斗&松井珠理奈さんが表紙を飾りました。

拳王 あんなの大学のインカレテニスサークルのヤツらがしゃべってるみたいだったぞ。松井珠理奈はまだいいとして、**清宮からは童貞臭しかしなかったぞ。**高校男子校のヤツが大学生になって初めて女子と話したみたいな対談だった。弘中綾香アナウンサーとの合コンもそうだけど、基本的に清宮はいつも浮足立ってるよな。

――相変わらずひどいこと言いますね。

拳王 オレは清宮とは違うぞ。オレはもともと他人に興味がないし、まともな話なんて茶を飲んでるか、酒を飲んでる時ぐらいしかしないだろ。だから、面と向かって本音を言い合える対談の仕事をいつも楽しみに待ってたんだけどな。さらに注文をつけるのならば、普段は交流してないところが交わるのがいいんだよ。まさに異種格闘技戦だ。これまで交わっていなければ交わっていないほど面白い。お互いのプロレス観が違った方がスリリングだ。

――その通りです。

拳王 **今のプロレス界、みんな肯定ばかりであんまり否定しないだろ。**対戦相手のこともすぐにほめちゃう。慣れ合いばかりだ。否定ってネガティブに思われるけど、根本的な問題や本質をあぶり出すっていう重要な役割もあるんだ。まずは否定から入るオレなんて対談相手として最高だろ。今年もプロレス界の粗を探しまくってやるからな。

――この連載は何かとプロレス界で物議をかもし続けています。

拳王 まぁ、そうだろうな。天龍源一郎さん

の連載って面白いだろ。アレってやっぱ言葉の重みがあるからなんだよ。同じ言葉でもオレが言えば否定みたいに聞こえるけど、天龍さんが言えば提言になる。

——自分でもわかっていたのですね。御社の社長もこの連載について昨年6月に「言いがかり」「リスクを負わない批評家」「顔じゃねぇ」と言っていました。

拳王　サイバーエージェントの藤田晋社長にもこの連載が届いてたのか！

——ち、違い…。

拳王　（無視して）見てくれてそうだから2・12武道館は「ＡＢＥＭＡプレゼンツ」だし、藤田社長が来てくれたら嬉しいな。

——だから、違います。御社…サイバーファイトの社長は高木三四郎さんですよ。

拳王　…。言葉の重みの話に戻すぞ。最近のプロレス界で対談って中年のおじさんやおばさんばかりやってるだろ。アレはいち時代を築いた人が過去について語り合うから思い出補正も加わって面白く感じるんだ。まぁ、最近はイベントだけでなく、ＹｏｕＴｕｂｅとかでもけっこういっぱいやってて、そろそろ飽きてきたけどな。

——確かに。

拳王　今年、オレもさらに言葉の重みが出るように、これまで以上にリング上の闘いで話題を振りまいていかなきゃいけないと痛感してる。本来ならば偉そうに誌面で語ってる場合じゃないけど、オレは言葉もプロレスという闘いでは大事だと思ってるからな。特にオレらの世代でここまでリスクを背負って、言葉を発してるプロレスラーなんかいないだろ。

——現役トップ選手が屈託のない本音を語るというのがこの連載最大の持ち味です。

拳王　テメーの誘導尋問で言わされてる部分もあるけどな。でも、オレは本音しか言ってない。上っ面なものは絶対に伝わらない。オレはプロレスでも言葉でもいつも本音だけで勝負してる。

——プロレス業界以外では誰と対談してみたいですか？

拳王　明治大学政治経済学部出身としては政治経済のトップランナーだな。

——おお！　具体的には誰ですか？

拳王　ここ数年、世界の政治経済を一番動かしてきたのは一人しかいないだろ。**ネクタイの色が金剛カラーで有名なドナルド・トランプだ！**

1月27日号の議題　村上和成

なんでビッグマウス・ラウドのメンバーが集まってるんだよ。裏で動いてるのは〝平成の仕掛け人〟上井文彦じゃねぇのか

——今回の連載では1・4後楽園で村上和成選手に敗れたことを聞かなければ…。

拳王　知らないうちに負けてたな。

——顔面を蹴り上げられてからスリーパーでレフェリーストップ負けです。

拳王　知らないうちに負けて、知らないうちに1・23大阪でのタイトルマッチも決まった。どうなってるんだ。村上和成について語ることは何もないぞ。そもそも、なんでアイツが杉浦軍に入ってるんだ。

——昨年12・26後楽園の金剛興行にＮＯＳＡＷＡ論外選手が連れてきました。

拳王　中嶋勝彦、マサ北宮は昔から知ってるみたいだけど、オレは接点がない。どんな選手なんだ？

——平成のテロリストと言われています。小

川直也選手と新日本に乗り込んで、その後は魔界倶楽部としても活躍しています。

拳王　そのあたりはもちろん知ってるぞ。

――その後はビッグマウス・ラウドを…。

拳王　ちょっと待て。今、なんて言った？

――ビッグマウス・ラウドですか？

拳王　ビッグマウス・ラウドと言えば…。

――フクタレコード！　まさか…。

拳王　**フクタレコードの大将に誘われて、旗揚げ戦を見に行ったぞ。**

――'05年9月11日、後楽園ホールですね。これは語ることがありそうです。

拳王　確か大学2年生の頃だったな。

――となると運命的な再会じゃないですか？

拳王　大会終了後、東京ドームホテルでフクタレコードの大将と飯を食ってたら、村上がビシッとしたスーツ姿で上井文彦と一緒に挨拶に来たんだ。いかついハット帽子もかぶってた。普通の人間じゃできない格好だ。プロフェッショナルを感じたぞ。

――旗揚げ戦はどうでしたか？

拳王　サッカーとかの応援で使われる横断幕の印象があるな。旗揚げ戦ってなんか想像力をかき立てるよな。大学2年のオレは今みたいに偏屈じゃなく、うぶだった。NOAH、新日本、全日本に並ぶプロレス団体になるだろうとワクワクしたものだ。

――確かにインパクトがありました。

ビッグマウス・ラウド05年9・11後楽園の様子。この写真のどこかに20歳の拳王がいるので、わかった人はツイートしてみよう！

拳王　旗揚げ戦に前田さんの呼びかけで船木さんも入場してきて…って。ちょっと待てよ。当時のビッグマウス・ラウドのメンバー、スーパーバイザーの前田日明とコーチの船木誠勝がM'sアライアンス、村上和成は杉浦軍だ。なんでみんなNOAHに集まってきてるんだよ。もしかして、裏で動いてるのは〝平成の仕掛け人〟上井文彦じゃねぇのか。アイツ、ウチの武田とも仲良いみたいだし。

――武田有弘NOAH取締役と上井さんは旧知の仲ですね。

拳王　最近、表舞台には出てこない上井文彦も拳王情報網によれば、武田とはうまいことやってると聞くぞ。オレも数年前に、会ったことがあるけど、とんでもない人間力を持ってた。とにかくパワフルで、ちょっとの時間を一緒に過ごしただけで、なんで〝平成の仕掛け人〟としていち時代を築いたのか理由がわかったよ。大阪の街を歩いたら、みんな顔見知りみたいだった。あのコミュニケーション能力の高さはNOAHの営業にも見習ってほしいぐらい。グイグイと人の心に土足で踏み入っていくからな。超優秀な営業マンか、それ以外かだな。

――…。

拳王　そんな上井文彦を参謀にして、村上はビッグマウス・ラウドの社長だったんだろ。なんでうまくいかなかったのかな。

――それについてはここで簡単に語れません。

拳王 まぁ、いろいろあったのかな。

――ここで取り上げている時点で性格の悪さが出ていますが、優しいですね。ちなみに、村上選手と実際に対戦した感想はいかがでしょうか？

拳王 テロを何度もやってきたのが顔に出てるよな。あの顔面は入場してきただけで金が取れる。**普通の人に出せないプロフェッショナルな顔面だった。**プロレスを知らない一見さんが見ても、アイツはただ者じゃないって雰囲気がある。至近距離で向き合った時にも顔が怖いなって素直に感じたし。あと、純粋に体がでかいし、オープンフィンガーグローブをつけたら、グーで殴ってもいいのか？とも思った。反則だろ。

――２・12武道館にＧＨＣナショナル王者として臨むためにも負けられませんね。

拳王 絶対にここでつまずくわけにいけない。桜庭和志戦に続いて、村上和成っていうビッグネームを相手に倒せば、新たにＧＨＣナショナルのカラーも出てくると思うしな。確かアイツ、会場入りを襲いかかってくることもあるんだろ。**今後はコロナ対策とともに、しっかりテロ対策もした上で会場に向かうよ。**

――１・23大阪はすぐにやってきますからね。

拳王 そういえば、大阪かぁ。ってことは**上井文彦様、１月23日、大阪大会お待ちしております。**

2月3日号の議題 緊急事態宣言

他人を言い訳にするな。自分自身がやればいい。今こそ金剛のように強い信念を持って行動するべきだ

――藤田晋サイバーエージェント社長からのツイート、驚きましたね。

拳王 まさかあんなにもスピーディーに返答が来るとは思わなかった。**いろんなところにアンテナを張ってる藤田社長がトップだから、サイバーエージェントは日本有数の大企業になったんだろうな。**しかも「いつも週プロは拳王さんのコラムから読んでます」ともツイートしてくれたぞ。

――本当に嬉しいお言葉です。

拳王 今後もよりいっそうプロレス業界の痛いところを突きまくっていくぞ。

――よろしくお願いします！

拳王 にしても、このタイミングで緊急事態宣言が出るとはな。

――１月７日に再発出されましたね。

拳王 １・10後楽園のメイン後、マイクでも言ったけど、ＮＯＡＨは２・12武道館を控えている。オレの夢、クソヤローどもの夢も緊急事態だ。緊急事態宣言は２月７日までの期

アベマくんのソファーでＧＨＣナショナル王者の拳王を特写

間だけど、はっきり言って、これから先どうなるかわからない。

——プロレス界は基本的に午後8時までということ以外、大きな影響はなさそうです。

拳王　宣言中、NOAHの大会は昼興行が多く影響がなかった。しかし、今週だと新日本やDRAGONGATEとかは開始時間を繰り上げたりしてるんだろ。さらに、ZERO1が緊急事態宣言中の大会延期を発表したり、アッセンブルが会場である上野恩賜公園からの開催中止の要請を受けて1・31上野大会を中止にしたりと確実に影響は出てる。観戦しようかなと考えてたヤツがこれからチケットの購入を控えるかもしれないしな。プロレスファンのクソヤローどもにとってプロレス観戦は不要不急の外出に該当しないとはいえ、せっかく大会を開催しても、来場を積極的に呼びかけられないというのは、プレーヤーのオレたちにとっても本当に辛いよ。

——幸いにもNOAHは1人も感染者を出していません。

拳王　NOAHファンのクソヤローどもは感染対策をよくやってくれてるよ。本当は出したい声援も必死に抑えて、飲食の制限や大会終了後の規制退場などにも協力してる。プロレス以外のさまざまなスポーツイベントを含めても、**これだけルール、マナーを守ってくれるファンがいるというのは誇らしいぞ。**団体、ファンが一丸となってコロナを乗り越えようとしてる証だ。

——本当にその通りです。

拳王　ホントありがたいな。最近よくニュースを見るのだけど、この前「newszero」を見てたら、元・嵐の桜井翔が積極的に「ステイホーム」を訴えかけてたよ。こういう影響力のある人が訴えかけるのはいいよな。

——ですね。こういう真剣な訴えかけができるのは、元・嵐、ジャニーズの桜井翔さんかNOAHの拳王さんですね。

拳王　その通り…って、得意のオマエのヨイショには乗らないぞ。片や、宣言前の話だけど、菅義偉首相らはマスクせずに会食してた。政治家は国民の代表。菅首相らがコロナ対策を怠ってたら、まったく説得力がないよな。

——その通りです。

拳王　とにかくオレが言いたいのは、今は感染対策が重要だということだ。

——緊急事態宣言が解除された状態で、11年ぶりの武道館大会を迎えたいものです。

拳王　2月12日が緊急事態宣言の期間に入らなくてよかったなんて思うなよ。確かに緊急事態宣言が再発出されてから街の人は少なくなった。ただ今回は飲食店を中心に午後8時までとなってるだけだから、前回の宣言中よりも気が緩んでるヤツらもいる。それじゃ絶対にダメだ。不要不急の外出を避けて、徹底した感染対策に取り組むぞ。

——はい！

拳王　友達が昼飲みしてたからオレも昼飲みしよう。菅首相がマスクなしで会食してたからオレも会食しよう。アイツが感染対策してなかったからオレもいいや。そんな考えはしないでほしい。他人じゃない。己だ。他人を言い訳にするな。自分自身がやればいい。今こそ金剛のように強い信念を持って行動するべきだ。

——今回は本当にいいことばかり言いますね。

拳王　これから一人ひとりが感染対策を怠れば、緊急事態宣言が延長されることだってあるだろう。今の行動が未来を決めることになる。去年4月はまだまだコロナについてわからない部分もあったけど、今はどういうことをすればいいかだいたいわかってるだろ。2月12日、NOAH11年ぶりの武道館大会を気持ちよく迎えるため、**プロレスを愛するクソヤローども、小さいことでも着実に日々の感染対策をやっていくぞ！**

2月10日号の議題

GHCヘビー級選手権潮崎豪vs武藤敬司

〝有酸素プロレス〟の話を聞いた時、すごく共感した。プロレスは長い時間、試合をやればいいと思わない

――今週は2・12武道館のGHCヘビー級選手権〈王者〉潮崎豪vs武藤敬司〈挑戦者〉を占ってもらおうと思います。

拳王　決まった時は周りから賛否があっただろ。オレもほんと悔しかった反面、ワクワクしてしまった部分もある。正直、やられたと思ったよ。賛否両論を巻き起こすのはオレの専売特許だろ。そこをまさか武藤敬司にやられるとはな。

2・12武道館の新ポスタービジュアル

――率直にどちらが勝つと思いますか？

拳王　普通に考えれば潮崎だろ。**10回やったら9回は潮崎が勝つと思う。**だけど、その1回を2月12日の武道館でもってくる力が武藤敬司にはある。

――それはなぜですか？

拳王　長年の経験だろうな。あと、注目されればされるほど、いつも以上に力を発揮しそうだしな。

――確かに。

拳王　あと武藤敬司には、時代の流れを読む嗅覚があるよな。一昨年あたりからNOAHは確実に団体として上昇してきた。そこに絶対的に足りなかったのが経験だ。ジュニアには小川良成がいるけど、ヘビー級では丸藤正道&杉浦貴世代が最上位だろ。三沢光晴さんが亡くなって、小橋建太さん&田上明さんが引退し、秋山準がどっか行ってしまったNOAHが、ここからもう1段階ステップアップするためには、ネームバリューが必要不可欠だったんだ。そこに業界の外にも響く武藤敬司というスーパースターがやってきた。それは偶然でも何でもなく、武藤敬司の嗅覚が鋭かったからだ。

――時代の流れを読んだのですね。

拳王　一方の潮崎はそのNOAHでGHCヘビー級王者として一年間、ベルトを守り続けた。NOAHの伝統的なプロレスを貫いて体を張って勝利を積み重ねてきた防衛ロードは、誰もが認めざるを得ないところだろう。

――防衛戦はすべてが激闘でした。

拳王　あの藤田和之さえもすべてを受け切って、はね返して、最後は叩きのめした。

――武藤選手はそんな潮崎選手のスタイルを「有酸素プロレス」と否定しました。その点はどう思いますか？

拳王　実はその話を聞いた時、オレはすごく共感したんだよ。武藤敬司は「昔ながらの四天王時代のスタイル。あの土俵には乗れない。あの試合に染まりたくない」と語っていた。確かに去年一年のGHCヘビー級選手権の試合時間は長すぎたと思う。

――拳王さんはその中で一番長い60分やっていますが…。

拳王　オレが15分で潮崎を仕留めてたら、こんな流れになっていなかったかもな。8・10横浜後、40分超え、50分超えだろ。プロレス

は長い時間、試合をやればいいと思わない。現に桜庭和志戦はどうだった?

——10分3秒で勝利を収めています。

拳王　10分でも、見てるクソヤローどもに印象を残すのがプロフェッショナルだ。確かに去年の潮崎はすごかったけど、それだけ長い時間、試合をしないと相手を仕留められないという王者としてのマイナス面も見えた。それを武藤敬司が「有酸素プロレス」と言ったことで、**2人が何分試合をするのかという部分もこの一戦の見どころ**になった。そこを考えるのも楽しみだな。そして、戦前の目に見えない闘いは、現在のところ、完全に挑戦者が圧倒してるよな。

——潮崎選手も反論していますが…。

拳王　まったく伝わっていないよ。しかるべき場所でしかるべきタイミングで言えばよかったんだよ。例えば、1・4後楽園のリング上だ。ムーンサルト・プレスであの武藤敬司から3カウントを奪った後のマイクで当たり障りないことを言ってたけど、そこで「有酸素プロレス」の反論をぶつけなきゃいけなかった。さらに、アイツは昨年12・6代々木で挑戦表明をどういう言葉で受諾したか覚えてるか?

——「いつ何時、誰の挑戦でも受ける！　オレがアイ・アム・NOAHだ!!」ですね。

拳王　観客もみんなズッコケたぞ。おそらく武藤敬司からアントニオ猪木を連想して言っちゃったんだろうけど、試験だったら落第だ。

——拳王さんだったら、どうしましたか?

拳王　この2つのフレーズ使ってオレが即興でやってやる。………。「いつ何時、誰の挑戦でも受けるとオマエの師匠・アントニオ猪木は言ってたな。その言葉通り挑戦受けてやるよ。だが、ここはNOAHのリングだ。オレはオマエの挑戦をNOAHの聖地、2月12日、日本武道館で受けてやる。オレがアイ・アム・NOAHだ!」だな。

——さすが！　クリーピーナッツのR-指定さんもビックリのマイクパフォーマンスの〝聖徳太子スタイル〟ですね。

拳王　だろ。だけど、人を認めないオレでも、去年のアイツの活躍は認めてる。潮崎と武藤のプロレス観は真逆だ。潮崎は去年一年間、己のプロレスに対する強い信念を体張って貫いてきたんだろ。**NOAH11年ぶりの武道館で武藤敬司相手にも強い信念を貫いて勝ってもらいたいよ。**

——今日はやけに潮崎選手の肩を持ちますね。

拳王　なぜなら、オレはアイツと60分の続きをやらなきゃいけないからな!

2月17日号の議題　祝・100回

プロレスについて深く考えてると、リング上のファイトや発言にも生きてくる

拳王　1・23大阪、GHCナショナル王座防衛したぞ！　2・12武道館では…。

——ちょっと待ってください、拳王さん。今週号でなんと連載100回到達です！

拳王　おおっ！

——もはや週プロのキラーコンテンツですよ。

拳王　得意のヨイショが始まったか。オマエのヨイショ、忖度なんてもういいよ。それにしても、2・12武道館前に100回とは運命を感じちゃうよな。本当は船木誠勝について語りたいところだけど、それは次号で語るか。

——そうしましょう!

拳王　この連載が始まったのが'18年1月だった。前年の暮れにGHCヘビー級王者となっ

た直後だったよな。

——あの時はＮＯＡＨに新時代が到来したと予感させました。

拳王　新日本だったらオカダ・カズチカ、全日本だったら宮原健斗、ＮＯＡＨだったら拳王…そんな感じか。

——しかし…。

拳王　オレに言わせるな。

——わずか3カ月でＧＨＣヘビー級王座から陥落してしまいます。

拳王　…。

——それからというもの、拳王さんは低迷を続け、いきなり連載存続の危機です。

拳王　…。

——当然、この連載も徐々に意味合いが変わっていかざるを得なくなります。

拳王　うるせーな。でも、そんな中でも週プロのプレゼントページに「よかった記事」でこの連載が2回ランクインしたことがあるよな。何かわかるか？

——首領・森嶋猛さん絡みですね。

拳王　そうだ。やはり首領の話題性はすごかったな。オマエ、今でも時々、連絡来るんだろ？　**首領は元気か？**

——今日も電話ありまして、元気でした。

拳王　それはよかった。あと闘道館のトークイベントも面白かったな。またやりたいよ。

拳王が大阪大会終了後、別の撮影で無理やり撮らされた写真。拳王いわく「この高級食パン、水が違うんだよ」と、とても美味しかった模様

——ぜひやりましょう。

拳王　'19年に入って、リデットエンターテインメント体制になったのも大きな転機だった。かなり厳しい弾圧を受けてきたけど、オレはこの連載で強い信念を伝えてきた。

——清宮海斗選手がＮＯＡＨに新しい景色を生み出している中、この連載が生き残っていけたのも拳王さんの言葉の力ですね。

拳王　だろ。

——あまりに刺激がありすぎて、さまざまなところから怒られもしましたが…。

拳王　賛否両論がなきゃ面白くないだろ。オレはベルトを落として大きなテーマがない中でも常にこの連載のためにネタを探してきた。ＮＯＡＨはもちろん、他団体も積極的に見るようになったよ。ＡＢＥＭＡプレミアムはもちろんのこと、サムライＴＶオンデマンド、新日本プロレスワールド、全日本プロレスＴＶ、ＷＷＥネットワーク、週刊プロレスｍｏｂｉｌｅプレミアム…あらゆるプロレス界のサブスクにちゃんと入ってるぞ。あっ、ＤＤＴユニバースだけはもちろん入ってないけどな。

——け…拳王さん、今ではレッスルユニバースに名前も変わり、ＮＯＡＨも中継されていますが…。

拳王　（無視して）プロレスファンのクソヤローどもは情報に関して、非常に舌が肥えてるからな。この連載が始まってから、自分の団体だけじゃなくて、業界全体のことも踏まえて、プロレスについて考える時間が増えたのは大きかった。いろんなところにアンテナを張り巡らしていく楽しみを知ったぞ。

——本当に情報通ですよね。

拳王　〝拳王ネットワーク〟という独自の情報網もあるしな。**ここでは言えない情報も毎日バンバン入ってくるぞ。**そうして、今、業界で何が起こってるのか。どんなことが話題となってるのか。誰が注目を集めてるのか。これからどんな流れになりそうか。そういう情報を集めて、自分なりに分析して、クソヤローどもが何を求めてるのかを予測して、それをどうすればわかりやすく伝えることができるのかと考えることがオレのライフワークになってたよ。あと時事のニュースもチェックして、それとプロレス界の話題をリンクさせられないかも常に考えてる。

——もはやプロレス識者ですね。

拳王　プロレスについて深く考えてると、リング上のファイトや発言にも生きてくるしな。プロレスラーは考えることも大事な仕事だ。自分のやりたいことだけを何の考えもなしにやるようではダメなんだよ。

——深い話ですね。では、記念すべき100回目の結論をお願いします。

拳王　よし。100回目の結論を言ってやるぞ。1・23大阪大会で差し入れとして、いただいた「に志かわ」の高級食パン、メチャクチャ美味かったぞ！

——えっ…それってNOAHのスポンサーであるOSG様へのヨイショじゃないですか!?

拳王　忖度、最&高！

2月24日号の議題　船木誠勝

プロレスの本質を見つめ直すことができたよ。スリーパーで船木誠勝＝最強とあらためて感じた

——今日はなぜか舞浜駅で待ち合わせだったので、まさか男2人で東京ディズニーランドに行くのかと思いました。

拳王　そんなわけないだろ。オマエと2人なんて気持ち悪い。

——そんな…。でも、連れていかれて納得しましたよ。

拳王　**東京ベイNKホール跡地**だったからな。

——1993年9月21日、パンクラスが旗揚げ戦を開催した場所ですね。

拳王　NKホールは取り壊されて、新しいホテルを作ってるみたいだった。

——なぜここに来たのですか？

拳王　28年前、船木誠勝は最強を目指して、ここでパンクラスを旗揚げさせた。ここに来たら、タイトルマッチに向けて感じるものがあるかと思って来てみたぞ。

——実際、跡地に来てみて、どうですか？

拳王　確かに感じるものがあったよ。

——どういうことを感じたのですか？

拳王　今のプロレス界、なんか根本が変わってきてる気がするんだよ。エンターテインメント化してるというか。華やか、カッコイイ、面白い、いい試合…それだけがプロレスか？　プロレスはあくまでも闘いなんだよ。試合後に「負けたけど、満足した」とか「いい試合できた」とか言うプロレスラーも増えてきたよな。そこで満足してるんじゃねぇよって。オレたちは勝敗を競い合ってるんだ。そこだけは絶対にブレちゃいけない。

——おっしゃる通りです。

拳王　試合中にクソヤローどもに手拍手を求めるプロレスラーいるだろ。オレは大嫌いだ。これを読んでるクソヤローどもだって、どこかでプロレス自体をナメてんじゃねぇのか。最近、少ないクソヤローどもにチヤホヤされて満足してるレスラーが多すぎるから、こんなプロレス界になったのかもな。でも、プロレスってそんな小さな世界じゃねぇんだよ。船木誠勝は20代前半で最強を目指して、ここ東京ベイNKホールで自分の団体を旗揚げし

東京ベイNKホール跡地に立つ拳王。船木を意識してサウスポースタイル

たんだぞ。それだけエネルギーある選手と前哨戦で肌を通して感じることができたからこそ、あらためてプロレスの本質を見つめ直すことができたよ。

――なるほど。では、1・31後楽園の前哨戦でスリーパーによって失神KO負けを喫したことについても聞かなければいけません。

拳王　船木誠勝＝最強とあらためて感じた。想像以上の強さを感じたぞ。今までとちょっと違う感じの落ち方だったような気がする。あんな感覚は初めてだった

――打撃はどうでしたか？

拳王　先の先を取るんじゃなくて、後の先を取るタイプだったなって。

――カウンタータイプということですね。

拳王　そうだな。手足が長いから懐も深かったぞ。スピードでかく乱しようと思ったけど、まったく微動だにしなかった。たぶんそれが船木誠勝の闘い方なんだろうな。

――グラウンドではどうでしたか？

拳王　例えば、**桜庭和志は相手を動かしつつ、いろいろ狙ってくるんだけど、船木誠勝は真逆。相手をあえて動かさない。**

――確かにマウントポジションを取った際、次の一手をすぐ仕掛けませんでした。

拳王　あの間はプロレスではなかなかない感じだった。新弟子時代のスパーリングとかだったらあるけど、プロレスの試合ではあんまりない。でも、後でABEMAの映像を確認したら、クソヤローどもの立場で見てる分にはまったく苦しい間じゃなかった。苦しかったのはやられてたオレだけだったよ。

――普通、マウントポジションを取ったら、パウンドや関節技で攻めてきそうです。

拳王　いろんな選択肢がある中で焦らずにじっくりと押さえ込んで間を作ってから右腕を決めてきた。アレは最強の男にしかできない間だったよ。グラウンドになったら、こっちは条件反射で逃げようとする。それさえもできないほど押さえ込まれた。やられたのは悔しかったけど、前哨戦であの間を体感できたのはタイトルマッチに向けてプラスだったよ。

――ただ前哨戦を見る限り、拳王選手は終始、圧倒されていました。

拳王　失神KOされて言うのもアレだけど、逆に心配しなくてもいいなとも思った。前哨戦ではこっちから仕掛けたけど、向こうが後の先を狙ってるなら、別に焦らなくてもいい。船木誠勝とだったら、間合いのぶつけ合いだけで闘いを見せられるって手応えがあった。緊急事態宣言が延長された直後は興行を早く終わらせなきゃいけないから秒殺してやろうとも思ったけど。

――興味深い話です。

拳王　前哨戦では船木誠勝の間に合わせた部分があった。オレが最強を肌で感じたかったっていうことが一番の敗因だった。本番のタイトルマッチではそうはいかないぞ。

――わざわざNKホール跡地まで来た収穫があったみたいですね。

拳王　だな。プロレスラー＝最強はずっと船木誠勝が背負ってきた。2月12日、日本武道館のリングで勝って、これからはオレがプロレスラー＝最強の称号を背負ってやる。

3月3日号の議題 NOAH2・12武道館総括

オレが狙ってたのは右ハイキックだけだ。間合いを制していなかったら、決めることができなかった

―武道館大会が終わりましたね。

拳王 本当によかったな。大成功だったんじゃないかな。やっぱNOAHには日本武道館が一番似合うよ。ここがオレたちのいるべきステージだなと感じた。大会前からの盛り上がり、当日の熱狂、大会後の反響や波及力…NOAHという団体の価値を再確認できたぞ。

―一大イベントでした。

拳王 入場ゲートやライティングがいつも以上に豪華だったけど、**何よりも日本武道館という空間自体が一番の演出だったよ。**プロレスラーがよりいっそう輝く場所だった。

―実際、足を踏み入れてみてどうでした？

拳王 試合に集中してたから、実はそこまで変わらなかったんだよ。この武道館大会が決まった時点で感慨深い気持ちになってたし、当日はとにかく船木誠勝のことだけを考えてた。1・31後楽園の前哨戦が大きかったよ。

―前哨戦では失神KO負けでした。

拳王 あれほどの完敗は久々だったからな。自分を見つめ直して、ものすごく練習した。

―どんな練習をしたのですか？

拳王 対船木誠勝を想定した実戦的なものだな。船木さんの映像を片っ端から集めて、闘い方、動きやくせをすべて頭に入れた。道場では同じような体格のヤツを仮想・船木誠勝にしてスパーリングを繰り返したし、**キックボクサー呼んで立ち技の練習もした。**何度もオレにだけ見える船木誠勝とも試合をして、シミュレーションしまくった。とにかくあの独特の間合いをどうやって制覇するか。そこが一番重要なポイントだったからな。

―戦前「間合いの勝負」と語っていました。

拳王 船木誠勝はスタンドだと右手を動かしつつ相手との距離を取ってる。ゴングが鳴った直後に互いに間合いをぶつけ合って、アイツが嫌がったのか、後ずさりして仕切り直しただろ。あの時点でオレの間合いだったんじゃないかな。船木誠勝の打撃は右フックの返しが肝だ。前哨戦では何発もいいのをもらってしまったけど、タイトルマッチでは一発も出さなかっただろ。すべてはそこかな。

―出させなかったということですか？

拳王 そうかもしれないな。間合いの主導権を握ってたかも。ただ、さすがに船木誠勝は最強の男だ。すぐにスタンドの攻防に見切りをつけて、グラウンドや首相撲で勝負を仕掛けてきた。あんなにも早く切り替えてくるっていうのは想定していなかった。その部分では完全に一歩上を行かれた。いまだに悔しいよ。でも、いろいろ頭を使えて本当に楽しかった。

―船木選手は打撃戦ではなく、主にタックルからテイクダウンを狙ってきました。

拳王 オレが間合いを制したけど、その間合

NOAH2・12武道館詳報号を入手した拳王

いを潰しに来た。裏の裏をつかれたな。やはり最強たる由縁だな。

――それからはグラウンド中心の展開でした。

拳王 グラウンドでは、変に張り合っても仕方がないと割り切ってたんだ。スリーパーや関節技をいいポジションで決められないように耐えしのいで、ロープに逃げることしか考えてなかった。

――腕ひしぎを食らう場面もありました。

拳王 実はマウントを取られた段階から体の位置を調整して、腕を決められても下半身の力だけでロープに逃げられるようにしてた。スリーパーに関してもバックを取られたら、すぐロープに行こうと最初から決めてた。

――そうだったのですね。

拳王 NOAHらしい試合じゃないかもしれないし、現代のプロレスで流行ってる試合ではないかもしれない。でも、日本武道館での船木誠勝戦はオレが最強になるための闘いだ。**小川良成もYouTubeで言ってただろ。NOAHらしいじゃないんだよ。これもNOAHの闘いだ。**結果的にプロレスは、NOAHは、格闘技だとあらためて見せられるような一戦になったんじゃないか。

――ドラゴン・スープレックス・ホールドでの3カウントは狙っていましたか？

拳王 いや、まったく狙っていなかったぞ。オレが狙ってたのは右ハイキックだけだ。もし試合開始早々に間合いを制していなかったら、決めることができなかっただろうけどな。

――右ハイキック狙いだったのですね。

拳王 サウスポーにオーソドックスの右ハイキックは鉄則だからな。身長もあるし、いつもより10cm高い位置を蹴る練習をずっとしてた。間合いを制すことができれば、確実にクリーンヒットさせる自信はあったぞ。現に間合いが合ってたからドンピシャで当たった。

――技術に裏打ちされた勝利だったのですね。さて、武道館の総括としては、メインについても聞かなければいけません。

拳王 メイン後がゾクゾクしたな。11年ぶりの武道館大会は**〝完結〟ではなく、トゥー・ビー・コンティニュードで終わった。安易なマイクがなかったのもいい。**

――GHCヘビー級王者になった武藤敬司選手については何を思いますか？

拳王 やはり武藤敬司はスーパースターだなと思った一方、**潮崎豪、テメー、なんで負けやがったんだ!?** オレとの60分フルタイムドローの続きはどうすんだよ！

3月10日号の議題 武藤敬司NOAH入団会見

増刊だけでなく、本誌も武藤敬司が表紙。これはかなり大きな一歩だな

拳王 武藤敬司のNOAH入団、驚いたな。

――もしかして、拳王さん、2月15日の会見で知ったのですか？

拳王 そうだ。悪いか？

――NOAH内でも会見で発表されるまで情報が伝わっていなかったのですね。

拳王 連載でたびたび登場するオレ独自の情報網、拳王ネットワークにもまったく入ってこなかったからな。ABEMAタワーの控室でABEMAの生中継をスマホで見てたんだけど、おったまげちゃったよ。**思わず生で見てみたくて、会見場をこっそり覗いちゃった。**夢かと思うような武藤敬司NOAH入団が現実だとこの目で確かめ

てきたぞ。プロレス史に残る歴史的瞬間に立ち会えたな…。歴史の証人になっちまったじゃねぇか。

――NOAHの選手としてこのニュースはどういうふうに受け止めますか？

拳王　武藤敬司っていうネームバリューはプロレス界を飛び越して、世間にも伝わるんだと再確認したよな。Yahoo!JAPANのトピックス入りしてたし、ツイッターのトレンドにもずっと入ってた。それぐらい影響力のある人がNOAHに入団したのは大きい。

――すごい盛り上がりでしたよね。

拳王　週プロだって、増刊の表紙だけでなく、本誌も武藤敬司が表紙だった。先週は新日本2・10&11広島でIWGPヘビー級・IWGPインターコンチネンタル　ダブル選手権試合もあっただろ。新日本のビッグマッチがある週は必ずと言っていいほど表紙だったんじゃねぇのか？

――ここ数年は確かにそういう傾向でした。

拳王　これはかなり大きな一歩だな。

――なぜ武藤選手はNOAHに入団したと思いますか？

拳王　会見でNOAHのコンテンツの素晴らしさがどうのこうのとか言ってたけど、**どうせ金だろ。**

武藤が表紙を飾った週プロの先週号本誌と増刊と拳王

――！

拳王　まぁ、あの武藤敬司と2年契約できるだけの財力がNOAHにあったということもポイントだ。本当に胸躍る会見だったけど、気になるところもあったな。

――なんでしょうか？

拳王　なんかまたサイバーファイトグループでプロレス界のナンバーワンを目指していくとか言ってただろ。いいことだけどなんか違うんだよな。マインドコントロールみたいに言い続けるのはやめてもらいたいな。何度も言ってるけど、いちグループ会社といち団体で闘ってるみたいだろ。そんなチープな話はないだろ。団体と団体の闘いだ。オレたちNOAHはNOAHで新日本と勝負してるんだ。NOAHの人間はサイバーファイトグループで競い合おうなんか思ってないと思うぞ。オレは2・12武道館でも「NOAHを業界1位までのし上げる」とクソヤローどもに約束したんだよ。

――あくまでNOAH単体で業界1位を目指すという宣言でしたね。

拳王　この話は掘り下げていくとイライラするからこれぐらいにしておくぞ。

――は、はい…。

拳王　あの日、一番の問題は両団体合同会見ってことだよ。なんか両方が両方を潰し合ってた感じがするな。秋山準のDDT入団&ヘッドコーチ就任発表なんて武藤敬司NOAH入団発表にのまれただろ。無理やり一緒にやる必要なんてなかったじゃねぇのか。**別々でやれば、世の中を2回驚かせることができたのにな。**それと、せっかくビッグニュースを提供できたのに、その後がとにかく長い。長すぎた。

――トータル1時間20分近くでした。

拳王　オレの会見は最後におこなわれたけど、だいぶ待ち疲れてたぞ。会見場にいた報道陣もみんな疲れたんじゃねぇのか。場の空気が「もういいよ」って感じでどんよりしてたぞ。テメーも取材していて、疲れてただろ？

――ノーコメントでお願いします。

拳王　オレも思わず冒頭で謝っちゃったぞ。

――「拳王が陳謝」でＹａｈｏｏ！ニュースを流させてもらいました。

拳王　見たぞ。オレは悪いことは悪いと言える人間だ。そんなことはどうでもよくて、このニュースで今年、ＮＯＡＨが目指すべき指針がはっきり見えたことに気づいたか？

――どういうことですか？

拳王　今年のＮＯＡＨは世間とも本気で勝負していくということだ。昨年はコロナ禍でも時を止めずに闘い続けて、プロレスファンの信頼をつかんできたけど、今年はもっと幅広い層にも届くようにしていく。全盛期を過ぎた武藤敬司にいい顔されるのは、ものすごく悔しいけどな。

――拳王さんもいよいよ世間に打って出るのですね！

拳王　プロレス大好き、**イヤァーッ！**

3月17日号の議題　ケンドー・カシン

このままだとプロレスリング・マスターズになってしまう。オレがNOAHの老化現象を止めてやるぞ

――大変な1週間でしたね。

拳王　まず2・21仙台ではライオン丸海賊男、2・23前橋では白覆面柔道着野郎に襲われた。ホラー映画みたいな感じの写真ばかり撮られてしまったぞ。仙台なんて何の予告もなしで急に乱入されてボコボコにされたしな。

――突然の襲撃でしたので本当にビックリしました。鼻血も出していましたよね？

拳王　いや、あの鼻血は襲撃じゃない。大原はじめの飛びつきニールキックだよ。

――!?

拳王　飛びつき腕ひしぎ十字固めを仕掛けられた時に大原のカカトが顔面に入ったんだ。メチャクチャ痛かったぞ。あのダメージがあったから試合後の襲撃にまったく対応できなかった。チクショー…。

――海賊男は知っていましたか？

拳王　素直に言えば知らなかった。Ｙａｈｏｏニュースで初めて知ったよ。１９８７年に新日本プロレスに現れたんだろ。当時、オレは2歳だ。

――プロレス史では有名な出来事です。

拳王　いろいろ調べたぞ。そうらしいな。にしても、**どこからあんなヘンテコリンな衣装を入手したんだ？**普通の店じゃ絶対に売ってないし、もしかして、当時、実際に使われていた衣装なんじゃねぇのか。

――それぐらいの再現度でした。

拳王　プロレスの歴史を知ることができたのは唯一の収穫だよ。ちなみに、前橋に来た白覆面は知ってた。最初に出てきた時、アゴが長くて正体がバレバレだったんだろ？

――２０００年5・5福岡ドームで中西学＆永田裕志のＩＷＧＰタッグ王座に挑戦した小川直也＆村上一成（現・村上和成）のセコンドとしてプロレス史に登場しました。

拳王　どう見ても、アントニオ猪木っていうところが面白かったよな。

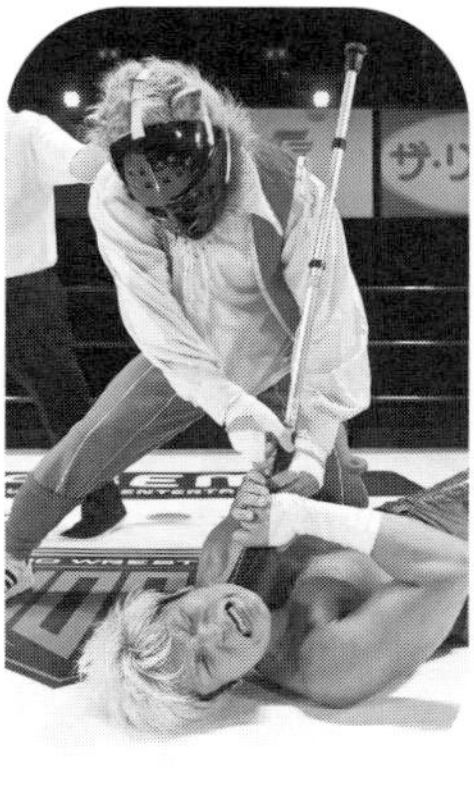

海賊男に襲撃された拳王は鼻血を流していたが…

――今回の白覆面は自称「桜庭和志」です。ついでに仙台の海賊男は「杉浦貴」と名乗っていました。

拳王　仙台、前橋に来て、2・24後楽園も来るかなと思ったら来なかった。オレは正体がすでにわかってるぞ。

――ぜひ教えてください！

拳王　**オレを襲った海賊男&白覆面の正体はケンドー・カシンだ！**

――…。

拳王　どうした？　鋭い見解だろ。当たっちゃったんじゃないのか。

――今さらですか⁉

拳王　えっ、まさかみんなわかってたの？

――おそらく。

拳王　ま、まぁ、いいよ。ところで、コイツは何をしたくてこんなことをやったんだ？

――プロレス用語では〝精神的な揺さぶり〟をかけるためだと思われます。

拳王　確かに精神的なダメージはすごかった。オレの予想をはるかに超えてきたよ。とんでもない曲者だった。2・24後楽園の前哨戦だってオレが蹴ってたら、すぐに自軍のコーナーに帰ろうとするし、レフェリーのブラインドを突いて急所を蹴ってくるし、場外戦で何がしたいのかまったくわからないし、2月15日の会見で「ちょうどいい相手」って言ったけど、全然違った。今までの挑戦者の中で一番大変な相手かもしれない。あの杉浦貴と桜庭和志も敵ながら明らかにカシンをオレに押っつけてきたからな。**ケンドー・カシン最強説が出てくるよ。**

――そこまでですか。

拳王　あんなのまともに相手してたら精神的に参っちゃうよ。

――拳王さんは大丈夫ですか？

拳王　オレはメンタルが強いから大丈夫。でも、ここまで試合を想定できない挑戦者はいない。桜庭和志、村上和成、船木誠勝も所属じゃないけど、みんな強さを試合でぶつけてきた。カシンは違う部分でのぶつかり合いだ。普段は面倒臭いと周りから言われるオレでさえ、テメーのことを面倒臭いと感じるぞ。オレがまともに見えちゃうよ。

――そんなカシン選手の挑戦を退けるのは非常に至難の業です。

拳王　オレ以上に頭がおかしいプロレスラーだからな。でも、オレが3月7日、横浜武道館でGHCナショナル王座を防衛しなければNOAHはとんでもないことになる。

――どういうことですか？

拳王　GHCヘビー級は58歳の武藤敬司、GHCタッグは50歳の杉浦貴&51歳の桜庭和志。52歳のカシンがベルトを取れば、**NOAHのヘビー級は50代が制圧することになる。**新陳代謝しなきゃいけないのに逆戻りだ。

――ここ最近、プロレス界は50代の活躍がものすごいですからね。

拳王　このままだとプロレスリング・マスターズになってしまうからな。オレがNOAHの老化現象を止めてやるぞ。

3月24日号の議題

ジュリアvs中野たむ敗者髪切りマッチ

最終決戦という緊張感を維持しつつも、悲壮感を巧みに取り除いて、うまいことライバル物語に仕上げた

――ＮＯＡＨ＆ＤＤＴほか4団体合同興行「サイバーファイト・フェスティバル」6・6さいたまスーパーアリーナが発表されました。これは拳王さんに聞かないといけません。

拳王　…。

——どうしたのですか？　みんな拳王さんの見解を聞きたがっていますよ。

拳王　………。

——で、では、ほかの話題にしましょうか。

拳王　プロレス界で何か動いたことないのか。

——敗者髪切りマッチはどうですか？

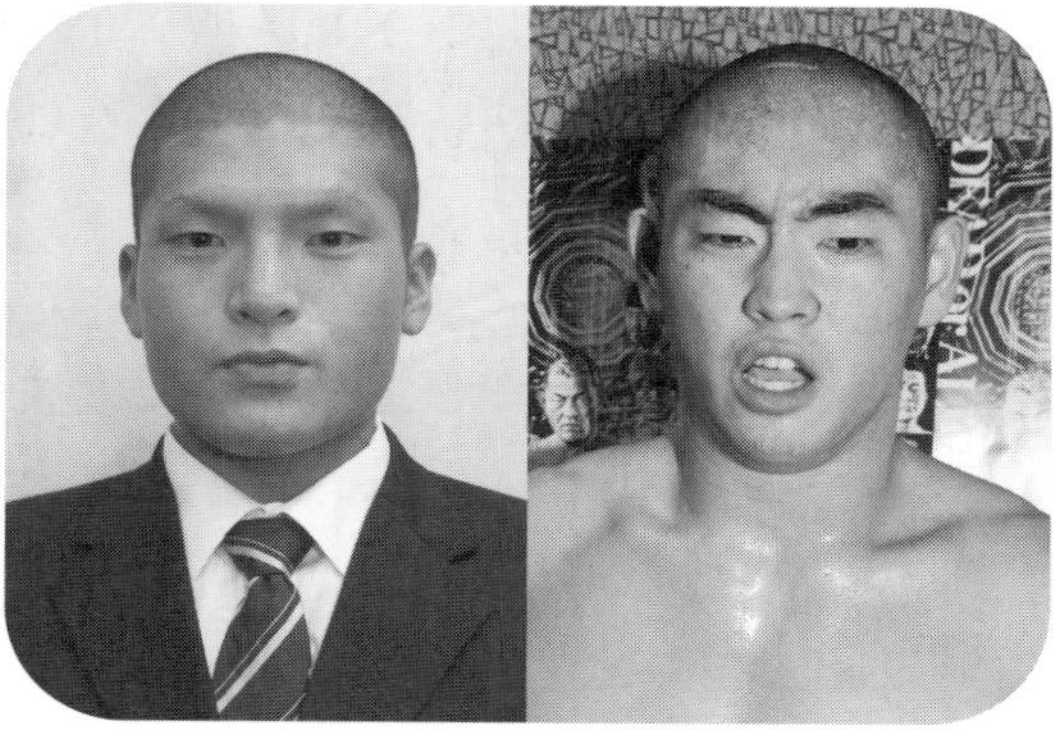

07年8月の拳王と15年12月の清宮

拳王　話題になってるよな。もちろんオレもサムライTVオンデマンドで見たぞ。

——さすがですね。

拳王　拳王的プロレス大賞2019MVPのジュリアだったからな。何度も言うけど、オレはアイスリボンを辞めてスターダムに電撃移籍した当時から現在の活躍を予期してたぞ。オレの目に狂いはなかった。

——当時はジュリア選手の試合を見たことがないと言っていましたが、プレーヤーとして髪切りマッチを見てどうでしたか？

拳王　**ジュリアは雰囲気がいいよな。一つひとつの動きもいい。**アイツの試合には闘いがあるよ。自分が何をすべきかを知ってる。完全に試合を支配してたな。最後は相手の気持ちに負けちゃったけど。大会全体を通しても、ジュリアの存在が飛び抜けてたよ。

——髪切りマッチという点はどうですか？

拳王　男子ではDRAGONGATEぐらいしかやってないよな。最近だったら、高橋奈七永が負けて坊主になってたのは知ってる。

——'19年11月に中島安里紗選手に敗れて、丸坊主となりましたね。

拳王　ジュリアってブリーチしすぎて、髪がとてつもなく傷んでるだろ。試合中も何度かつかまれてブチブチ千切れてた。だから、坊主にして一回リセットした方がいいんじゃないのかとも思ったぞ。

——それは拳王さんならではの視点ですね。

拳王　今回の髪切りは悲壮感がなかったことが一番印象に残った。過去の髪切りは憎しみ合ってる者同士の最終決戦って意味合いだった。でも、時代は変わった。昔は学校の先生が生徒にゲンコツするのも教育の一環と言われてきたけど、今だったらちょっとでも暴力を振るったら体罰だってなるだろ。

——さすが中高の社会科教員免許を持ってる拳王さんですね。

拳王　今オレがプロレス辞めて教員になったらゲンコツしまくるけどな。まぁ、それはいいとして、おそらく現在のコンプライアンス的に、試合に負けて坊主にするなんて受け入れられないはずだ。しかし、ジュリアは最終決戦という緊張感を維持しつつも、悲壮感という部分だけを巧みに取り除いて、うまいことライバル物語に仕上げた。プロレスって本当に憎しみ合ってる者同士でもリング上ですべてをさらけ出して闘ってると不思議と信頼関係が生まれてくる。そういうところが垣間見れた。まさに令和の髪切りマッチだったよ。

——試合後、マイクのやり取りもちょっとコミカルさもありましたからね。

拳王 普通は凄惨になってかわいそうって雰囲気になるけど、今回は髪が切られても美しかったぞ。それはこの一戦を迎えるまでの物語があったからこそだ。昨年、ジュリアと中野たむはいいライバル関係を築いてきた。常にジュリアが先を走って、中野たむが追う。その総決算としての髪切りだったから、清々しいスポ根ドラマのような結末を描くことができたって部分も忘れちゃいけないぞ。

――NOAHで例えると、拳王さんと清宮海斗選手みたいです。

拳王 清宮は3・14福岡国際センターで武藤敬司のGHCヘビー級王座に挑戦するんだろ。もしベルトを取ったら、GHCナショナル王者のオレと2本のベルトも懸けた髪切りマッチやる勇気はあるのか？

――それは面白いですね！ 拳王さんと清宮選手のどちらかが坊主になるという想像をしただけでゾクゾクします。

拳王 なんでこんなことを言うかわかるか？

――教えてください！

拳王 清宮が丸坊主だった頃の写真を週プロに載せたいからだ。アイツは髪を長くしてイケメン風になってるけど、坊主にしたらただの童貞君みたいだからな！

――性格がひん曲がっていますね。それならば、拳王さんの坊主写真も載せましょう！

拳王 それはダメだ。

――07年8月30日のみちのく後楽園大会で入団発表した時、坊主でしたよね？

拳王 バカにしてんのか？

――清宮選手だけ掲載するよりも2人とも掲載した方がフェアです。

拳王 清宮だけ載せろ。オレのはやめろよ。

――そういう悲壮感がたまりません（ニヤリ）。

拳王 オレの坊主写真だけは絶対に載せるなよ！

3月31日号の議題 藤田和之

去年の潮崎戦がターニングポイントとなり、NOAHが老人ホーム化してる。元凶は藤田

拳王 テメー、なんで先週号にオレの坊主写真を載せたんだよ！

――清宮海斗選手の坊主写真だけ掲載するのはフェアでないので…。

拳王 フザけんじゃねぇぞ！

――す、すみません！ あっ、3月8日の会見で着ていたスーツ、カッコよかったですね。

拳王 ヨイショしながら話をうまくすり替えやがったな。まぁ、でも、よくぞ、新しいスーツを着てたのに気づいたな。

――5年前から愛用していた既製品のスーツではなく、貴族が着るような品のある素材、SPみたいに鍛え上げられた肉体にジャストサイズのスーツでしたので。

拳王 どこかで聞いたような表現だけど、その通りだ。本当は2月12日の日本武道館大会前に間に合うように作ったんだけどな。

――ということは、オーダーメイドですか？

拳王 そうだ。

――だから高級感あったのですね。なぜ武道館大会に間に合わなかったのですか？

拳王 イギリスがロックダウンしたから発送が遅れたみたいだ。

――もしかして、イギリス製なのですか!?

拳王 そう。ブリティッシュ・スタイルだ。

――どこのブランドですか？

拳王　**ダンヒルだ。**

――サッカー日本代表チームのオフィシャルスーツにも採用されているダンヒル！

拳王　スーパースターの証だな。

――会見と言えば、今回は何もなかったです。

拳王　もう二度と襲撃されたくないってずっと思っていても、いざ本当に来なかったらさみしかったよ。**どこかで襲撃を待ってるオレもいた。これって恋なのかな。**

――相当、精神的にやられていますね…。

拳王　でも、もし本当に来たら、ダンヒルのスーツだったから、すぐに逃げたけどな。

――GHCナショナル王者として3・21後楽園で藤田和之選手の挑戦を退ければ、またダンヒルのスーツを着て会見に出席できます。

拳王　そうだな。よし、今回はその藤田和之を語るか。

――珍しく逆指名しましたね。

拳王　単純に強さの象徴みたいなプロレスラーにチャレンジしてみたかったからな。

――王者ですが、あくまで挑戦なのですね。

拳王　藤田って欲がないのか、ベルトに挑戦とか自分から言わないだろ。杉浦軍の桜庭和志もオレの前に立ったし、村上和成、あのケンドー・カシンでさえ、オレに挑戦表明してきた。M'sアライアンスの船木誠勝だって正々堂々と挑戦状を叩きつけてきたよな。でも、**藤田は強いのに自分の意思を示さない。**そんなヤツを本気にさせた上で倒せば本物の強さを手に入れることができるだろ。

――藤田選手と言えば、昨年3月29日の潮崎豪選手とのGHCヘビー級選手権です。

拳王　あの一戦でGHCヘビー級王者・潮崎豪にハクがついたよ。コロナ禍になった直後というタイミングで、急きょタイトルマッチを無観客TVマッチで開催することになった。そこで30分のにらみ合いが繰り広げられ、業界にインパクトを残したよな。

――あれからそろそろ1年が経ちます。

拳王　あれだけ話題になったのは挑戦者が藤田だったことが大きい。NOAHになかったネームバリューがあるからな。それを知らしめたために、NOAHにはネームバリューある選手たちがドンドンと集まってきた。あの一戦がターニングポイントとなり、現在、NOAHが老人ホーム化してるんだ。つまり、すべての元凶は藤田だ。

ダンヒルのスーツを華麗に着こなすGHCナショナル王者の拳王

――相変わらず素晴らしい考察ですね。

拳王　NOAHに集まってきた50代のビッグネームたちが次々と挑戦表明してくるのも、オレがすべてを受け止めてるからだろ。そりゃアイツらにとっては楽しいだろう。でも、NOAHの未来を本当に考えるのであれば、アイツらのネームバリューに頼り切ったらダメだ。武藤敬司がNOAHに入団した時も一時はすごいと思ったけど、それはすごくやばいという危機感の裏返しでもある。10年後のNOAHがどうなるか考えたら、オレたちの世代がもっともっと話題にならないといけないんだ。オレが藤田戦でNOAHの未来を見せてやるぞ。よく自分で「NOAHの未来」と言ってるヤツが今では〝NOAHの空気〟になってるだろ。もう名前も忘れちゃったよ。

――清宮海斗選手です。

拳王　（無視して）オレが藤田を倒してNOAHの老人ホーム化を必ず止める。まぁ、藤田は気が向いた時だけ参戦してくるからデイケアサービスか。たまにフラッと来て、ちょっと体動かして遊んで帰るだけだからな。

——藤田選手の挑戦を退けた後の挑戦者は？

拳王　**クリス・リッジウェイだな。**

——えっ!?

拳王　イギリス人の挑戦を受けたいんだ。

——それって、ただイギリスにかぶれているだけじゃないですか!?

拳王　YES! See you next week!!

4月7日号の議題　マサ北宮

みんな老人に気を遣って、足を攻めてないだろ。北宮が武藤敬司に監獄固めを決めてる絵が見たいよ

——3・14福岡で武藤敬司選手がGHCヘビー級王座の防衛に成功しました。

拳王　〝NOAHの空気〟もタイトルマッチで武藤敬司が完璧のタイミングで決めたシャイニング・ウィザードを2度も返して、意地を見せたけどな。これでNOAHの老人ホーム化、ますます加速しちゃったじゃねぇかよ。でも、やっぱマサ北宮はわかってるよな。試合後、すぐ挑戦表明をやってのけた。2・12武道館で〝NOAHの空気〟がボーッと見てたのと違って、実力行使だ。

——いちおう説明すると〝NOAHの空気〟とは清宮海斗選手ですね。

拳王　（無視して）北宮は挑戦表明でいきなり先制攻撃だ。あの一撃で意気込みが伝わってくるよ。**まぁ、サイトー・スープレックスを食らった武藤敬司が花道をしっかり歩いて帰って、入場ゲート前でポーズまで決めたのはもっと驚いたけどな。**

——サイトー・スープレックスは北宮選手のフィニッシュホールドですからね。

拳王　しかも30分以上の激闘後だぞ。どれだけタフな58歳なんだよ。

——マサ北宮選手とは超危暴軍から一時期を除いて、ほとんど同じ軍団にいますが、どんな印象ですか？

拳王　オレにとって明治大学の先輩だ。

——え、えっ!?

拳王　**マサ斎藤だけじゃない。坂口**

87年12月、マサ斎藤に足4の字固めを決める武藤（レフェリー・タイガー服部）

征二、小川直也、KENSO、澤田敦士、タイガー服部レフェリー…と、この業界にはたくさんいるぞ。こうして挙げてみると、オレ含めて、みんなくせが強いな。

――拳王さん！

拳王　なんだ。

――マサ斎藤さんではなく、マサ北宮選手について語ってもらいたかったのですが…。

拳王　あっ、そうだった！　悪い、悪い!!　今は卒業式シーズンだからつい。話を戻して、北宮はマサ斎藤さんと似て、縁の下の力持ち的なプロレスラーだよな。でも、常にトップ戦線を担うだけの実力はあるし、3・7横浜のGHCタッグ王座奪取をきっかけに気持ち的にも乗ってきた。あのタイトルマッチは中嶋勝彦を押しのけて、我を出してたからな。

――ハードボイルドなファイトで杉浦貴選手からギブアップを奪いました。

拳王　すごい幕切れだったよ。北宮が監獄固めを決めつつ頭突きを放って、それで自身の額が割れて鮮血が流れる中で雄叫びを上げながら絞り続ける。耐え切れずに杉浦がタップして勝利…映画のワンシーンみたいだった。

――名場面でしたね。

拳王　本当に手に汗握る、いいシーンだっただけに中嶋勝彦には桜庭和志をリング内に入れずに場外で捕獲してもらいたかったよ。でも、ABEMAの映像だと北宮だけをクローズアップして、迫力満点の作品に仕上げてた。**あらためてABEMAはプロフェッショナルだと思ったよ。**最高の映像を撮っていただき、ありがとうございます。引き続き、何卒よろしくお願い申し上げます。

――本当に鳥肌が立ちました。

拳王　ところで北宮と武藤敬司は何か接点はあるのか？

――昨年8月のNOAH川崎大会で一度だけ肌を合わせていますが、間接的な接点と言えば、武藤選手が北宮選手の師匠であるマサ斎藤と深い関係だったことでしょう。

拳王　簡単に説明してくれ。

――互いにアメリカでトップ選手として活躍し、新日本80年代後半～90年代前半に闘ったり組んだりしていました。武藤選手はマサ斎藤さんを「出会ってすぐに意気投合した。一番話の合う大先輩」と語り、'18年7月22日の葬儀&告別式では弔辞を務めています。

拳王　サイトー・スープレックスがほとんど効かなかったのは、武藤敬司がマサ斎藤さんのバックドロップを何度も食らって、免疫があったからかもしれないな。

――タイトルマッチはどうなりそうですか？

拳王　かみ合うだろうな。北宮は武藤敬司が大好きなアメリカンスタイルだ。試合のテンポとか似てる気がするし。白熱した闘いになると思うな。ただサイトー・スープレックスが…。

――どうやったら勝つことができますか？

拳王　本当に見たい技がある。監獄固めだ。人工関節を監獄固めで破壊するしかないだろ。そういえば、NOAHに上がるようになって武藤敬司の足を攻めたヤツいるか？

――記憶にないですね。

拳王　みんな老人に気を遣って、足を攻めてないだろ。オレなら、思いっきりローキックやってやるけどな。次のタイトルマッチで北宮が武藤敬司に監獄固めを決めてる絵が見たいよ。人工関節になって動きはよくなったけど、両ヒザがウイークポイントであることに変わりはないだろ。北宮の監獄固めは食らったことあるけど、見た目以上に相当痛いぞ。

――監獄固めがカギになりそうですね。

拳王　ニークラッシャーからの監獄固めで北宮のギブアップ勝ちだな。最近、武藤敬司は過去の引き出しを次々と開けてるけど、次のタイトルマッチでは両ヒザが弱点という引き出しが開いて、ジ・エンドだ！

4月14日号の議題　藤田和之戦

一番強くて怖い状態の藤田和之に勝とうと思ったら負けちゃった。でも、ここまでアイツの土俵に踏み込んだプロレスラーはいないだろ

——藤田和之選手とのGHCナショナル選手権でベルトを失ってしまいました。

拳王　まだ体中が痛いよ。昨年8月からベルトを強さの象徴みたいな挑戦者相手に6度も防衛したからボロボロだな。

——強烈な打撃を何発も顔面にもらっていましたからね。

拳王　藤田和之はまさに野獣だった。

——シングルで向き合ってみてどうでした？

拳王　理性のカケラもないヤツだなと思った。村上和成はあくまで人間としてプッツンした感じだけど、藤田和之は人間と試合してると思えなかったぞ。**闘いに飢えた獣と相対してるような感覚だったよ。**

——試合前にリング上で金剛がポーズを決めましたが、その前に藤田選手が立ちました。

拳王　藤田和之は気が強いよ。ずっとやってたら、いずれ退くだろうなと思ってたけど、全然動かなかった。しびれを切らして、こっちからポーズをやめちゃったよ。あの場面からすでに闘いは始まってたんだな。にらみ合いだってクソヤローどもの手拍子が止まっても仕掛けてこなかった。結局、真ん中に立ってたけど、オレが根負けして先に動いた…いや、動かされたのかもしれないな。

——そんな闘いもあったのですね。気持ちがいいほどの真っ向勝負で挑みました。

拳王　顔面への衝撃に対しては強い方だと思ってて、これまでプロレスの試合中に脳が揺れることなんてほとんどなかった。でも、藤田和之の**ビンタはボクシングのグローブで殴られたみたいにバンバン脳に衝撃がきたぞ。**普通は素手のビンタって表面が痛いけど、脳が揺れるような衝撃は伝わらないのに。

——藤田選手の手は大きいですからね。

拳王　久々に脳が揺れるような打撃を食らったから気持ちよくなって、もっと受けたくなっちゃった。

——だから、まったく引かずに前に出ていったのですね。倒れる時も前のめりでした。

拳王　後ろに倒れたのはラリアット食らった時ぐらいじゃないか。ああいう藤田和之を引き出すプロレスラーがほかにいるか？

——昨年3月、GHCヘビー級選手権で闘った潮崎豪選手ぐらいですかね。

拳王　いや、あの試合とは全然違うぞ。

——潮崎選手は勝っていますからね。

拳王　うるせー！　もちろん負けたことは悔しいけど、オレは藤田和之のフィールドで闘ってただろ。日本人の総合格闘家でヘビー級歴代最強と言われている藤田和之の強さや恐ろしさを引き出した上で勝ちたかったんだよ。最強になるためにはアイツの土俵に踏み込む必要があった。一方、昨年3月のGHCヘビー級選手権は最終的に潮崎が長期戦を仕掛けて藤田和之を自分のプロレスに引き込んだ。オレだって潮崎みたいにアイツのスタミナ切れを待ったり、丸め込みで勝ちだけを狙う戦法を取ったりすることもできた。でも、あえてやらなかったんだ。

——なるほど。

拳王　60分近く闘ってヘロヘロの50歳に勝っても意味がない。一番強くて怖い状態の藤田和之に勝とうと思ったら負けちゃった。でも、ここまでアイツの土俵に踏み込んだプロレス

'18年3月、藤田は諏訪魔と6人タッグで対戦し、試合後に口にかまぼこを突っ込み、ハイボールで論外らと乾杯した

ラーはいないだろ。

――確かにいないかもしれませんね。遺恨は生まれますが、だいたいは…。

拳王 踏み込む前に逃げちゃうだろ。

――ですね。そういえば、拳王的プロレス大賞2020殊勲賞の諏訪魔選手も藤田選手との対戦を拒みました。

拳王 **現・三冠ヘビー級王者も藤田和之の世界に踏み込むのが怖かったってことだ。**

――対戦が待望されながらも'18年3月の6人タッグマッチを最後に接点はありません。

拳王 あの時も藤田和之の横にケンドー・カシンとNOSAWA論外がいたよな。試合後、諏訪魔の口にかまぼこ突っ込んでハイボールで乾杯してた。まんま杉浦軍じゃねぇかよ！

――言われてみれば、そうですね。

拳王 思い出して興奮したら、体中の痛みがうずき出しちゃったよ…。

――大丈夫ですか？ 最近、NOAHでは大きな試合の後に欠場者が続出していますが…。

拳王 清宮海斗は武藤敬司とのGHCヘビー級選手権の後に脳震とうで3・21後楽園を欠場した。潮崎は3・14福岡を最後に右腕手術のため長期欠場だ。**NOAHが誇る二大顔面高偏差値がいない。オレまでいなくなるわけにはいかないだろ。**

――そ、そうですよね。清宮選手はZERO1の3・27靖国大会で復帰しましたけど…。

拳王 （無視して）ボロボロだけど、オレはNOAHのトレンドである欠場なんてしないぞ。欠場したら、今までがんばったって同情を買うみたいで気持ち悪いし。アイツらは本当に辛いんだろうけど、そんなこと知らない。オレはベルトを失った汚名や悔しさを背負って、リングに立つ。温室育ちとは違うぞ。そういう意味でも逃げない。4・3横浜のメインイベントからさっそく再始動だ！

4月21日号の議題 チャンピオンベルト

リング上の試合が充実していれば、批判を吹っ飛ばせる。過去も超越できる

拳王 最近、業界で面白いことあったか？

――新日本のＩＷＧＰヘビー級王座とＩＷＧＰインターコンチネンタル王座が統一されて、ＩＷＧＰ世界ヘビー級王座となりました。

拳王 名称もデザインも変わったな。デザインを見たけど、なんか仮面ライダーの変身ベルトみたいだった。すごく今っぽいけどな。

――これまでなかったデザインですね。

拳王 現代のプロレスラー体形に合わせてシュッとした感じになってるのかな。特に今のチャンピオン…飯伏幸太にすごくフィットしそうなデザインだ。よく考えてみれば、新日本のトップ戦線ってシュッとした選手ばかりだし。**橋本真也さんとかベイダー、**

ＩＷＧＰ世界ヘビー級王座

スコット・ノートンとかは似合わなそうだな。

―言われてみれば、確かにそうですね。

拳王　現在だとバッドラック・ファレとかジェフ・コブとかが取ったら絶対に似合わないだろ。ウチだったら、稲村愛輝は似合わない。

―言いたいことはわかります。

拳王　というか、やっぱり新しいものには拒絶反応が生まれちゃうよ。最初はまだ愛着がないからだろうな。

―どこが一番引っかかっていますか？

拳王　ベルトの名称が変わったことだ。これまでもデザインは何度か変わってきたけど「ＩＷＧＰヘビー級王座」という名称は初代から34年間、不変だった。そこに〝世界〟って入るだけで、なぜかしっくりこない。そもそも王者の飯伏幸太は統一を希望してたけど、名称の変更も希望してたのか？

―「２つとも守りたい」と常々語っていましたが、名称変更に関しては特に…。

拳王　初代王者が希望したならまだしも、会社が決めたのか。ＩＷＧＰってインターナショナル・レスリング・グランプリだろ？ インターナショナルは国際的で〝世界〟って意味はすでにあるんじゃねぇのか。

―鋭い見解です。

拳王　あと結局2つとも新日本が創設したんだろ。自分たちの団体でチャンピオンベルトを乱立させて統一しただけだ。**ボクシングの井上尚弥がWBA、WBC、IBF、WBO主要4団体のバンタム級を統一しようとしてるのとは別問題だよな。**

―思えば、昨年8月、拳王さんはＧＨＣナショナル王者としてＧＨＣヘビー級王者の潮崎豪選手とダブル選手権に臨みましたよね。

拳王　あの2冠戦で勝っていたら、ＩＷＧＰヘビー級王者、三冠ヘビー級王者にも挑戦状を叩きつけて、プロレス界の井上尚弥になってやろうと思ってたんだ。

―！

拳王　まぁ、ＩＷＧＰ統一騒動はこれからが見ものだということにして、次はＮＯＡＨのＧＨＣヘビー級王座だ。

―ＧＨＣヘビー級王座も拳王さんが挑戦した'19年11月の両国大会からベルトのデザインが変わりました。

拳王　前のベルトは'17年12月に巻いてたから愛着もあって、清宮海斗からオレの腰に取り戻したいと思ってた。当時はなんでデザインを変えるんだよ！って親会社のリデットエンターテインメント株式会社に不満を持ってた。でも、あれから1年半が経って、もう違和感はない。ＮＯＡＨのロゴだって最近、コロコロ変わってるけど、もうなじんできてるよな。リング上の闘いが充実していれば、批判なんか簡単に吹っ飛ばせるんだよ。

―ちなみに、拳王さんは新しくなったＧＨＣヘビー級王座を巻いていませんが…。

拳王　うるせーっ！　次は全日本の三冠ヘビー級王座について語るぞ。

―は、はい！

拳王　三冠が統一されたのはいつだ？

―１９８９年４月16日ですね。

拳王　初代王者は？
——ジャンボ鶴田選手です。
拳王　へぇ、そうなんだ。**三冠＝四天王ってイメージがある**けどな。
——我々の世代はそうかもしれません。
拳王　それだけ三沢光晴さん、川田利明さん、小橋建太さん、田上明さんたち四天王を中心とした闘いがすごかったのかもしれないよな。リング上の試合が充実していれば、批判を吹っ飛ばせるだけでなく、過去も超越できるってことだ。
——いいことを言いますね。
拳王　PWFだったらジャイアント馬場さん、UNだったら天龍源一郎さんって3本のベルトの中でどれを腰に巻くかっていうのも、チャンピオン像を語る上で注目ポイントだった。'13年8月に1本に変わっちゃったけど、個人的には伝統の3本のままがよかったな。日本最古のベルトであるアジアタッグ王座は名称もデザインも変わってないだろ。
——ちょ…。
拳王　金具とかも取れかかってて、あのボロボロ感がたまらないんだよ。新崎人生さんもハヤブサさんと一緒に巻いてたし、日本プロレス界の〝伝統〟って感じがするよな。
——アジアタッグ王座も'19年8月にベルトが新調されています！
拳王　え、えーっ!?

4月28日号の議題　ベルト陥落後の再浮上

ディズニーランドで言えば、潮崎と清宮は常にファストパスを持ってる状態だ

——まずは先週号のお詫びと訂正からです。
拳王　IWGP世界ヘビー級王座という名称について初代王者の飯伏幸太は変更を特に希望していないという感じでお話させていただきましたが、それは間違いでした。
——飯伏選手は本誌No.２１１０のインタビューで「統一するならIWGP〝世界〟とか、そういう名前もいい」と発言していました。
拳王　オマエ、ちゃんと教えてくれよ！
——す、すみません！
拳王　この連載は週刊プロレスをもとにした的確な情報と拳王ネットワークという独自の情報網で成り立っている。どちらが欠けても、業界への提言に説得力がなくなるだろ。
——お詫びして訂正させていただきます。
拳王　それにしても飯伏幸太が負けちゃうとは思わなかったよ。でも、2本のIWGPベルトを統一して、名称を変えたという部分では歴史に名を残したな。政治家とか歴史に名を残すために法律を変えたがるだろ。**竹下登なんて消費税を初めて導入した首相として日本史に名前を刻んだよな。**

'99年2月に白いマスクで新崎人生と一緒にお遍路さんを回ったザ・グレート・サスケ

――さすが明治大学政治経済学部出身！

拳王　飯伏がベルトを落としたことだし、今日はベルト陥落後の再浮上について語るぞ。

――拳王さんもＮＯＡＨ３・21後楽園で藤田和之選手に敗れて、7カ月守ってきたＧＨＣナショナル王座から陥落したばかりですし。

拳王　プロレス界あるあるだけど、ベルトを失ったら、しばらく低迷するか「腰が軽くなった」とか言ってなぜか他団体に出撃するよな。あっ、長期欠場するヤツもいたな。

――右腕手術で欠場中のＧＨＣヘビー級前王者・潮崎豪選手をまたディスるのですか？

拳王　清宮海斗も王座陥落したわけじゃないけど、タイトルマッチ敗北後に欠場。スター路線、温室育ちのヤツらはいいご身分だよな。

――負傷は仕方がないのですが…。

拳王　プロレスラーだったら、誰でも大小の負傷を抱えてるだろ。ファンの同情を買いそうだから言いたくないけど、オレだってＧＨＣナショナル防衛ロードで最強の挑戦者たちを退け続けて、体中ボロボロだよ。藤田戦で痛めたところが3週間経ってもいまだにメチャクチャ痛いし。けど、絶対に休みたくない。

――なぜですか？

拳王　オレみたいな団体から常に冷遇されてる選手はベルトがなくなったらチャンスがなかなか回ってこないからだ。いろんなところにアンテナ張ってチャンス探して、どうにかしてつかみにいかなければいけないんだ。スター路線、温室育ちのヤツらは黙ってても休んでてもチャンスをいつでも与えられるだろ。ディズニーランドで言えば、潮崎と清宮は常にファストパスを持ってる状態だ。

――なるほど。

拳王　コロナ禍後のＮＯＡＨは巡業スタイルから脱却して大会数が少なくなってきたから、1大会の重みがグッと増したし。さらに、大会前の検温で引っかかったり、濃厚接触者になったりして緊急欠場とかもありえる。チャンスがいつ転がってくるかわからないだろ。王座から陥落したわけじゃないけど、4・29名古屋で武藤敬司のＧＨＣヘビー級王座に挑戦するマサ北宮だって、4・18後楽園で小峠篤司のＧＨＣジュニア王座に挑戦する仁王だって、自己主張して挑戦権をもぎ取っただろ？今は2人とも目の色が違う。楽しみだよ。

――コロナ禍ならではですね。

拳王　あとスターダム4・4横浜で林下詩美の赤いベルトに挑戦して敗れた**ビー・プレストリーが試合後にスターダムラストマッチを宣言しただろ。**もし勝っても「イギリスにいる私の家族と過ごしたい」って言ったのかよって思った。プロレス界って節目でタイトルマッチに負けて新天地に行くことが多いけど、本人がその団体に対してやる気がないから負けるんだろうな。今回の場合、母国で家族と過ごしたいって気持ちがあったら、異国で大きな試合に勝てるわけねぇだろ。

――興味深い見解です。

拳王　そういえば、'18年3月に石森太二がＧＨＣジュニアタッグ選手権で負けた翌日にＮＯＡＨ退団を発表したよな。そしたら、新王者となった小川良成が即日「ＮＯＡＨを辞めようと思ってタイトルマッチをした人間からベルトを取っても全然喜べません」とベルトを返上した。アレはカッコよかったぞ。要するに、何かしら迷いや葛藤があったら、タイトルマッチでは勝てないってことだ。

――人のことはともかく、今回の連載で一番重要なことはＧＨＣナショナルから陥落した拳王選手がどうやって這い上がるのか、です。

拳王　ベルトを失ったわけじゃないけど、昔、団体を分裂させてしまったプロレスラーがみそぎをして再起を図ったよな。

――まさか…。

拳王　**お遍路さんだ。**

――みちのくプロレスがスペル・デルフィン派と分裂した後、ザ・グレート・サスケ選手が新崎人生選手と一緒に四国八十八番札所巡りをやりました。徳島に帰るのですか？

拳王　もちろ…あっ、コロナだから帰ってくるなって言われてるんだった！

――お遍路さんできないじゃないですか!?

拳王　南無…。

5月5日号の議題　サイバーファイト・フェスティバル

昨年6月、NOAHとDDTは交わらない方が両団体のためだとわかったはずだ。オレは絶対に出ない！

拳王　先週の週プロ、表紙&裏表紙ともに気持ち悪かったな。表紙と裏表紙を広げて見たら、清宮まで貧乏臭く見えるじゃねぇか！

――清宮海斗選手のことをいつもは文句ばかり言っているのに珍しいですね。

拳王　稲村はもともと貧乏臭いからいいけど、清宮はあまりにもかわいそうだからだ。そもそもレッスルユニバースはＤＤＴのホームページからしか入ることができないのをどうにかしてくれよ。親会社のサイバーエージェントはスマートフォン向けゲームでトップクラスの会社だろ。会員数増やしたいのであればアプリとか用意するのが大切な社長の仕事だ。

――常々、レッスルユニバースを見ていないと言っているわりにやけに詳しいですね。

拳王　一切見たことないけどな。どうせ高木三四郎がＤＤＴのホームページの閲覧数を増やすために変えないんだろ。閲覧数を増やして、ＮＯＡＨにマウントを取る作戦だってバレバレだぞ。名称は変えたけど、肝心のやってることが変わってない。

先週号の本誌を見て、怒りに震える拳王

――この話の流れだと議題はＤＤＴですか？

拳王　いや「サイバーファイト・フェスティバル」６・６さいたまスーパーアリーナ大会にするぞ。開催発表から、あえて深く触れてこなかったけど、ついに解禁だ！

――なぜこれまで触れなかったのですか？

拳王　ＮＯＡＨとＤＤＴを同一線上に並べたくないし、一緒にされたくなかったからだな。特にこの連載ではプロレス界全体のことを語るわけだから、ＤＤＴなんて視界にすら入ってなかった。言いたいことが山ほどあったけど、自主規制をかけてた。とうとうオレも堪忍袋の緒がキレまくったぞ。

――どんなことを言いたかったのですか？

拳王　そもそもサイバーファイトでお祭り的な大会をやる必要があるのかってことだ。**プロレス団体同士の対抗戦ってこんな簡単に「お祭りだから」って組むもんじゃねぇだろ。**発想が薄っぺらすぎるんだよ。ＮＯＡＨはプロレスのそういう闘いの部分を最も大切にしてるのに足を引っ張らないでほしい。

――なるほど。

拳王　対抗戦って団体同士の潰し合いだろ。

現在、いろんな団体が対抗戦をやってるけど、どれもピンとこないのは共存共栄のためにやるからだ。新日本とUWFインターナショナルの対抗戦が面白かった理由を考えればわかるだろ。どうしてもロックのフェスみたいな大会を企画したかったんなら、対抗戦はなしで2連戦にして、NOAHをDDT系と別日にしてほしかったよ。

——…。

拳王　NOAHはサイバーグループ入りしてから勢いがさらに増してる。それがうらやましくて、少しでもDDTに還元しようと思ってるんだろう。プロレス団体の社長として嗅覚がまったくない。どうせ強引にみんなを納得させたんだろうけど、**高木三四郎はそろそろ自分が裸の王様だって認識した方がいいぞ。**だいたい昨年6月、オレと試合した後、オマエは「NOAHとDDTは全部違う。こんなだったら、やらないでいい」みたいなことを言っただろ。NOAHとDDTは交わらない方が両団体のためだとわかったはずだ。あれから1年も経ってない。よく舌の根が乾かないうちにシレッとなかったことにして、前言撤回できるよな。だから、オマエは方々から嫌われてるんだぞ。それとリングで吐いた言葉をそういうふうに軽く扱うから、DDTはプロレスが軽いって言われるんだよ。すべてにおいて責任感がない。社長として致命的だ。

——舌鋒が鋭いですね。

拳王　実は、DDT4・11後楽園のKO-D無差別級選手権は男色ディーノに秋山準を倒してもらいたかった。

——なぜですか?

拳王　男色ディーノが勝てば、DDTが最も魅力を発揮できるエンターテインメント路線に戻ると思ってたからだ。今は秋山準がヘッドコーチになって「本道」路線にシフトチェンジしてるけど、そうじゃないだろ。DDTはDDTにしかできないプロレスがあるのに、こっちに寄せてきてどうするんだ。同じグループ会社なんだから、**NOAHに「本道」を任せて、DDTはエンターテインメント路線を突き詰めた方が賢明だ。**NOAHと同じようなベクトルで張り合う必要はない。

——興味深い見解です。

拳王　4月8日に高木三四郎が藤田晋サイバーエージェント社長、武藤敬司、丸藤正道らとの決起集会をツイートしてたよな。このご時世、あんな写真をツイートしちゃダメだろ。あのツイートで何をクソヤローどもに伝えたかったんだよ。美味しそうな寿司をおごってもらったってことか?

——もしかして寿司を食べたいのですか?

拳王　オレなんかいつも接触を避けるために近所のスシローのテイクアウトだからな。藤田晋社長、いつも大変お世話になっております。コロナが落ち着きましたら何卒よろしくお願い申し上げます。

——で、では、拳王さんは今週の連載で何を伝えたいのでしょうか?

拳王　オレは絶対にサイバーファイト・フェスティバルに出ないってことだ!

5月12日号の議題　新型コロナウイルス感染

18日から高熱、21日から入院…現在の心境を直筆の手紙につづる

※この回は直筆手紙のみ掲載

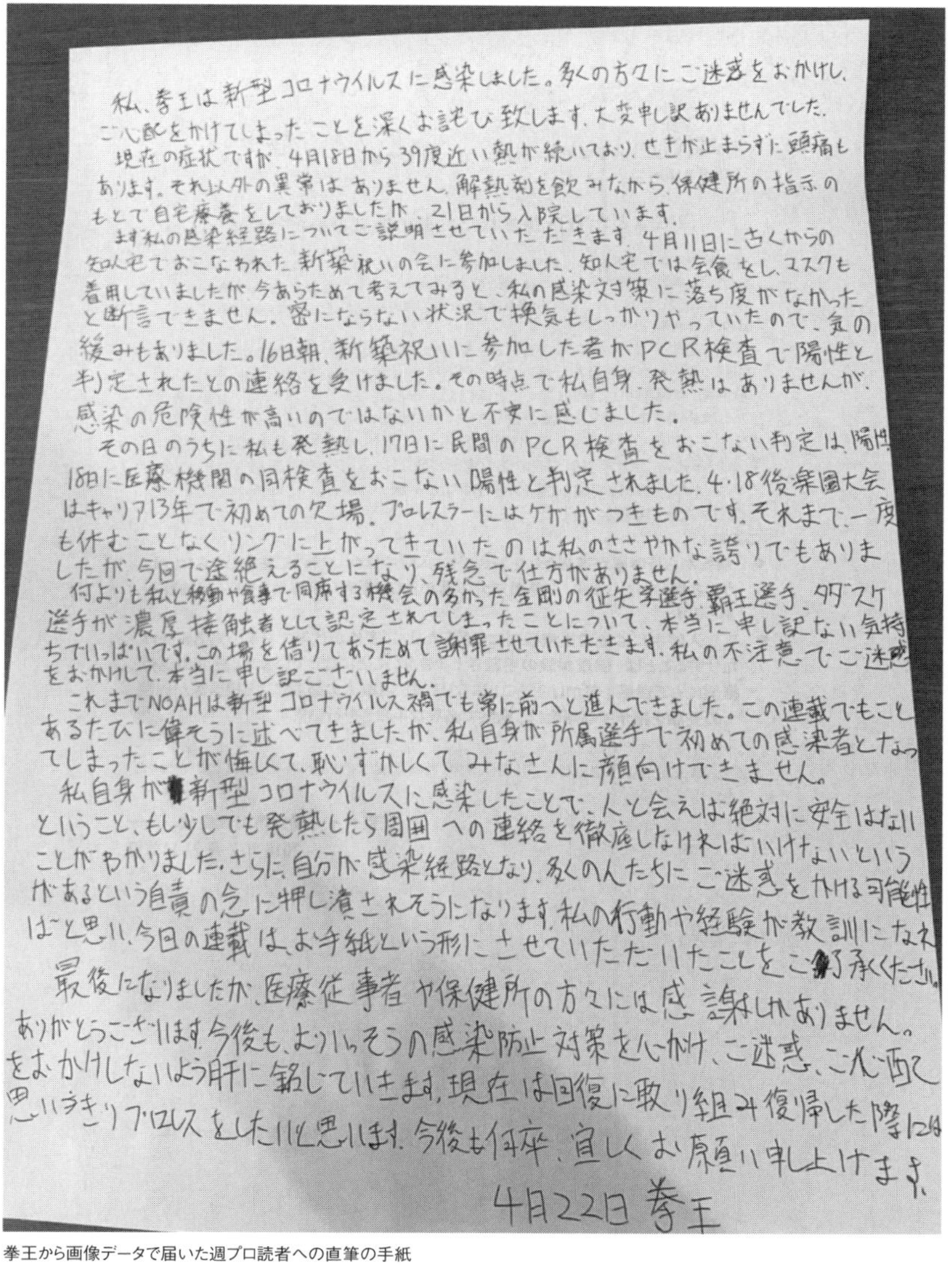

私、拳王は新型コロナウイルスに感染しました。多くの方々にご迷惑をおかけし、
ご心配をかけてしまったことを深くお詫び致します。大変申し訳ありませんでした。
現在の症状ですが、4月18日から39度近い熱が続いており、せきが止まらずに頭痛も
あります。それ以外の異常はありません。解熱剤を飲みながら、保健所の指示の
もとで自宅療養をしておりましたが、21日から入院しています。
まず私の感染経路についてご説明させていただきます。4月11日に古くからの
知人宅でおこなわれた新築祝いの会に参加しました。知人宅では会食をし、マスクも
着用していましたが今あらためて考えてみると、私の感染対策に落ち度がなかった
と断言できません。密にならない状況で換気もしっかりやっていたので、気の
緩みもありました。16日朝、新築祝いに参加した者がPCR検査で陽性と
判定されたとの連絡を受けました。その時点で私自身、発熱はありませんが、
感染の危険性が高いのではないかと不安に感じました。
その日のうちに私も発熱し、17日に民間のPCR検査をおこない判定は、陽性
18日に医療機関の同検査をおこない陽性と判定されました。4・18後楽園大会
はキャリア13年で初めての欠場。プロレスラーにはケガがつきものです。それまで、一度
も休むことなくリングに上がってきていたのは私のささやかな誇りでもありま
したが、今回で途絶えることになり、残念で仕方がありません。
何よりも私と移動や食事で同席する機会の多かった金剛の征矢学選手、覇王選手、タダスケ
選手が濃厚接触者として認定されてしまったことについて、本当に申し訳ない気持
ちでいっぱいです。この場を借りてあらためて謝罪させていただきます。私の不注意でご迷惑
をおかけして、本当に申し訳ございません。
これまでNOAHは新型コロナウイルス禍でも常に前へと進んできました。この連載でもこと
あるたびに偉そうに述べてきましたが、私自身が所属選手で初めての感染者となっ
てしまったことが悔しくて、恥ずかしくてみなさんに顔向けできません。
私自身が新型コロナウイルスに感染したことで、人と会えば絶対に安全はない
ということ、もし少しでも発熱したら周囲への連絡を徹底しなければいけないという
ことがわかりました。さらに、自分が感染経路となり、多くの人たちにご迷惑をかける可能性
があるという自責の念に押し潰されそうになります。私の行動や経験が教訓になれ
ばと思い、今回の連載は、お手紙という形にさせていただいたことをご了承くださ
最後になりましたが、医療従事者や保健所の方々には感謝しかありません。
ありがとうございます。今後も、よりいっそうの感染防止対策を心がけ、ご迷惑、ご心配を
おかけしないよう肝に銘じていきます。現在は回復に取り組み復帰した際には
思いっきりプロレスをしたいと思います。今後も何卒、宜しくお願い申し上げます。
4月22日 拳王

拳王から画像データで届いた週プロ読者への直筆の手紙

藤田和之は野獣がちょっとだけ人間に戻ってたんじゃねぇのか。オレとやった時のような我の強さが試合から感じられなかった

——体調はどうですか?

拳王 本当にきつかったな。1週間ぐらい39度の熱が続いたからな。

——いつ退院したのですか?

拳王 4月28日だ。25日ぐらいに熱が下がってからはだいぶ楽になった。

——噂の変異株ですか?

拳王 詳しく調べてないけど**先生からはたぶん変異株**だと言われた。普段、風邪ひくこともないから想像以上にしんどかったぞ。若者たちも「オレは大丈夫」なんて思うな。少しの気の緩みが簡単に感染するし、うつしちゃう可能性もあるから本当に気をつけた方がいいぞ。感染してから後悔しても遅い。

——説得力のあるお言葉です…。

拳王 そういえば、4・29名古屋のABEMA生中継を見たけど、テメー、週プロに送ったオレの手紙を見せてたよな?

——拳王選手の現状をお伝えしようと…。

拳王 39度の熱で死にそうになりながら週プロ読者のためだけに書いた貴重な手紙だぞ。ABEMAに忖度決めてんじゃねぇ!

——す、すみません…。

拳王 まぁ、いいよ。というわけで、今回のテーマはNOAH4・29名古屋総括にするぞ。

——大注目の大会ですからね。一番印象に残ったことは何でしょうか?

拳王が購入したABEMA対応TV

拳王 GHCナショナル選手権かな。オレが真っ向勝負の末に藤田和之に取られたベルトだからな。藤田和之の強さは身を持ってわかってる。そんな強いチャンピオンに杉浦貴が真っ向勝負で勝った。悔しかったな。

——勝因はどこにあったと思いますか?

拳王 藤田和之のプロレス慣れだな。野獣がちょっとだけ人間に戻ってたんじゃねぇのか。オレとやった時のような我の強さが試合から感じられなかった。

——藤田選手は杉浦選手を認めていましたからね。今回に限っては珍しく普段のふてぶてしい態度がありませんでした。

拳王 ベルトを持ったことで挑戦を〝受ける〟姿勢になったのかもしれないよな。そういう意識が芽生えた時点で藤田和之の野獣としての凶暴さは失われる。人間・藤田和之を引き出したのは、間違いなくプロレス入り前からレスリングのナショナルチームなどで親交のあった杉浦が相手だったからだ。お互いにオリンピック出場をあと一歩で逃した共通点もある。そして、杉浦貴は前哨戦であれだけのKO負けを喫しながら、作戦変更をせずに、なおも正々堂々のしばき合いを挑んだ。さまざまな要因が合わさった上での結果だな。だ

が、野獣との闘いも見てみたかった…。

——白目をむいてタンカ送りになりました。

拳王　あんな失神、初めて見たぞ。壮絶な負けっぷりだったよな。でも、50代同士でタイトルマッチをやって、次の挑戦者も50代の桜庭和志だろ。GHCナショナル王座が50代で回されてる現状にムカつく。

——拳王さんが藤田選手に負けなければ…。

拳王　うるせー！

——すみません！

拳王　次、メインだ。セミに負けず劣らず面白かった。マサ北宮が2回目の監獄固めを決めた時、これは勝ったなと思ったぞ。北宮の監獄固めは食らったことあるけど、ヒザのお皿が割れそうなぐらいの激痛が走るんだよ。

——本当にあと一歩でしたね。

拳王　**2回目の監獄固めでもっとプルプルしてたら絶対に武藤敬司をギブアップさせてただろうな。**ABEMAも「プルプル怪獣」ってアオッてたし、監獄のプルプルは想像を絶する痛さがある。でも、北宮は4・18後楽園の前哨戦で頭突きを決めてギブアップを奪ってるし、3・7横浜でも杉浦貴から同じ流れで勝ってる。2度の勝利によってあの流れに相当な自信を持つのは仕方がないけど、もしかしたら武藤敬司の作戦かもな。

——どういうことですか？

拳王　北宮は頭突きを決めた後、勝利を確信して、武藤に顔近づけて凄むために前屈みたいな感じで絞ってただろ。あれで足の締めつけが少し緩む。その瞬間を武藤敬司は見逃さずにロープエスケープした。前哨戦で早めにギブアップしたことで北宮に自信を与えると同時に慢心も与えてたんだ。それは最も締めつけがきつくなるプルプルをさせないためだったんじゃないのか。

——深いですね。

拳王　セミ、メインとともに超満員だったことも大きいよな。コロナ禍で緊急事態宣言が東京など4都府県に出される中であれだけのクソヤローが集まってくれた。今回はカードがよかった…って凡人の意見は言わないぞ。そんなすぐ結果がついてくるなんて思ってないからな。これまでの積み重ねが確実に数字になって表れてる。東京だけではなく、東京以外でもしっかりとした試合、タイトルマッチをおこなってきた結果だな。ABEMAの放送も本格的に開始して1年が経つしな。今回の怪獣大戦争アオリVTRも最高だった。ABEMAをスムーズに見たくて、最近、ABEMA対応のTVを買っちゃったからな。

——拳王さんも忖度じゃないですか！

拳王　**ABEMA、最&高！**

5月26日号の議題　サイバーフェス6・6さいたま参戦

この試合で負けたら、高木三四郎はサイバーファイトの社長を辞めろ

——DDTのリングに上がりましたね。

拳王　高木三四郎社長に新型コロナウイルス感染し大会を欠場したことを謝りに行ったんだよ。ボロボロのDDTのリングにダンヒルの超高級オーダーメイドスーツ（イギリス直輸入）を着て行ってやったのに…。

——高木社長のスタナーを食らいました。

拳王　スタナーを食らって受け身を取ればダメージを軽減できたかもしれないけど、あんな汚いキャンバスで受け身を取りたくないからやせ我慢しちゃったぞ。スーツを汚したくないし…問題はその前の蹴りだよ。オレの大

サイバーファイト次期社長候補の拳王

事なスーツを汚しやがって！　フザけんじゃねぇぞ!!

――そっちですか!?

拳王　スタナーよりも蹴りによる精神的ダメージの方が確実にでかかった。

――話を戻して、謝りに行ったのですよね？

拳王　もちろんそうだ。高木は裸の王様だけど、NOAHを運営するサイバーファイトの社長だからな。5大会欠場したわけだから謝罪するのが社会人としての常識だ。それなのに蹴り入れて、スタナー決めるってどういうことだよ。その上、**話をすり替えやがっただろ**。

――確かに謝罪が拳王さんの出場拒否していたNOAH&DDT系合同興行「サイバーファイト・フェスティバル」6・6さいたま大会出場厳命になりました。

拳王　そこは別問題だろ。でも、それによってアイツがNOAHのことなんて本当に何も考えていないと露呈してしまったぞ。オレはコロナ感染でNOAH、サイバーファイトに迷惑をかけた。オレの真摯に謝罪しようとする気持ちをサイバーフェスのアオリに使うなんて社長としてどうかしてるぞ。そういう言動はオレがNOAH5・15後楽園で復帰してからやるべきだろ。仮に名ばかりの社長でも、ビシッとコロナ感染に苦言を呈して、世間に警鐘を鳴らすぐらい広い視野を持ってほしかったぞ。

――まだ復帰もしていませんからね。

拳王　本当に褒められることではないが、コロナ感染で話題になってしまったオレをNOAHで復帰する前にサイバーフェスのネタにしたかったんだろうな。そもそもサイバーフェスは今、プロレス界で盛り上がってるNOAHのブランド力をDDTで少しでも吸収するために高木が企画したイベントだろ。オレははっきりと出ないと言った。その理由は昨年6月に高木とオレが対戦して、NOAHとDDTは交わらない方が両団体のためだとわかったからだ。アイツだって自分で言ってただろ。

――それは間違いないですね。

拳王　NOAHの選手たちはプロレスという闘いのためにすべてを費やしてる。学芸会の延長線上でプロレスをやってるDDTとは根本的に違うんだ。新日本の棚橋弘至だってDDTに参戦した時「全団体を横一列で見てもらったら困る」と語っただろ。人生を懸けて本格和食の職人で料理を提供してる店と、出来合いの料理ばかりのまずいチェーン店を同一線上に並べたらおかしいだろ。

――厳しいですね。

拳王　まぁ、DDTにも一人だけ本物がいたな。坂口征夫だ。アイツがリングに上がってきた時の鋭い視線、殺気は本物だった。アイツは間違いなく本物の強さを持ってる。でも普段、フェイク者が周りにいっぱいいるからのまれてるんだろうな。なんで毎日のようにあの殺気をリングでぶつけようとしないんだ？　**このままDDTにいたら、坂口征夫も学芸会の延長線上のプロレスに埋もれてしまうかもしれないな。**

――サイバーフェスで拳王さんと対戦したら、その殺気が前面に出てくるでしょう。

拳王　ちょっと待て。高木は最終的に納得できる理由もなしに「社長として命令してやる」ってサイバーフェス6・6さいたまのカードを組んだよな。完全にパワハラだろ！　そういうふうに意見の合わないヤツを強引にねじ伏せてきたからDDTの選手やスタッフはイエスマンばかりになって、高木が裸の王様になったんだろうな。でも、アイツが潰れそうだったNOAHを助けたのは確かなことだ。アイツがいなければ今のNOAHはなかった。だから、サイバーエージェントの藤田晋社長からサイバーファイトの社長として選ばれた。

――珍しく褒めるのですか!?

拳王　いや、そろそろアイツの役目も終わったんじゃないか。NOAHが旗揚げする時に掲げた「自由と信念」を認めないヤツに社長が務まるわけがなかった。この試合で負けたら、高木三四郎はサイバーファイトの社長を辞めろよ。オレは「出ない」と言ってたのに出てやるんだから、オマエにもオレの要求をのんでもらうぞ。

――それは面白いですね。

拳王　当たり前だろ。勝手に出場を決められたからな。

――ところで、高木社長を辞めさせた後、誰がサイバーファイトの社長になるのですか？

拳王　**もちろんオレに決まってるだろ！　拳王社長だ。**

――よっ、拳王社長！

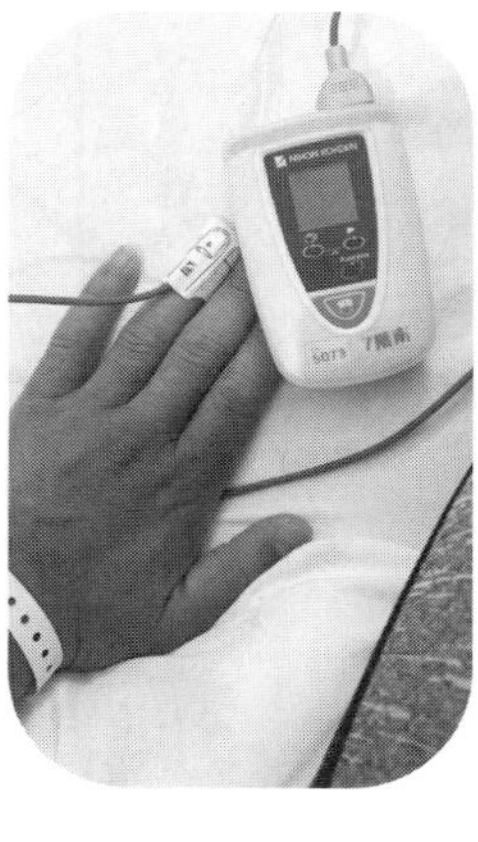

血中酸素濃度計をつける拳王

6月2日号の議題　**新型コロナウイルス感染拡大**

何が悪いって一番はコロナっていうウイルスだろ。誰が持ってきたとか誰から誰にうつったとか二の次だ

拳王　「三沢光晴メモリアル」5・30大田区総合体育館大会が中止になっちゃったな。

――緊急事態宣言が5月31日まで延長され、12日からはイベントは収容定員の半分まで可となりましたが、大田区総合体育館は独自に施設利用を停止となりました。

拳王　これぱっかりはしょうがないよな。でも、NOAHは5・30大田区で予定していた「三沢光晴メモリアル」を5・31後楽園で開催することを14日に緊急発表した。前売りはファンクラブ会員優先予約、前日からのイープラス「スマチケ」のみだけど、ABEMAでの生中継も緊急決定。コロナ禍でもさまざまな可能性を探って、**少しでも前に進もうとする姿勢は昨年から変わらないぞ。**

――別会場、平日開催ということでもろもろの変更はありますが、リング上の闘いが止まらないという点は嬉しいですね。

拳王　にしても、昨年も5月2日に大田区総合体育館大会を予定していながらも、緊急事態宣言で中止になったよな。鈴木軍との決着戦的な大会以来だから楽しみにしてるのに、なかなかNOAH大田区大会は実現しないな。

――今年の5月30日が開催されていれば、'15年12月23日以来5年5カ月ぶりでした。

拳王　有観客がOKになっても会場側の理由で中止にせざるを得ないっていうのは辛いよな。だが、**NOAHよりもタイミング的に不運だったのが全日本プロレ**

スだ。ドル箱シリーズの「チャンピオン・カーニバル」後半戦の後楽園2大会と優勝者が決定する最終戦の後楽園大会が緊急事態宣言で無観客となった上に、久々のビッグマッチだった5・16大田区も1カ月以上先の6月26日に延期だろ。ファンも残念だろうし、団体にとっても大きな痛手になったんじゃないか。

――でしょうね。

拳王 大田区総合体育館ではABEMAつながりの5月23日のK-1が別会場での延期を発表したよな。

――4月29日のGAEAISM、5月29日のスターダムも延期です。

拳王 この4～5月は大田区総合体育館で格闘技イベントがいっぱい予定されてた。運が悪いとしか言いようがない。感染してしまったオレが言うのもおかしいかもしれないけど、緊急事態宣言が出ていても新型コロナウイルス感染拡大はなかなか止まらないからな。

――新日本でもついに感染者が出て、合計9選手が陽性判定を受けました。

拳王 みたいだな。どんなに対策していても感染者は出るということだ。NOAHの場合はコロナ禍になった昨年3月以降、巡業スタイルから脱却して、単発興行が中心となってる。もしオレが巡業中に感染してたら、3選手の濃厚接触者だけでなく、もっと団体内に影響を及ぼしてしまった可能性もあるだろうな。それが現実として起こったのが新日本だ。

――大きなニュースになりました。

拳王 オレらみたいな人前に出る職業だとコロナに感染すると多くの人に知られることになる。オレも親を心配させたくないから黙っておこうと思ってたけど、親から「Yahooニュースで見たけど、大丈夫?」って電話がかかってきたぞ。新日本は感染者の名前を出してないよな。コロナ感染者イコール悪という風潮があって、新日本の感染者が誰かを気にしてるヤツらもいるようだけど、何が悪いって一番はコロナっていうウイルスだろ。誰が持ってきたとか誰から誰にうつったとか二の次だ。そんなことを考えてるひまあったら、自分はいかにしたら感染しないかってことを考えろよ。安全だって思ってた家飲みでも感染するんだぞ。

――拳王さん自身が家飲みで感染しているので説得力がありすぎますね。

拳王 お祝いだからといって、友だちとの家飲みもダメだ。家族以外の人と会食することがリスクになる。酒飲みたいなら家で一人、もしくは家族と飲んでくれ。**オレと一緒に感染したヤツは2週間入院して、酸素吸入もしてた。30代だ。若いから大丈夫なんて考えるな。**もう回復してるけど、いまだに微熱もあって、せきも止まらない。1年前のコロナとはまったく違う。かかってからじゃ遅い。何度も言うようだけど、これを読んでるクソヤローども本当に用心しろよ。

――わかりました!

拳王 今回の緊急事態宣言延長で、新日本も5・15横浜スタジアム大会&5・29東京ドーム大会の延期を発表したよな。各団体の大田区総合体育館大会中止&延期とともに業界的にもダメージは大きい。**これ以上、大会の中止&延期を防ぐためにはどうすればいいのか。一人ひとりの感染対策と周りの人たちへの啓蒙活動だ。**拳王ってプロレスラーが感染して、こういうふうに言ってたって例に出していい。とにかく感染しないでくれ。

――今が踏ん張り時ですね。

拳王 コロナにかかったら本当に辛いぞ。NOAHファンだけじゃない。新日本ファン、全日本ファン、スターダムファン、K-1ファン、みんなで今は我慢しよう。ワクチン接種も始まってる。緊急事態宣言はこれで最後だ。頼むぞ!

6月9日号の議題 プロレスのサブスク

私のマニフェストはレッスルユニバースをアプリ化し、会員数10万を達成致します!!

――緊急事態宣言が延長されて、拳王さんは普段は何をやって過ごしているのですか?

拳王 練習はもちろんだけど、基本的にステイホームでTVを見てる。ABEMA対応のTVを買ったし、スピーカーもいいのにしたし。NOAH5・15後楽園からABEMAは見逃し配信1週間無料視聴がなくなった（ライブは無料）けど、ちゃんとプレミアム会員になってるから全試合チェックしたぞ。ABEMAプレミアムは2週間無料トライアルもあるし、月額たった960円ですべての番組が視聴可能になる。絶対に入った方がいい。

――拳王さんにとってはコロナ感染から復帰戦でしたが、いかがでしたか?

拳王 赤いペンライトがいっぱい灯ってて嬉しかった。リングに立つのはプロレスラーの本望だ。ベッドの上で2週間過ごしたけど、やっぱりオレの居場所は、ベッドの上ではなくリングの上だった。

――復帰おめでとうございます。ところで、TVはどんな番組を見ているのですか?

拳王 ニュースやドラマなど地上波も見るけど、やはりプロレスのサブスクだ。オレはABEMAプレミアム、サムライTVオンデマンド、新日本プロレスワールド、全日本プロレスTV、WWEネットワーク…レッスルユニバース以外はほとんど加入してるしな。

――流石です。

拳王 だが、その中でABEMA、WWEネットワーク、サムライTVオンデマンドが中心だな。なぜならその3つはオレのTVのリモコン操作だけで簡単に視聴ができるから、そっちを見ちゃうんだよ。ファイアースティックも持ってるから、ほかのサブスクもでかいTVの画面で見ることができるんだけど、少しの手間をかけるのが面倒で。どうしても見たい大会とかないと敬遠しちゃうよ。

――リモコン1つで操作できるのって大切ですよね。では、どの団体でもいいので、最近、気になった試合はありましたか?

拳王 WWEのNXTだな。**ジョナ・ロックがベルトを取っただろ。**

――NOAHで活躍していたジョナ・ロックことブロンソン・リードは5・18放送でジョニー・ガルガノを破って、NXTノースアメリカン王者になりました。

拳王 オレがちょうどNOAHにレギュラー参戦した'14年頃に合宿所にいたぞ。

――ハートがいい選手でした。

拳王 そうだな。見た目もでかくなって、けっこう動けるし、キャラクターもいいから、WWEでトップ取れるかもな。昔、一緒にNOAH道場で練習してたヤツがWWEで活躍してるとオレも嬉しいよ。

――珍しく素直ですね。

NXTノースアメリカン王者となったブロンソン・リード（ジョナ・ロック）

拳王　ジョナ・ロックについては完全に余談だよ。昔は海外の試合なんてタイムリーに見ることができなかったってのが本題だ。

——そうなったのはここ最近ですからね。

拳王　今は契約すれば、リアルタイムで見ることができる。しかも、1媒体月々1000円ぐらいだろ。どう考えても、安すぎるだろ！

——ちょっと前からは考えられないです。

拳王　20年前はプロレスを見る環境がなかった。今は誰でも簡単にサブスクで見ることができる。昔はビデオを買うんだったら、5000円以上した。レンタルビデオ屋も品数も少ない。**新崎人生さんの「掟破り」なんてテープが擦り切れるほど何度も見すぎて試合展開も丸々覚えちゃってるぞ。**ビデオのダビング技術もその頃に会得した。そういえば、なんか最近会社をあげてレッスルユニバースの会員者数、増やそうとしてる感じがするけど、増加の足枷になってることあるよな。

——どんなことですか？

拳王　最初に言ったアプリがなく、テレビで簡単に見られないことだ。ひと手間がかかる。**いまだに日本はTVを無料で見る文化だ。**お金を払ってひと手間かけて見ることをする人は限られてる。そのためにもアプリ作りはマストだ。コストがかかるとか思ってそうだけど、目先の少人数よりも未来の大人数を目指すための投資が必要不可欠だ。そして、海外に目を向けてもいいんじゃないか。アメリカはTV番組を買う文化だ。レッスルユニバースで視聴できるNOAHの試合は世界的にもニーズが多いと思う。約9ドルで視聴できるのだったら、買う文化なら即買いだろ。

——本当に深いです。で、でも、拳王さんなんでさっきからそんな経営者みたいな口調でしゃべっているのですか？

拳王　サイバーフェス6・6さいたまでDDT軍を倒して、オレがサイバーファイト社長になるからだ。

——そうでしたね（苦笑）。サイバーフェス楽しみです。では、最後に一言お願いします。

拳王　私のマニフェストとしましてはレッスルユニバースをアプリ化し、家庭にあるTVのリモコン操作で気軽に映るようにします。そして、会員数10万を達成致します!!

——よっ、拳王社長！

6月16日号の議題　NOAHとDDT

NOAHはプロレスだが、DDTはプロレスではない

拳王　先週号の巻末言、読んだぞ。

——高木三四郎社長がサイバーフェス6・6さいたまについて語っていました。

拳王　**さすが高木大社長です！**秀逸なお言葉の数々です!!　高木大社長でなければ、NOAH、DDT、ガンバレ☆プロレス、東京女子、DDTフーズを束ねることはできませんね。窮地に陥ったNOAHを救ってくれたのも、高木大社長ですし。

——熱でもあるのですか？

拳王　そんなことはございません…。だがな、一つだけ声を大にして言いたいことがある。オレはDDTがプロレスというジャンルを破壊してると思ってる。

——どういうことですか？

拳王　よし、今回はNOAHとDDTのスタイルについて大いに語るぞ！

——それは興味深いです。

拳王　さて、プロレスとは何だと思う?
——いきなりものすごく深い質問ですね。
拳王　プロレスとは闘いだ。だがDDTは闘いではない。DDTは自分たちで勝手にプロレス団体と名乗ってるだけに過ぎない。DDTでおこなわれてるものは、NOAHが頑なに守り続けてるプロレスとは別物だ。リングとルールが同じだけ。簡単に言えば、DDTはプロレスではない。まず、そこは大前提としてはっきりと言っておくぞ。

DDT06年1・29後楽園におけるDDT次期社長争奪ロイヤルランブルで高木はヨシヒコと対戦

——とんでもないことを言いますね。
拳王　オレはDDTにプロレス団体と名乗ってほしくない。もし一見さんがDDTを見てしまったら、お遊戯、学芸会の延長線がプロレスだと勘違いされるだろ。プロレスラーとして、そんな悲しいことはない。NOAHは第1試合からメインまですべての試合が闘いだ。これはプロレスにおけるスタイルが違うという話ではない。NOAHはプロレスだが、DDTはプロレスではないんだ。オレは昨年6月、高木との闘いでそこを明確にして、クソヤローどもに伝えたはずだ。サイバーフェスに出たくないと言った根底には、そんなNOAHとDDTの抜本的な違いがあるんだ。
——もっと詳しく聞かせてください。
拳王　育成方法からして違う。DDTは週2〜3回、道場に通いで練習に来て、ある程度、形を覚えたらデビューできる。一方、NOAHは厳しい入門テストがある。
——昨年11月、書類選考を通過した16名が受験して3名しか合格しませんでしたね。
拳王　練習生になったら、毎日のように道場で練習して24時間プロレスのことを考える環境で、大会になれば雑用をこなし、厳しい先輩たちの目も常に光ってる。アルバイトや副業なんてもってのほかだ。志半ばで挫折するヤツの方が多い。寿司職人で例えれば、**DDTは半年で誰でも簡単に寿司を握れるようにさせる養成学校だ。NOAHは飯炊き3年、握り8年の本格寿司屋だ。**一人前になるまで10年はかかる。NOAHで積んだキャリアと、DDTで積んだキャリアは一緒ではない。それぐらいNOAHとDDTは世界が違うんだ。
——なるほど。
拳王　DDTはなべやかんとかダッチワイフのヨシヒコとかでも、チャンピオンベルトが巻けるんだろ。そんなのをプロレスと言わないでほしいよ。正直、DDTには「プロレス」の4文字は使ってほしくない。
——厳しいですね。
拳王　全然、厳しくないぞ。オレは当たり前のことを言ってるだけだ。プロレスはアルバイトや学業の片手間ではできるもんじゃない。DDTの場合は**本業の片手間で副業としてリングに上がってるヤツもいっぱいいるだろ。**オレたちはプロレスに人生を懸けてやってるんだ。プロレスがなければ食っていけない。オマエらはプロレスがなくても食っていけるだろ。
——誰のことを言っているのですか?
拳王　週プロ読者なら当然わかるだろ。あとジャンルを破壊してるという意味ならＤＤＴは団体の細分化を促進してるだろ。アレも許せない。

——それは以前も言及していましたね。

拳王　オレは闇雲に文句を言ってるだけじゃないぞ。強い信念を持ってＮＯＡＨ…いやプロレスを守りたいから、高木やＤＤＴを否定してるんだ。もちろん状況に応じて変化しなければいけないことがあることもわかってる。しかし、どんなに時代が変わっても、絶対に変えてはいけないこともある。プロレスにとって絶対に変えてはいけないことを高木やＤＤＴは変えた。だから、ＮＯＡＨとＤＤＴが交わってはいけないと常に言い続けてるんだ。

——ただそうは言ってもサイバーフェスの開催が決まり、ＮＯＡＨとＤＤＴは交わります。

拳王　両団体が肩を並べてしまったら、ＮＯＡＨまで学芸会の延長線上だと見られてしまう。高木のパワハラで開催が決まった大会が迫ってきた以上、オレが高木やＤＤＴからプロレスというジャンルを守ってやる。本業バイト、副業ＤＤＴのヤツらに、命を懸けて闘ってるオレたちとの雲泥の差を体で教えてやるからな。ほかのＮＯＡＨの選手にも圧倒的な差を見せつけることを厳命するぞ。

6月23日号の議題　マサ北宮

コロナ禍が落ち着いてきたら、必ず今のメンバーで温泉旅行に行く

拳王　北宮がとうとう金剛を抜けたな。

——拳王さん、ちょっとその前に大反響だった前回の連載とサイバーフェス6・6さいたま大会について…。

拳王　それはもう終わったことだろ。オレはこれ以上は何も言うつもりはない。今回は北宮についてだ。

——…承知しました。マサ北宮選手は5・31後楽園でGHCタッグ王座を防衛した後、パートナーの中嶋勝彦選手にサイトー・スープレックスを決めて金剛離脱を表明。率直に今回の行動についてどう思いましたか？

拳王　まずはビックリした。北宮って実直で忠誠心のあるヤツなんだよ。プロレス界で一番厳しく、古き良き道場論が残ってた最後の団体とも言われた健介オフィスに入門して、礼節を叩き込まれた。そんな北宮がああいうやり方で中嶋に反旗を翻すとはな。あの時、2人の間にはただならぬ空間が生まれてた。オレらが足を踏み込めないものがあるんだろうなって察知したぞ。

——拳王さんから見てもそうですか。

拳王　**中嶋と北宮の間に何があったのかを知ってるのは佐々木健介さんと北斗晶さんだけなんじゃないか。**オレも何があったか知りたいよ。

'19年7月、拳王、北宮、稲村、小峠の金剛オリジナルメンバーは温泉旅行に行った（写真撮影・小峠）

――北宮選手の金剛離脱を引き留めるつもりはないのですか？

拳王　そこを抑えつけても北宮のためにもならないだろ。アイツが強い信念で行動に出た。大会では驚いたっていうのが一番だったけど、しばらく時間が経てば金剛の一員らしい行動だったなと思ってるよ。だが、金剛抜けたからには、敵愾心、燃やしまくりだけどな。

――昨年8月に中嶋選手が金剛入りしてから北宮選手との関係性は注目されていました。

拳王　北宮は腹に一物を抱えてたんだろうな。そこを見抜けなかった自分が悪いところもある。でも、2人は今年3月にGHCタッグ王座を奪取して明確な結果も残した。その勢いに乗って北宮は武藤敬司のGHCヘビー級王座に挑戦して存在感を示したし、これまで以上に輝ける場所があるんならそれでいいよ。

――両者の決着戦が6月26日、ABEMAのTVマッチで決まり、敗者髪切り金網デスマッチとなりました。

拳王　これに関しては、完全にやられたな。金網デスマッチなんてオレもいつかはやりたいと思ってたし、前に連載でも言ったけど、敗者髪切り戦は清宮海斗と近いうちにやろうと思ってたのに…。でも、中嶋と北宮の決着戦にピッタリの形式だよな。

――どうしてですか？

拳王　健介オフィスの合宿所という一つ屋根の下で同じちゃんこを食ってきた仲だからな。閉鎖的な空間で育ってきた兄弟弟子がどんな闘いを見せるのか興味深いよ。アイツらにとっては、**金網で囲まれたリングが吉川の道場みたいに思えるんじゃねぇのか。**やるんだったら、とことんやってほしいな。しっかりとケジメの一戦を見させてもらうぞ。

――ですね。ちなみに、小峠篤司選手、稲村愛輝選手に続いて、北宮選手…これで'19年5月に発足した金剛のオリジナルメンバーは、拳王さん以外全員が抜けましたが？

拳王　そうなるな。でも、考えてみろ。今、小峠はGHCジュニア王者で稲村は清宮を追い抜く勢いだ。

――金剛を抜けるとみんな活躍してますね。

拳王　**金剛を抜けた選手たちは活躍するという都市伝説化**かよ！って、うるせーよ！

――す、すみません！

拳王　プロレスのユニットって時代の変化とともに変化していかなければいけないんだよ。そうじゃないと、歴史に名を残す前に消滅する運命が待ってる。あのnWoだって蝶野正洋&天山広吉&ヒロ斉藤でスタートしてからさまざまなメンバーの入れ替わりがあっただろ。ユニットとして変化を起こしていって団体を活性化させていったよな。

――武藤敬司選手の電撃加入もありました。

拳王　アレはインパクト絶大だったな。

――最終的に蝶野選手が長期欠場中に武藤選手がnWoを乗っ取るような形になり、両者が抗争を繰り広げることになりました。まさか金剛も…。

拳王　そんなことはあるわけないだろ！　オレたちは強い信念を持ってるからな。実は、金剛の絆をよりいっそうにするために前々から考えることがあるんだよ。

――何でしょうか？

拳王　温泉旅行だ。

――！

拳王　金剛のオリジナルメンバーで鳥取の三朝温泉に温泉旅行に行ったんだ。また行きたいと思って密かに計画してたけど、コロナ禍になって頓挫してた。コロナ禍が落ち着いてきたら、必ずメンバーたちと行くつもりだ。温泉旅行は結束を深めるからな。

――それは面白そうですね！

拳王　**その時、金剛が何人になってるかわからないけどな！**

6月30日号の議題 本業&副業問題

プロレスラーがプロレスをあきらめるな。プロレスに夢を持て、プライドを持て

拳王 ちょっと前にこの連載で語ったプロレスラーの本業&副業問題がけっこう話題になったな。

——はい…。

拳王 たった1ページだけなのに、あらためてこの連載の影響力を痛感した。ただ、ちょっと勘違いされてる部分もあるので、あらためてオレの考えを言わせてもらうぞ。

——また火種を…。

拳王 いや、**今回は別に特定の団体や個人について言及するわけじゃないからな。**

——それはホッとしました。

拳王 あくまでも現在のプロレスラーにおける本業&副業について語るぞ。まずは大前提としてプロレスラーがプロレス以外の職を持つことが悪いと言ってるわけではない。むしろ、プロレスラーという肩書を使った芸能活動や、プロレスのプラスになるような副業とかだったら、全然いいと思う。前回も二足の草鞋を履いてるプロレスラーやバイトをしてるプロレスラーをバカにしたわけでもなかった。誰だって飯を食っていかなきゃいけないからな。

——では、プロレスラーが副業をしてもいいということですね。

高級SUVに乗り換えた拳王

拳王 いいと言うか、副業しなきゃ生きていけないって時点で問題だ。プロレスがそんな業界になってきたことは本当に悲しいな。だが、各々が生活するためには仕方がない。**オレが一番苦言を呈したいのは、アルバイトやプロレスと関係ないほかの仕事に比重を置いてるプロレスラーだ。** そんなヤツがいっぱいいるだろ。

——逆にプロレス一本で生活している選手の方が少ないかもしれません。

拳王 アルバイトで疲れたから練習しないとか、月1~2回都合のいい時にプロレスラーとして人の前に立ってチヤホヤされれば満足してるようなヤツが許せない。そういうヤツは今すぐにでもプロレスを辞めてくれ。

——厳しいお言葉です…。

拳王 大きな団体を除いて、現在、だいたいの経営者はプロレスラーのプロレスがしたいという気持ちを利用して安いギャラで使い倒す。交通費出したらギャラが残らないなんてことはザラにあると聞く。プロレスラーはプロレスの安いギャラだけで生活できないからアルバイトをせざるを得ない。アルバイトをやれば、プロレスが疎かになる…そんな負のスパイラルは即刻止めるべきだ。

—それが当たり前のようになっているのが現実ですね。

拳王　女子プロレスだってアイドル崩れを誘ってAV出るよりはましだろ?みたいに薄給でやらせてるだろ。それもいい例だ。この負のスパイラルを止めないと、どんどんプロレスラーの商品価値が下がるだけだ。

—では、どうすればいいのでしょうか?

拳王　一番はプロレスラー自身が夢を持って夢を追いかけてほしい。じゃないと、本当の意味でファンの人に夢を与えることができないだろ。正直、プロレスラーと名乗ってるヤツらの大部分はファンにナメられてる現状がある。

—どういうことでしょうか?

拳王　プロレスラーなんてただ飯食わせればペコペコするだろぐらいにしか思われていない。私たちが金銭面であのプロレスラーを育ててあげてるみたいな感覚のファンも多いだろ。オマエらはホストかって。**プロレスはホストクラブじゃねぇんだよ。**

—ちなみに、拳王さんはプロレスラーになってからアルバイトをしたことは…。

拳王　ない。はっきり言って、こんなに苦しい思いをするなら、アルバイトをやった方が絶対に楽だと思った自分も確かにいた。でも、オレはプロレスに夢を持って、目の前の小銭よりもビッグマネーをつかむためにやってた。だから我慢するところは我慢して、ずっとプロレス一本でやってきたぞ。プロレスラーとしてプロレスだけで稼ぎたかった。自分であきらめたくなかったんだ。

—本来はみんながそうであってほしいです。

拳王　プロレスラーと名乗ってるヤツら、全員に言うぞ。プロレスラーがプロレスをあきらめるな。プロレスラーがプロレスに夢を持て、プライドを持て。プロレスをもっと夢のあるジャンルにできるのは、プロレスラー自身しかいないからな。

—カッコイイこと言いますね。何か心境の変化とかあったのでしょうか?

拳王　**実は最近、ミライース（軽自動車）から高級SUVに乗り換えたんだ。**

—それはビッグニュースですね!

拳王　プロレスだけで稼いだ金が形になったら、やっぱり嬉しいよ。まだまだ全然、満足できるほど稼げてないけどな。NOAHには過去の華やかな業界を知るプロレスラーもいるし、いい背中を見せてもらってるよ。オレももっともっと強くなって、もっともっと稼いでやるぞ!

7月7日号の議題　6・27TVマッチグレート・ムタ戦

現代のプロレスがデフレなら、ムタのプロレスはインフレだ

—NOAH6・27ABEMA TVマッチでグレート・ムタ戦が決まりましたね。

拳王　まさか毒霧を実際に食らう日が来るとは思わなかったぞ。しかも、かなりの至近距離からだった。アレは驚いたぞ。

—その6・13TVマッチにおけるムタの急襲は対戦相手の指名でした。

拳王　**これだけ毎日のように世界中で飛沫が騒がれてる中で、堂々と毒霧を噴けるムタはやはり魔界の住人だな!**

—いきなり、それを言っちゃいますか!?

拳王　というか、今のオレに〝飛沫攻撃〟は効かないと思ってた。

――…。

拳王　やはり毒霧というだけあって〝毒〟がすごかった。目がものすごく痛かったぞ。痛みで目をつむらなきゃいけないから、視界がほとんど奪われちゃうし、あんなにも強烈だとは思わなかった。

――それは食らった者しかわかりませんね。ムタにどんな印象を持っていますか？

拳王　生で見たのはＮＯＡＨに上がった2試合だな。

――'19年11月の丸藤正道戦、昨年5月の桜庭和志＆望月成晃戦ですね。

拳王　昨年はタッグマッチということで、どこか本領を発揮できずにいたような気がする。今回もシングルマッチだし、ある程度、参考になるのは丸藤戦だ。

――ですね。

新日本96年4・29東京ドームの白使vsムタ

拳王　あの試合をじっくり見させてもらったけど、オレはなんでムタがあんなにも強いのかわかってるぞ。

――教えてください！

拳王　**存在感だよ。プロレスラーはそれぞれ自分の世界観を持ってるけど、ムタはそこが突出してる。**たたずまいだけで相手を圧倒することができるし、試合の空気を全部もっていってしまう。あの妖しげなオーラ、そしてそこから生み出される独特の間は、どんな技よりも大きな武器になってるよな。

――確かに。

拳王　あの丸藤正道でも完全にのみ込まれていたからな。

――昔話をすると、94年5月1日、新日本福岡ドーム大会で、ムタはアントニオ猪木相手でも自身の世界観で包み込みました。

拳王　晩年の猪木さんとはいえ、ムタは完全にのみ込んだ。あの試合でムタはその名をさらに業界に響かせたんじゃないのか。何らかの存在感対策を立てておかなければいけないと思ってる。

――どんな対策を立てるのですか？

拳王　それは…言うわけねぇだろ！

――ですよね。

拳王　でも、確実にムタの存在感を凌駕できる方法は頭の中にあるぞ。

――そのヒントを少しだけでも教えてもらえないでしょうか？

拳王　だから、言うわけねぇだろ…と言いたいところだけど、ヒントなら少しだけ教えてやるぞ。さっきも言ったけど、ムタって技とか攻防がどうとかじゃないんだよな。96年4月29日、新日本東京ドーム大会の試合は知っているか？

――拳王さんが尊敬する新崎人生選手の化身である白使との一戦ですよね。

拳王　正解だ。ムタvs白使はビデオテープが擦り切れるぐらい見たぞ。あの試合、白使の存在感もすごかった。ムタと完全に互角の勝負を繰り広げてた。**ムタvs白使がヒントだ。**

――ありがとうございます！

拳王　ただし、すべてあくまでもオレの想像だ。机上の空論になる可能性もある。正直に言えば、実際に試合当日、ムタに通用するかまったくわからない。

――多くの選手たちがさまざまな対策を立ててムタ戦に臨んだと思われますが、ことごとくのみ込まれています。

拳王　それもわかってる。だが、オレはそう簡単にのみ込まれない自信があるぞ。ムタの世界観は技や攻防の回転寿司状態になってる現代のプロレスに対するアンチテーゼだ。武藤敬司がよく言ってる現代のプロレスがデフレなら、ムタのプロレスは完全にインフレだ。ムタの世界観にのみ込まれずに、逆にすべてをこの試合で吸収してやるぞ。

——そういえば、去年の連載でムタをテーマにしていたことを覚えていますか？

拳王　えっ!?

——その時に「ムタ戦が決まったら、四国八十八カ所を巡礼する。そしたら、体中にお経が浮き出てくるかもしれないぞ。名前は〝拳使無双〟だ！」と語って、盛大に滑っていましたが…。

拳王　おい、オレの秘策をここでばらすんじゃない。身支度してたのに。

——でも、拳王さん…。今はコロナ禍なので四国八十八カ所巡礼、自粛しなくては…。

拳王　そうだった。南…無…。

7月14日号の議題　金網戦

中嶋は完全に自分で墓穴掘ってしまった健介オフィス出身の強さを見せてもらったよ

——今週のテーマは何にしましょうか？

拳王　今週はいろいろあったけど、金網戦にするぞ。

——ということは、中嶋勝彦vsマサ北宮で相当感じるものがあったのですか？

拳王　非日常感たっぷりだった。オレは立会人としてリングサイドで見てたけど…。

——赤いスーツ姿、カッコよかったです。

拳王　もちろんオーダーメイドだ！

——ものすごく似合っていました。

拳王　だろ。オレの話はいいとして、金網戦だ。初めて生で見たけど、完全に異空間だった。まさに令和の巌流島…いや、あの2人にとっては吉川にあった健介オフィス道場か。プロレスの歴史でなぜ金網戦が要所で出てくるのか、その理由がわかったぞ。単純にプロレス会場にあるだけで面白いからだ。

——プロレスの歴史上における金網戦で拳王さんは何が印象に残っていますか？

拳王　**やっぱABEMAでも解説してたブル中野だろ。アジャコングに放った金網上からのダイビング・ギロチンドロップで骨盤がズレたらしいな。**

——90年11月14日、全日本女子プロレス横浜文化体育館大会ですね。

拳王　金網上で合掌してから飛んで、インパクトの瞬間にリバウンドした場面は衝撃的

拳王は中嶋vs北宮による金網戦の立会人を務めた

だった。すごかったぞ。

――4mからのダイブですからね。

拳王　当時は100kg以上あっただろ。トップロープの上でも実際立ってみたら、けっこう高くて怖い。その倍以上ある金網の上から飛ぶなんてだいぶ勇気がいるだろうな。

――我々は考えただけでも恐ろしいです。

拳王　あと金網戦と言えば、WWEのヘル・イン・ア・セルだよな。

――97年にジ・アンダーテイカーvsショーン・マイケルズの間で初めておこなわれ、09年からPPVに昇格。それから毎年の恒例となっています。

拳王　天井に吊るされた〝檻〟が降りてくるだろ。あれだけでも1つのエンターテインメントだ。ゾクゾクするよな。日本の金網よりも高いのに、そこからミック・フォーリー（マンカインド）やシェーン・マクマホンはダイブするんだろ？　たいていは自爆しちゃうし、決まっても自分も大ダメージだろ。ほめ言葉として言うが、完全に狂ってる。

――ですね。

拳王　今回の金網戦でマサ北宮も金網上からのダイビング・セントーンを放ったけど、あの一撃でリングの板が割れちゃったらしいな。

――驚きました。

拳王　でも、その後もアイツは闘い抜いた。ブル中野でも骨盤ズレたのに…敵ながらあっぱれだったよ。さすがは健介オフィス出身だ。

――なぜですか？

拳王　コーナーから飛んで後ろ受け身を取るのは、新弟子時代の練習でも高度な部類に入るんだ。おそらく北宮はデビュー前、健介オフィス道場で何度も何度もやらされたんだろうな。じゃなければ、あれだけキレイに体とキャンバスが平行になって、フラットに受けられなかったぞ。しかも、インパクトの瞬間も脳がそこまで揺れていなかった。あれは強靭な首のたまものだ。北宮は自分へのダメージを最小限にできたから、あの壮絶な自爆後も立ち上がることができたんだ。要するに、中嶋は完全に自分で墓穴掘ってしまったことになるな。

――墓穴とはどういうことですか？

拳王　新弟子時代の北宮に中嶋が可愛がりでコーナー最上段からの受け身をだいぶやらせてたんだろうな。健介オフィス出身で生き残ったプロレスラーの強さを見せてもらったよ。試合中、中嶋はサディスティックに北宮を蹴りまくって、金網に何度も叩きつけただろ。新弟子時代からああやって北宮をしごいてきたんだろう。そりゃ、恨まれるわな。

――！

拳王　でも、北宮はそんな新弟子時代を耐え抜いたから業界屈指のタフさを身につけた。同時に今回の因縁のきっかけにもなる嫌悪感を抱いたんだろ。**すべてが今回の金網戦につながってたという点では最高のプロレスだった。これだけの物語は直木賞作家でも書けないぞ。**

――まさに2人の人生ドラマですね。

拳王　勝負どころで北宮がヴァーティカルスパイクを返すことができたのも、中嶋に新弟子時代からしごかれてきた憎悪のおかげだ。負の感情を見事に力に変えやがった。まぁ、オレはそういうふうに後輩を厳しくしごいてきたナチュラルな中嶋勝彦が好きだけどな。

――うまいこと、まとめましたね。

拳王　いや、最後に言い残したことがある。オレが立会人を務めたけど、実はもう1人、隣に座ってほしかったヤツがいるんだ。

――誰ですか？

拳王　**佐々木健介…いや、北斗晶…いや、宮原健斗だ！**

――！　今日はキレキレですね…。

拳王　だろ。中嶋と北宮の金網戦を宮原健斗がどう見てたのか、オレは非常に気になるぞ。週プロで聞いておいてくれよ！

7月21日号の議題　グレート・ムタ戦を終えて

金剛の強い信念が燃え盛って、オレの右足が炎に包まれた想像以上に燃え盛って、右足の甲を剥離骨折してしまったぞ

——6・27TVマッチのムタ戦すごかったですね。実際に闘ってみてどうでしたか？

拳王　入場ゲートから出てきた瞬間からNOAH特設アリーナがムタの色に染まったな。きっとどんな会場…東京ドームとかでもムタ色で染めてきたんだろう。その世界観をリング上から感じ取れたのは大きかったぞ。

——誰しもが経験できることではありません。

拳王　あの試合、どちらに目がいったのかと言えば、どうしてもムタになったよな。

——拳王さんは〝拳使無双〟ではなく、意外にも普段のままでムタ戦に臨みました。

拳王　**やっぱ赤いスーツで行けばよかったな。**

——6・26TVマッチにおける中嶋勝彦vsマサ北宮戦の立会人を務めた際に着ていた赤いスーツは破壊力ありましたね。

拳王　だろ。完全オーダーメイドの。

——確かにあのスーツで入場していれば、ムタの世界観に負けなかったかもしれません。

拳王　それが敗因①だ。でも、トップ中のトップの選手っていうのは、動いてなくても見てて飽きない。呼吸するだけで緊張感が伝わってくる。試合中どうしてもムタの方に目がいっただろうな。まず、あんなでかいヤツがあんな奇妙な格好してたら、そこにいるだけで面白い。そこもプロレスラーが超人たる由縁だ。オレが前日、赤いスーツで立会人を務めて、何もせずともカッコよかっただろ。

——はい！　すごくカッコよかったです!!

拳王　やっぱそういうところなんだよ。静止画でも何かを伝えられるのが超一流だ。現在のプロレス界はみんなとにかく動いて、矢継ぎ早に攻防を紡いで、技で魅了する傾向が強いけど、それだけじゃダメだとムタと向き合って再認識させてもらったぞ。**ムタは対戦相手に何もしなくても試合を構築できる。**場外に出る。リング下をのぞく。ドローンを追いかける。セコンドを威嚇する。何気ない動作だけでインパクトあるし、それが実は緩急につながっていて、技を出した時に数倍になって映えるんだ。まさに〝インフレ〟だな。

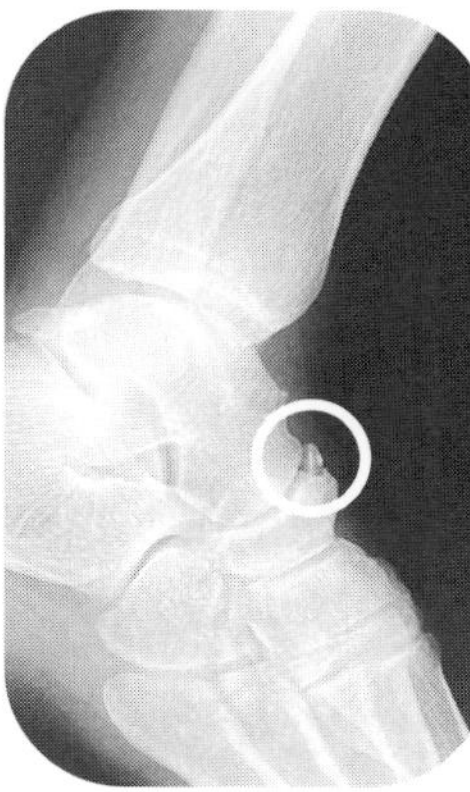

拳王はムタ戦後、右足の甲をレントゲン撮影してみると、剥離骨折していた

——それは深い見解ですね。

拳王　ムタは伝える技術がとてつもない。例えば、6・13TVマッチでオレに対戦相手に指名するため毒霧を浴びせた前にどうやって出てきたか覚えてるか？

——拳王さんの後ろにいたカメラマンの下からひょっこりフレームインしてきました。

拳王　アメリカのTVプロレスで生み出されたと言ってもいいムタは、カメラワークとかも細かく考えていて、自分がどういうふうに登場したら面白いかを計算してる。しかも、毒霧でドローンを破壊しちゃったんだぞ。そんなムタの巧妙な乱入劇の結果としてあんな面白映像を完成させてしまった。オレはその

いち道具に使われてしまったな。マイクでしゃべってたら、急に背筋に寒気が走り、振り向いたら毒霧だからな。

——近年のプロレス映像で屈指の衝撃度を誇っていると思います。ちなみに〝炎の蹴り〟についてお聞きしたいのですが…。

拳王　ムタがある程度、ラフ殺法で来ると思っていて、反則攻撃をするのはためらったけど、試合前から考えてたぞ。

——なぜ炎だったのですか？

拳王　オレたち金剛は赤い集団。赤と言えば、炎だろ。金剛の強い信念が燃え盛って生まれた炎だ。

——えっ、セコンドから渡されたガソリンのような液体をレガースにかけてチャッカマンで着火して…。

拳王　違うだろ！　アレは金剛の強い信念がメラメラと燃え盛って、オレの右足が炎に包まれたんだろ。オマエは何を見てたんだ？

——何やら液体を…。

拳王　うるせーー！

——す、すいません！

拳王　あの一撃の代償は大きかった。

——というのは？

拳王　想像以上に信念が強く燃え盛って、右足の甲を剥離骨折したぞ。それが敗因②だ。

——イスを蹴った時では…。その後、けっこう痛そうにしてたじゃないですか？

拳王　…。

——ま、まぁ、炎の蹴りはすごかったですからね。インパクトの面では拳王さんも決して負けていませんでしたよ！

拳王　そんなことよりも、オレはあのムタ戦で毒が体の中に入ってしまったみたいなんだ。

——えっ⁉

拳王　**この前髪を見てみろ。体内に入ったムタの毒が金髪を緑に染めてるぞ。**

——えっ、ムタに毒霧かけられて緑色になった前髪を気に入って、自分で緑に染めたのではないのですか？　ビリー・アイリッシュ好きらしいですし。

拳王　違うに決まってるだろ。オレは抗体をいっぱい持ってると思ってた。にも関わらず、ムタの毒は抑え込めなかったようだ。

——それは新事実ですね…。

拳王　まあ、これでオレもムタみたいな〝インフレ〟プロレスラーに一歩近づいたぞ！　呼吸するだけでクソヤローどもを魅了できるプロレスラーになってやる！

7月28日号の議題　旗揚げ戦

SWS、WJ、IGF、WRESTLE-1…莫大な資金を投入しても、うまくいかない方が多い

拳王　ついにリデットエンターテインメント株式会社がGLEATを旗揚げさせた。**鈴木裕之社長、おめでとうございます！**　というわけで、旗揚げ戦について語るぞ!!

——さすが目のつけどころが違いますね。反対していましたよね。

拳王　もちろん、今でも反対だ。でも、やっぱプロレス団体の旗揚げ戦っていいよな。ワクワクする。旗揚げ戦に向けていろいろと準備しながら、一日一日と徐々に気持ちが高まっていくんだよな。見る側も本当にワクワクするけど、プレーヤー側はワクワクするのと同時に緊張感もあるし、プロレス人生の一大ターニングポイントになる。終わった後の充実感、高揚感、達成感はほかに代えがたい

ものだし、その上で今後の闘いに向けて身が引き締まるから、ものすごくいい経験になるぞ。

——なるほど！

拳王　なんか旅行に似ているな。飛行機やホテルの予約をして、最初にここに行って、次はあそこに行って…とか旅程をアレコレ考えて決めるのが旗揚げ前夜。ワクワク感に満ち溢れてるだろ。そして旗揚げ戦はというと、実際に飛行機に乗って目的地に着陸して、蒸し暑さを肌で感じて、灼熱の太陽を浴びて「めんそーれ！」って言われるのが旗揚げ戦だ。

——旅行って拳王さんがよく行く沖縄旅行限定の例え話ですか？

拳王　もちろん。旅行と言えば、沖縄だろ。

'03年3月1日、横浜アリーナ。WJ旗揚げ戦で入場する中嶋勝彦

——あっ、はい。でも、非常にわかりやすい例え話ですね…って、拳王さんは旗揚げ戦を一度も経験したことがないのに、なんでそんなこと知っているのですか？

拳王　あくまで旅行に例えてるだけだ。ただ那覇空港に着いてからが一番大切なんだよ。完璧に準備しても、旅行は何があるかわからないからな。渋滞で予定通りに旅程を楽しめなかったり、海で泳いでたらケガしちゃったり、天気予報が外れて台風に直撃されたりすることもある。

——旗揚げ戦後が重要ということですね。

拳王　そういうことだ。たいてい旗揚げ戦はうまくいく。華々しいし、期待感もあって、ワクワクする。オレが唯一、客として経験した旗揚げ戦を知ってるだろ？

——'05年9月11日のビッグマウス・ラウド後楽園大会ですね。

拳王　正解だ。あの前田日明がスーパーバイザー。コーチの船木誠勝は現役復帰も匂わせた。日本プロレス界屈指の敏腕営業マンであり仕掛け人の上井文彦氏がプロデューサー。若きエースが元・新日本の柴田勝頼。村上和成も脇を固めてる。旗揚げ戦の段階では新日本を超えるかもしれないと思わせた。

——しかし…。

拳王　すぐ分裂。前田と船木がいなくなった。そういうことが起こるのがプロレス界。**特にUWF系はもめないことの方が珍しい。**

——それはプロレス史が証明していますね。

拳王　オレの実体験も話せば、NOAHがリデット体制になって夢と希望に満ち溢れて、'19年3月の本格始動を華々しく迎えた。演出もすごかったし、GLEAT旗揚げと似たような入場式もやった。それこそ新生NOAH旗揚げのような雰囲気だ。それからNOAHは上昇気流に乗ったが、1年を持たずに運営会社がリデットから変わり、サイバーエージェントグループ入りとなった。プロレス団体の運営は思った以上に難しいんだよな。

——そうなんですよね。

拳王　SWS、WJ、IGF、WRESTLE-1…莫大な資金を投入して、優秀な選手たちがそろって、旗揚げ戦でインパクトを残しても、うまくいかない方が多い。

——プロレス団体旗揚げは難しいですね。うまくいった団体がないぐらい…。

拳王　いや、昨今のプロレス界で言えば、闘龍門の旗揚げ戦…日本逆上陸が成功例だな。

——'99年1月31日、後楽園ホールですね。

拳王　ほぼ日本で知名度のない新人選手たち

だけで逆上陸して、既存のプロレス界になかった概念、真新しいスタイルで勝負した。最終的にはDRAGONGATEとなり、今や、新日本、全日本、NOAHと並ぶプロレス団体に成長した。奇しくも世紀末に昭和のプロレスから脱却したと印象づける団体だったし、ウルティモ・ドラゴンの手腕は実に見事だった。紆余曲折はあったが、20年以上も続いて、自分の団体だけでなく、オカダ・カズチカ、鷹木信悟、戸澤陽もいる。

―NOAHでもYO-HEY選手、そしてあと1人いますよね？

拳王　え、誰だろう…。

―わかっているくせに。ムイ…。

拳王　ビエン!?　あっ、大原はじめか。まぁ、話を戻して、多くの人材をプロレス界に供給したという意味でも唯一無二の成功例だな。あと旗揚げ戦と言えば、旗揚げ記念日ができるのは大きい。いつになっても団体にとって大切な日だからな。

―NOAHは8月5日です。

拳王　今年は旗揚げ戦史上初の冠スポンサーにレック株式会社がついた。大会名は「LECクリンぱっ！presents DEPARTURE 2021」だ。**レック株式会社様、本当にありがとうございます。**今後も何卒、よろしくお願い申し上げます（拳王史上最高の土下座）。

8月4日号の議題　東京オリンピック2020

やっぱ八村塁はすごかったな。ぜひともプロレスラーになってほしい

拳王　いよいよ7月23日から東京オリンピックが開幕するな！

―コロナ禍でいろいろありましたが、やはり楽しみですか？

拳王　いろいろあったが楽しみだな。昔、住んでたところの近くでオリンピックが開催されるなんて感慨深いだろ。

―えっ、どこですか？

拳王　ディファ有明だ。

―そういえば、そうでした。

拳王　ディファ有明があったすぐ裏の場所に自転車競技（BMX）やスケートボードの会場ができてるんだよ。

―有明アーバンスポーツパークですね。

拳王　よく車で通るんだけど、会場を見るたびに早く開幕しないかなって思ってた。

―NOAHにとって旗揚げの地ですからね。

拳王　**またいつかNOAHの大会を有明でやりたいよな。**まぁ、それはともかく、この前、バスケットボール代表の国際強化試合を見に行ったんだよ。

7月16日、バスケの国際強化試合を観戦した拳王

――おおっ！

拳王　八村塁も合流して、オリンピックの雰囲気をちょっとでも味わえたぞ。やっぱ八村塁はすごかったな。

――アメリカＮＢＡのトップ選手ですからね。

拳王　オレの目に狂いはなかった。間違いなく、プロレスラーとしての素質がある。

――えっ⁉

拳王　あのでかさ、あの身体能力、あの知名度、あのスター性…ぜひともプロレスラーになってほしいよな。

――その気持ちはわかりますが…。

拳王　ちなみに、アイツは年俸いくらもらってるんだ？

――３億超えと言われています。

拳王　それ以上出して引き抜いてやろうか。

――拳王さんのポケットマネーでぜひお願いします。

拳王　おう！　まぁ、それは冗談として、昔だったら、オリンピアンがよくプロレスラーになってただろ。マサ斎藤、ジャンボ鶴田、長州力、谷津嘉章、馳浩、本田多聞、小川直也…。日本人で最後は中西学か。

――新日本で活躍しているジェフ・コブ選手もそうですね。

拳王　ここ数年は日本人オリンピアンがプロレスラーになってないだろ。プロレスに魅力を感じなかったんだろうな。プロレスじゃ稼げないと思われてたんだろう。事実、吉田秀彦あたりから石井慧とか永田克彦とかオリンピアンが総合格闘技に流れていってるし。

――言われてみればそうですね。

拳王　そう考えると寂しいよな。しかし、昨今のプロレス業界は盛り上がりを取り戻しつつある。そろそろオリンピアンがプロレスに転向してもいいんじゃねぇのか。

――誰か気になっているオリンピアンがいそうですね。

拳王　もちろんいるぞ。**まず山縣亮太だ。**

――陸上１００ｍの日本新記録を持っている東京オリンピック日本選手団の主将ですね。

拳王　現代プロレスに最も必要な瞬発力を持ってて、華があって顔もイケメンだ。日本プロレス界を背負うプロレスラーになるかもな。

――確かに。ちなみに、八村選手も山縣選手も格闘技系ではないですね。格闘技系の選手はどうですか？

拳王　東京オリンピックに出る格闘技系の選手はこれって選手が例年に比べていない感じだよな。知名度的にも。この種目のスターって選手が明確じゃないみたいな。東京オリンピックから空手も加わったし、オリンピックで活躍して、スターになって、格闘技全般を盛り上げてもらいたいとは思ってるぞ。そしてプロレス界に…。

――そうですね。では、ほかにプロレスラー候補はいますか？

拳王　内村航平だ。

――３大会連続金メダルを狙う体操選手の！

拳王　内村航平なら、リコシェやウィル・オスプレイを軽く超えるプロレスラーになるぞ。

――それはそうでしょうけど…。

拳王　おそらく720°スプラッシュとかも簡単にできるんじゃねぇのか。最近、日本人のすごいハイフライヤーいないし見てみたいよな。年齢的にも今32歳でこれが最後のオリンピックになるだろ。ちょうどいい。

――だから、そうですけど…。

拳王　第二の人生、ＮＯＡＨ…いや、金剛でもう一花咲かせましょう！

――何か一気に風向きが変わりましたね。

拳王　７・11仙台でタダスケが金剛ジュニアの戦力補強を予告していたよな。

――７・27川崎のＮＯＡＨジュニアチームゲーム４vs４イリミネーショントーナメントに金剛はＸを投入します。もしかして内村航平選手なのですか⁉

拳王　オレとしたことが…**うっかりネタバレしちゃったよ。**

――体操競技は8月3日までありますから、絶対に違いますよね？

拳王　（無視して）**内村航平選手、7・27川崎大会並びに7・28「金剛興行DIAMOND4」川崎大会御来場、お待ちしております。**

8月11日号の議題　プロレスTシャツ

新日本系は大ヒットすることでの宣伝効果も狙ってる。全日本系はプロレスファン向け。現在の顧客満足度最優先

拳王　先週号の週プロに載ってたTシャツ特集、面白かったな。

――それはよかったです。先週は男子編で今週は女子編が掲載されています。

拳王　トビラの稲村愛輝がTシャツを引きちぎってるのはメチャクチャかわいい顔してんじゃねぇか！　まぁ、どうでもいいが。今週はプロレスTシャツについて語るか。プロレスってTシャツを着て観戦すると気持ちが入って、よりいっそう面白いからな。

――週プロ連載陣として特集と連動してくれるのですね。ありがとうございます。

拳王　プロレスTシャツでパッと思い浮かぶのは何だよ？

――やはりnWoTシャツですかね。

拳王　やはりそうだよな。90年代後半、プロレス界はもちろん、世間まで巻き込んで大ブームになったからな。

――現在も根強い人気です。

拳王　蝶野正洋＝オシャレというイメージ作りのきっかけにもなって、その後のアリストトリスト設立にもつなげた。何十年にもわたる食い扶持を見つけて、最近はNOAHにも手を出してるんだろ？

――杉浦軍の最高顧問としてコラボグッズを販売していますね。

拳王　**プロレスラーのセカンドキャリアを見越したら、Tシャツをヒットさせるっていうのも、1つの手だよな。**

――新日本のロス・インゴベルナブレス・デ・ハポン関連グッズもすごい勢いです。

拳王　普通に街を歩いていても、ロス・インゴグッズを見るぞ。Tシャツだけでなく、帽子とかもけっこうみんな身につけてるよな。

――確かに。

拳王　もし**ロス・インゴの権利関係を内藤哲也が握ってるんなら、第二の蝶野さんになれるな。**

――では、今度は拳王さん的にプロレスTシャツと言えば、何が思い浮かびますか？

拳王　一番Tシャツだろ。

――80年代前半、新日本に来日していたハルク・ホーガンが来ていたヤツですね！

拳王　そうそう。シンプルでインパクト抜群。往年のプロレスファンだったら、今でも欲しいんじゃねぇのか。

――ホーガンはハルカマニアTシャツもありますし、Tシャツ破りの第一人者。nWoにも関わっていますし、プロレスTシャツというジャンルでも神様のような存在ですね。

拳王　そう考えると新日本系で大ヒットTシャツはないのか。なんか全日本系ばかりだな。

――ジャイアント馬場さんのかわいらしいイラストチックのTシャツがあったような…。

拳王　なんかピンと来ないよな。NOAHになってからも、大ヒットしたTシャツはなかっただろ。全日本にはジャイアントサービ

一番Tシャツを着たホーガンに対抗して、伝説の拳王タオルを肩にかける拳王

スって自社ブランドがあったみたいだし、会社の伝統的にコストを抑えて作って、利益は出るけど、大ヒット作は生まれないという傾向があるかもしれないよな。

——鋭い！

拳王　新日本系はTシャツ自体の売り上げ以上に大ヒットすることでの宣伝効果も狙ってるんだろう。だから、プロレスファン以外の一般層もターゲットに制作してる。プロレスを知らないヤツでもカッコイイTシャツは欲しくなるからな。それでプロレスの扉を開いてくれる可能性もある。一方の全日本系はあくまでプロレスファン向け。現在の顧客満足度が最優先。そういう部分にも新日本系と全日本系の社風が表れてるような気がするぞ。

——面白い見解ですね。ちなみに、拳王さんはどういう意識で自分のTシャツを作ってきたのですか？

拳王　金剛Tシャツなんか勝手に発売されるんだよな。昔、オレがプロデュースした拳王タオルなんてバカ売れしたのにな。

——それ、自分で言っちゃいますか…。

拳王　やっぱこうやって各団体が横一列で比較されるような特集があると、どうしてもNOAHの悪いところばかり目がいっちゃうよな。今回の特集見る限り、新日本なら高橋ヒロムTシャツ、全日本ならトータル・エクリプスTシャツとかカッコイイもんな。

——同業他社もちゃんと評価するのですね。

拳王　あとLIDET UWFもスタイリッシュでカッコイイよな。

——それ、ただ言いたいだけですよね？

拳王　まぁ、それはさておき、NOAHでペロス・デル・マール・デ・ハポンが売れてるのはNOAHが作ってないからだろ。

——またそんな波風立てるようなことを…。

拳王　だって〝金剛6〟Tシャツ、ものすごくダサかっただろ！

——去年のこと、いまだに引きずっているのですか？

拳王　当たり前だろ。オレはそういうの、けっこう根に持つタイプだ。よし、今度、オレが作ってやるぞ！　オレは拳王タオルを大ヒットさせた実績があるからな。**拳王プロデュースの拳王Tシャツ、近日発売！　近日発売!!**

8月18日号の議題　亜烈破

NOAHでハイフライヤー、マスクマンというポジションはぽっかり空いてた

——金剛興行、素晴らしかったですね！

拳王　だろ。4回目だけど、毎回温かい空間

になるな。

——そうですね。前々回の連載で言ってた、亜烈破選手は内村航平選手と明らかに体つきから違いましたけどね。

拳王 （無視して）オリンピック鉄棒予選で内村航平がまさかの落下で決勝進出できなかっただろ。オリンピックが終わったにも関わらず、清々しい表情だった。プロに行くことが決まってる高校球児は甲子園で負けて、周りが悔しがってるのに一人だけ涙を流さない光景をよく見るよな。アレと一緒だ。

——どういうことですか？

拳王 内村航平も亜烈破っていう次の目標があったからだ。

——えええええっ!?って絶対に違います。

拳王 そうだな。まぁ、最後のコメント含め感動したよ。引き際まで内村航平の美学を見させてもらった。本当にお疲れ様でした。

——にしても亜烈破選手はすごかったです。

拳王 亜烈破よかったな。NOAHの歴史を振り返っても、トップのハイフライヤーは石森太二かな。石森もすごかったけど、重量感や迫力があった。対して亜烈破は無重力感や浮遊感のある空中殺法だ。今のNOAHジュニア…いや、日本プロレス界でもまれな個性を持ってるだろ。セカンドロープでロープワークするのもいい個性だ。

'18年12・24後楽園に現れた拳王激似のめんそ〜れ親父

——確かにハイフライヤーに特化した選手はそこまでいませんね。

拳王 プロレスは隙間産業だ。NOAHでハイフライヤーというポジションはぽっかり空いてた。別にNOAHのプロレスに合わせる必要なんてまったくないから、このまま空中殺法だけで勝負していってもらいたいよ。**郷に入っては郷に従うな、だ。**

——うまいこと言いますね。

拳王 最近のプロレスラーってみんな同じような感じだろ。打撃、投げ技、関節技、空中殺法…誰しもがどれもそこそこできて、トータルバランスがいい。逆に言えば、どれも平均点。まとまってて面白みがない。一つの部分だけ突出してるプロレスラーは少なくなってるような気がする。そういう意味では井上雅央がNOAHで重宝されてるのもわかるよ。

——これまたいいこと言いますね。

拳王 ウィル・オスプレイも最初はハイフライヤーだったけど、途中からいろいろやるようになって、最終的にはオールラウンダーのトップ選手になった。オレはハイフライヤーに特化したままトップに立ってほしかったんだけどな。個性が際立ってた方がいい。さらに亜烈破はもう1つ大事な個性があるよな？

——マスクマンです！

拳王 正解だ。そこもNOAHでぽっかり空いてた。前々からNOAHにはマスクマンが必要だと感じてたぞ。プロレス団体っていうパッケージを考えたら、絶対にマスクマンが1人は必要だ。一見さんとかはやっぱマスクマンが印象に残るからな。今のNOAHにはABEMAでの無料中継もあるし。

——ちなみに、拳王さんはマスクマンで誰が好きだったのですか？

拳王 ハヤブサさんだ。新崎人生さんのパートナーだったしな。

——どうしてですか？

拳王　ハヤブサさんって華があっただろ。プロレス少年時代、ハヤブサさんと新崎さんが全日本プロレスで活躍して、アジアタッグ王者になった時は興奮したぞ。

——全日本99年2・13後楽園大会ですね。

拳王　ハヤブサさんってマスクで素顔が見えないはずなのに、顔もイケメンだろうと連想できる。実際、マスクを抜いだ素顔もカッコよかったよな。あれだけ大きくて動けて色気やカリスマ性もある。

——マスクでは隠せないほどの魅力があったからでしょうね。

拳王　実はマスクマンって単なる外見に過ぎないんだよ。ハヤブサさんはマスクをしていても、カッコイイとわかる。獣神サンダー・ライガーさんはマスクをしていても、感情がわかる。ザ・グレート・サスケはマスクをしていても、変人だとわかる。**亜烈破はマスクをしていても、カワイイってわかる。**

——亜烈破選手はカワイイのですか⁉

拳王　おっと、これ以上は言わないぞ。

——そんなことを言わずに亜烈破選手の情報をもっと教えてください！

拳王　教えるわけねぇだろ！　まぁ、現在の日本プロレス界で新世代マスクマンはＤＲＡＧＯＮＧＡＴＥのシュン・スカイウォーカーぐらいだろ。業界的にも亜烈破の存在は大きくなるんじゃねぇのか。

——ＮＯＡＨのオリジナルマスクマンとしてムシキング・テリー、マイバッハ谷口に続く、選手になりそうですね。

拳王　いや、ＮＯＡＨ歴代ナンバーワンマスクマンは'18年12月24日の後楽園大会に出たあのマスクマンだろ。

——それ自分で言っちゃいますか⁉

拳王　**アレは黒歴史だから、今のはなかったことにしてくれ！**

——写真探しておきます！

拳王　た、頼む。それだけはやめてくれ…。

※２０２１年8月25日号以降の連載内容は「②金剛の書」にて。

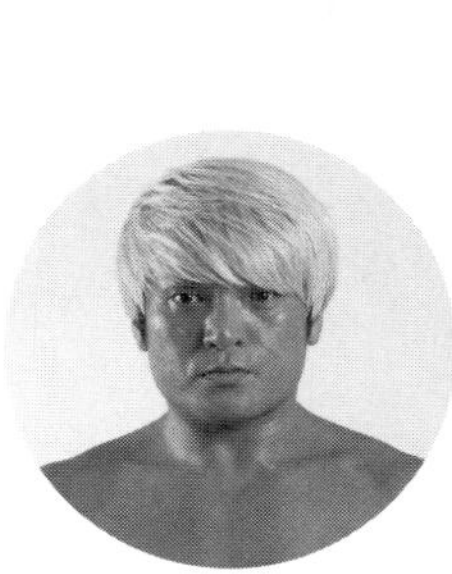

拳王

本名・中栄大輔。1985年1月1日生まれ、徳島県徳島市出身。NOAH所属のプロレスラー。YouTube「拳王チャンネル」は8万人のチャンネル登録者を誇る。3歳の時に始めた日本拳法では世界大会優勝の実績があり、中高の社会科教員免許も持つ。明治大学卒業後、みちのくプロレスに入門。2008年3月2日デビュー。2015年3月、NOAHに移籍。獲得タイトルはNOAHのGHCヘビー級王座、GHCナショナル王座、GHCタッグ王座、GHCジュニアヘビー級タッグ王座、全日本プロレスの世界タッグ王座、DRAGONGATEのオープン・ザ・ツインゲート王座、みちのくプロレスの東北ジュニアヘビー級王座。2017年「グローバル・リーグ戦」、2019年「N-1 VICTORY」制覇。2023年「プロレス大賞」敢闘賞受賞。得意技はPFS、炎輪、拳王スペシャル。174cm、90kg。

構成
井上 光

カバー写真&対談写真撮影
菊田義久

デザイン
間野 成（株式会社間野デザイン）

協力
株式会社 CyberFight

拳王の❶反骨の書 クソヤローどもオレについて来い!!

2024年7月31日 第1版第1刷発行

編　者　週刊プロレス編集部
発行人　池田哲雄
発行所　株式会社ベースボール・マガジン社
〒103-8482
東京都中央区日本橋浜町2-61-9 TIE浜町ビル
電話　03-5643-3930（販売部）
03-5643-3885（出版部）
振替口座　00180-6-46620
https://www.bbm-japan.com/

印刷・製本　大日本印刷株式会社

ISBN 978-4-583-11666-2 C0075